安全保障の位相角

川名晋史・佐藤史郎 編
Shinji Kawana & Shiro Sato

法律文化社

序　文　なぜ位相角なのか

佐 藤 史 郎

　この序文では，日本の外交や安全保障をめぐる議論において，なぜ「位相角^{（い そうかく）}（phase angle）」という分析概念が必要なのか，その背景を述べる。そのうえで，本書の構成を簡単に紹介する。なお，位相角の概念そのものについては**第1章**で論じる。

二項対立の思考枠組みの限界と問題点

　冷戦期における日本の外交・安全保障をめぐる論議は，右／左，保守／革新，現実主義／理想主義といった枠組み，すなわち二項対立の思考枠組みの下で行われることが多かった。国内政治および国際政治におけるイデオロギー対立が色濃く反映されていたからである。たとえば，「日米同盟の肯定＝右＝保守＝現実主義vs.日米同盟の否定＝左＝革新＝理想主義」という図式である。[1]

　だが，55年体制が崩壊した今日，国内政治に目を向ければ，二項対立の思考枠組みは崩壊しつつある。ここで，事例として日米同盟と自衛隊を取り上げてみよう。冷戦期，右・保守・現実主義とされる側は，日米同盟と自衛隊が日本の安全保障にとって重要であると主張していたのに対し，左・革新・理想主義とされる側はそれらを強く否定していた。しかし現在，世論調査によれば，「日本の安全を守るためにはどのような方法をとるべきだと思いますか」という質問について，「現状どおり日米の安全保障体制と自衛隊で日本の安全を守る」が84.6％，「日米安全保障条約をやめて，自衛隊だけで日本の安全を守る」が6.6％，「日米安全保障条約をやめて，自衛隊も縮小または廃止する」が2.6％となっている。[2]つまり，日米同盟と自衛隊の重要性はいまや国民に広く認識されているのである。

　また，冷戦期における自民党＝保守，社会党または共産党＝革新といったイ

i

デオロギー認識も世代によって変容しつつある。遠藤晶久・三村憲弘・山崎新の調査[3]によれば，70代以上はいまも，自民党＝保守，共産党＝リベラル（もはや革新という言葉は1990年代から消えつつある）と位置づけている。ところが，18歳から29歳の若者たちは，最も保守的な政党が公明党，中間が自民党，最もリベラルなのが日本維新の会で，共産党は中間よりも保守的な位置づけにある。つまり，日本維新の会＝リベラル，自民党＝中庸，共産党＝保守と認識されているのである[4]。

　このように，イデオロギー認識が変容するなかで，また，日本を取り巻く安全保障環境が一層厳しくなっている今日の状況に鑑みれば，冷戦期に生まれた二項対立的な思考で日本の外交や安全保障をめぐる問題を正確に把握し，政策目標を設定することはきわめて困難となっている[5]。何より，二項対立の思考にもとづく日本外交論や安全保障論には，日本がもつ政治的な選択と判断の幅を狭めてしまうという問題点がある。その結果，政策的に対応できずに行き詰まる危険性や，たとえ対応できたとしても事後対応のレベルにとどまってしまう危険性があろう。

　しかし依然として，日本のメディアや学界の一部では，二者択一的な枠組みで日本の外交・安全保障を議論しているといわざるをえない。たとえば，最近の事例をあげれば，日本は核兵器禁止条約を採択すべきであるという見解と，採択すべきではないという見解とに分かれている。また，辺野古での基地新設や高江でのヘリパッド建設をめぐっては，沖縄から米軍基地を撤去すべきであるという見解と，撤去すべきではないという見解が対立している。加えて，安全保障関連法案をめぐっては，集団的自衛権を行使すべきであるという見解と，行使すべきではないという見解に分裂したことも記憶に新しい。このような二項対立の思考にもとづく日本外交論や安全保障論は，日本がもつ政治的な選択と判断の幅を狭めてしまうのではないだろうか。

　以上のような背景のもと，本書は，二項対立の図式で議論している日本の外交や安全保障のイシューをあえて取り上げ，位相角という分析概念を通じて，二項対立の図式ではとらえることのできない学術的ないし政策的論点を浮き彫りにする。

序　文　なぜ位相角なのか

二項対立の思考枠組みの呪縛

　もちろん，二項対立の思考枠組みから脱却して，日本の外交や安全保障をめぐる問題を考えなければならないという主張そのものは目新しいものではない。たとえば，現実主義／理想主義という二項対立について，北岡伸一はすでに20年以上前に次のように指摘している。

> 日本外交の不幸の一つは，理想主義と現実主義が対極的なものであるかのようにとらえられることが多かったことである。理想主義と現実主義は，矛盾するものではない。理想を持たない現実主義は，力を持てない。つまり現実的ではない。また，理想が人を動かす力を計算に入れない現実主義はありえない。モーゲンソーは，理想主義の対概念はシニシズムだと言っているが，正しい指摘であろう。その逆に，現実可能性を求めて苦闘していないような理想は，理想主義の名に値しないのではないだろうか。[6]

　最近では，添谷芳秀が「戦後日本の議論と政治を規定してきた左右対立の構図から抜け出す第三の道を考える必要がある[7]」との認識の下で，「九条－安保体制」を再検討しており，大変興味深い。その他にも優れた先行研究は少なからずある。だが，本書の文脈で注目したいのは，2014年から2015年にかけて岩波書店から刊行された『シリーズ日本の安全保障』の全8巻である。これは日本の安全保障をめぐる問題を考察する総合的な論集としては約50年ぶりの試みであり[8]，約90本の論文が収められている。責任編集を担当した遠藤誠治と遠藤乾は，第1巻『安全保障とは何か』の「なぜいま日本の安全保障なのか」と題する序論のなかで，日本の安全保障をめぐる論議の現状を嘆く。すなわち，右／左もしくは保守／リベラルは，

> 日本の安全保障にとって最善の政策は何かについて，本来は議論に議論を重ねなければならないにもかかわらず，両者はお互いを軽蔑し，語り合う共通言語を持たぬかのように，知識人の間ですら対話は困難を極めている。[9]

　日本の安全保障をめぐる議論は，「左右に分極化して交わらないまま，思考停止の行き詰まりが続いている[10]」のだ。たとえば，「沖縄を含めた（守るべき）『日本』とは何かという議論に立ち返ることもなく，戦後追及してきた『平和主義』の思想や慣行を十分に評価することもなく，人間本位の安全保障に資するかどうか不明な政策が事実上積みあがってきている[11]」という。

iii

本書は，二項対立の思考枠組みを超えて，思考停止の行き詰まりから脱し，日本の外交や安全保障をめぐる論議を行うべきという遠藤誠治と遠藤乾の主張に同意する。そして本書は，日本の外交・安全保障をめぐる研究をさらに発展させるべく，二項対立の思考枠組みを超えるための知，言い換えれば，対話を可能とする学術的基盤の提供を試みる。その学術的基盤こそ，**第1章**で示す位相角という分析概念に他ならない。

　ところで，なぜ，日本の外交・安全保障をめぐる議論は思考停止に陥っているのだろうか。押村高は次のように説明している。たとえば，日米同盟と沖縄の米軍基地を重視する日本の現実主義は，「現実的な代替オプションを探し求めることではなく，その非現実性を暴き，それを空想する観念論者を叩くこと」[12]に，その存在理由がある。これは，ヨーロッパの古典的な現実主義の哲学，すなわち「『オプションを能う限り多く持っておくこと』を目指し，プルーデンス（prudence＝深慮遠謀）で最善のものを選び取る戦略として描くこと」[13]をしない。そのため，ヨーロッパの古典的現実主義が「深慮のリアリズム」もしくは「戦略のリアリズム」であるのに対して，日本のリアリズムは「現状のリアリズム」[14]にすぎないという。そして，「現状のリアリズムが変化や改革に対し前向きになれないのは，おそらく一時点でとらえられた現実を定常とみなし，『現実はほとんど変わらない』と錯覚してしまうからであろう」[15]と述べている。

二項対立の思考枠組みからの脱却

　押村の指摘は肝要である。われわれは，その時々の状況のさまざまな現実や可能性をふまえたうえで，最善の政策目標を掲げなければならない，ということを示唆しているからである。この点，丸山眞男のいう「可能性の束」[16]という概念を想起せざるをえない。丸山は，政治的な選択と判断を行う際に，現実を「可能性の束」としてみる重要性を指摘する。すなわち，「現実というものを固定した，でき上ったものとして見ないで，その中にあるいろいろな可能性のうち，どの可能性を伸ばしていくか，あるいはどの可能性を矯めていくか，そういうことを政治の理想なり，目標なりに，関係づけていく考え方，これが政治的な思考法の1つの重要なモメントとみられる」[17]と述べている。

　この「可能性の束」という概念は，日本の外交や安全保障をめぐる論議にお

いて，3つの重要な知的効果を生み出す。第1に，思考の相対化をもたらすという点である。「可能性の束」を重視すること，それは二項対立の思考枠組みを取り除くという作業と同義である。「可能性の束」は，さまざまな現実や可能性を検討したうえで，最善の政策目標を議論するということを意味するからだ。われわれは，「可能性の束」を通じ，二項対立の思考枠組みから脱却することで，自らの主張や見解がどのような立場にあるのかを再確認するとともに，自らの主張や見解が異なる立場の論理を理解することができよう。

　第2に，思考の活性化をもたらすという点である。「可能性の束」は，現時点での最善の政策目標を検討・選択するため，他の政策目標を切り捨てることになる。しかし，その政策目標はあくまで現時点において切り捨てられたものにすぎない。やがて状況が変わりさえすれば，切り捨てられた政策目標は最善の政策目標となる可能性を秘めている。「可能性の束」は，さまざまな政策目標のなかで，どの政策目標が現時点において最善であるのかを問いかけてくるという意味で，われわれに思考の活性化をもたらす。また，「それぞれの政治上の主張が全体状況のなかでどういう機能を果たすかを見きわめ，どちらがいいかを判断することが，現代では一人一人の市民に求められる[18]」ということに鑑みれば，思考の活性化をもたらす「可能性の束」は重要である。

　第3に，第2と関連しているが，現実をつねに問い直すという点である。一時点でとらえられた「現実」を定常とみなさないということだ。いまの「現実」は多様な「現実」のなかから選ばれた1つの「現実」にすぎないからである。また，「可能性の束」は，現実主義／理想主義という二項対立のなかに潜む権力性を暴き出すことにもなろう。土佐弘之は次のように指摘する。

　〈現実主義／理想主義〉という優劣を含んだ分節化の論理形式そのものを問い直しながら，周辺に追いやられ不可視の状態におかれている〈現実〉を見つめ直すことで，「現実」の変革可能性を構想していく想像力を取り戻すことが求められている[19]。

　以上の「可能性の束」とそれがもたらしうる3つの知的効果を概念化したものが，位相角である。読者は，位相角という概念を通じて，①日本の外交・安全保障をめぐる議論における自らの立場を相対化できるとともに，②日本がとるべき政策的選択肢の幅を拡大させることができよう。また，③日本の外交・

安全保障が直面する「現実」をあらためて考える機会を得ることもできよう。

議論の布石

これから本書が展開していく議論に関して，以下，3つの布石を打つことにしたい。

まず，本書は二項対立の思考そのものが悪いと主張しているのではない，という点である。二項対立の思考は，概念上もしくは論理上，緊張関係があるからこそ成立している。しかし，その緊張関係が硬直したとき，それをどのように緩和ないし解消していくのか。ここに人間の営みとしての政治の役割がある。二項対立の思考は，政治が担うべき役割を示してくれるという点で，きわめて重要な思考方式なのだ。したがって，二者択一の思考を超える試みは，場合によっては，本来緊張関係にあるべき事項から緊張を覆い隠すという危険性，坂本義和の言葉を借りれば，「弛緩喪失[20]」をもたらす危険性があるともいえよう。

他方で，二項対立の思考方式は，取り扱う問題を単純化させるため，その問題の複雑性を取り除いてしまう。問題を複眼的にみる機会を奪い去る可能性があるのだ。たとえば，沖縄の米軍基地をめぐる問題は，沖縄から米軍基地を除去すれば問題がすべて解決するというのではない。なぜなら，日本の「国家の安全保障」を維持するためにはどうすればいいのかという問いが残されているからである。また，沖縄に米軍基地を維持すれば問題がすべて解決するというものではない。なぜならば，沖縄の人たちの「人間の安全保障」を維持するためにはどうすればいいのかという問いが残されているからである。大切なのは，①沖縄に米軍基地がある国内政治および国際政治の状況とは何か，②それらの状況を克服するためにはどのような条件を満たさなければならないのか，③代替策はないのか，を絶えず模索することである。二者択一の思考枠組みでは，このような知的探求をできない可能性がある。

2つめは，本書の多くの章は中道もしくは中間の立場を評価しているが，それは折衷主義ではない，という点である。本書は，二項対立の図式を壊すことにその主眼があるため，相対立する議論の内容に耳を傾けるだけでなく，それぞれを肯定的ないし否定的に評価することもある。その結果，論理上，中道もしくは中間の立場に光を当てることになる。この意味で本書は，日本の外交・

安全保障をめぐる議論において，中道もしくは中間の立場を再評価する試みに
も通じていよう。ただし本書は，相対立する立場の緊張関係を緩和もしくは解
消するために，それぞれの立場がもっているよい要素を足して2で割るという
折衷を行ってはいない。本書は，相対立する立場の緊張関係を認めたうえで，
日本の外交・安全保障をめぐる議論を展開している。

　3つめは，右／左，保守／革新，現実主義／理想主義という言葉の曖昧さで
ある。指摘するまでもなく，何が右で何が左なのか，右は保守で左は革新なの
か，どのような立場が現実主義で理想主義なのか，実は非常にわかりにくい。
たとえば，日米同盟を批判する者は「左」とラベリングされてしまう。しかし
ながら，「右」と考えられがちな「保守」のなかには，日米同盟が日本の自主
防衛を妨げるという理由で，日米同盟の存在を批判する者もいる。このような
「保守」は，日米同盟を批判しているがゆえに，「左」とラベリングされてしま
うのだろうか。本書は，日本の外交や安全保障をめぐる議論について，どの立
場が右であり左なのかといったラベリングを目的としているのではない。あく
まで，二項対立の図式を鷲掴みするために，右／左，保守／革新，現実主義／
理想主義という言葉を，いわば相対的な位置関係を示す道具として用いている。
ただし，ラベリング・ゲームとならぬように，できるかぎり，相対立する立場
を右／左という言葉で統一して表現するように努めた。

本書の構成

　本書は，「安全保障の位相角」の概念説明（序文と第1章）とその展開に対応
する4つの部で構成されている。序文（佐藤史郎）では，日本の外交や安全保
障をめぐる議論において，位相角の分析概念が必要な背景を述べた。続く第1
章（川名晋史）は，位相角とはどのような分析概念なのかを具体的に説明する。

　そして，4領域への展開として，8つのイシュー（章）を4つのテーマ（部）
で分類している。まず，1つめのテーマは「『遺産』か，それとも『選択』か」
である。ここでは，第2章（川名晋史）で在日米軍基地を，第3章（古賀慶）で
は靖國神社を取り上げて，それぞれのイシューの位相角とその意味合いを検討
する。在日米軍基地であれ靖國神社であれ，これらのイシューに関する政策の
歴史的起源は，いわゆるアジア・太平洋戦争という敗戦にある。これら2つの

イシューは，敗戦の結果，日本外交や安全保障の採算すべき負の「遺産」なのであろうか。あるいは，戦後の再出発に際して，日本自らが積極的に「選択」した結果なのであろうか。

　2つめのテーマは「国際社会への『貢献』とは何か」である。第4章（中村長史）は国際政治学の視点から，第5章（佐藤量介）は国際法学の視点から，それぞれ国連の集団安全保障措置への日本の参加／協力を考察する。無論，2つの章は憲法9条に関する議論を避けて通ることはできない。読者は，国際社会への「貢献」とは何か，日本はどのような国際「貢献」ができるのか／すべきなのかについて，知見を深めることができよう。

　3つめのテーマは「『両義性』をどうとらえるか」である。ここでは，科学技術の軍事利用と平和利用という「両義性」について，第6章（齊藤孝祐）は主に政治の論理から，第7章（松村博行）は主として経済の論理から，それぞれ検討を行う。読者は，科学技術の両義性をどうとらえるかによって，科学研究や武器輸出をめぐる日本の外交・安全保障政策の選択の幅が大きく揺れ動くことを再認識することであろう。

　4つめのテーマは「軍事と非軍事の『境界』」である。第8章（山口航）は開発協力における他国軍への支援を，第9章（上野友也）では大規模災害における自衛隊の役割を，それぞれ検討する。いずれも軍事と非軍事の「境界」に立つイシューであり，またいずれも日本の外交・安全保障における新たなイシューでもある。

　以上のように，本書は8つの日本の外交・安全保障のイシューを取り扱う。その他にも領土問題や北朝鮮の核兵器・ミサイル開発問題といった重要なイシューは多数あるが，紙幅の関係上，取り扱うことはできなかった。だが，8つのイシューがいまの日本にとって重要なテーマであることに疑いの余地はないであろう。

　本書は，位相角という概念を通じ，日本の外交・安全保障をみる読者の眼の構造を変えることで，思考の相対化と活性化を迫る，そのような本でありたいと思うのである。

注

1） 無論，これは単純な二項対立の図式である。戦後日本の外交・安全保障をめぐる思想については，酒井哲哉「戦後の思想空間と国際政治論」酒井哲哉編『日本の外交 第3巻 外交思想』岩波書店，2013年，281-311頁を参照のこと。

2） 内閣府政府広報室「『自衛隊・防衛問題に関する世論調査』の概要（平成27年3月）」2015年，https://survey.gov-online.go.jp/h26/h26-bouei/index.html（2018年6月3日アクセス）。

3） 遠藤晶久・三村憲弘・山崎新「世論調査にみる世代間断絶」『中央公論』2017年10月号，2017年，50-63頁。

4） 同上，52頁。

5） このような認識の下で，現代の日本外交が直面している諸問題の論点を提示しているものとして，佐藤史郎・川名晋史・上野友也・齊藤孝祐『日本外交の論点』法律文化社，2018年。

6） 北岡伸一「戦後日本の外交思想」北岡伸一編集・解説『戦後日本外交論集——講和論争から湾岸戦争まで』中央公論社，1995年，11-12頁。

7） 添谷芳秀『安全保障を問いなおす——「九条−安保体制」を越えて』NHK出版，2016年，15頁。

8） 1967年から1969年にかけて，朝日新聞安全保障問題調査会は「朝日市民教室〈日本の安全保障〉」のシリーズとして別冊3冊を含む計15冊を公刊している。

9） 遠藤誠治・遠藤乾「なぜいま日本の安全保障なのか」遠藤誠治・遠藤乾編『安全保障とは何か』岩波書店，2014年，21頁。

10） 同上，24頁。傍点は引用者。

11） 同上。

12） 押村高「同盟・基地・沖縄——なぜ日本は思考停止に陥るのか」『中央公論』2011年10月号，2011年，94頁。

13） 同上。

14） 同上。

15） 同上，96頁。

16） 丸山眞男「政治的判断」杉田敦編『丸山眞男セレクション』平凡社，2010年，358頁。

17） 同上，359頁。

18） 苅部直「政治的リアリズムとは何か」御厨貴・山岡龍一編『政治学へのいざない』放送大学教育振興会，2016年，170頁。

19） 土佐弘之「『平和のリアリズム』再考」日本平和学会編『平和を考えるための100冊＋α』法律文化社，2014年，181頁。

20） 坂本義和「平和運動における心理と論理」坂本義和『権力政治を超える道』岩波書店，2015年，114頁。

目　次

序　文　なぜ位相角なのか i

二項対立の思考枠組みの限界と問題点／二項対立の思考枠組みの呪縛／
二項対立の思考枠組みからの脱却／議論の布石／本書の構成

【佐藤史郎】

第1章　位相角をとらえる 1

第1節　政治的スペクトル …………………………………………………… 1

第2節　「保守」と「リベラル」の硬直 ……………………………………… 3

第3節　「位相角」の考え方 ………………………………………………… 5

【川名晋史】

第 I 部　「遺産」か，それとも「選択」か

第2章　基地問題の「解法」 14

はじめに ……………………………………………………………………… 14

第1節　適応をめぐる論争 …………………………………………………… 15

第2節　平和研究 ……………………………………………………………… 17
　　（1）暴力／（2）基地経済

第3節　戦　略　論 …………………………………………………………… 19
　　（1）地理と効果／（2）沖縄の地理的条件

第4節　歴史研究 ……………………………………………………………… 21
　　（1）外適応／（2）外交史研究，歴史的制度論との交叉

第5節　システム論 …………………………………………………………… 24
　　（1）システムとしての基地ネットワーク／（2）基地政治の創発性

おわりに ……………………………………………………………………… 26

【川名晋史】

x

第3章　靖國問題の認識構造——マクロ・ミクロの「歴史認識」を超えて　32

はじめに …………………………………………………………………… 32

第1節　靖國論争の認識構造 ……………………………………………… 33

第2節　最小国家派 ………………………………………………………… 36
　（1）国家神道への拒絶／（2）「政教分離」の尊重

第3節　靖國肯定派 ………………………………………………………… 39
　（1）太平洋戦争の不正義／（2）靖國神社の文化性

第4節　追悼重視派 ………………………………………………………… 43
　（1）戦争の教訓と継承／（2）万人のための追悼施設

第5節　象徴靖國派 ………………………………………………………… 46
　（1）文化と政教分離／（2）靖國「顕彰」の矮小化

おわりに …………………………………………………………………… 50

【古賀　慶】

第II部　国際社会への「貢献」とは何か

第4章　未完の九条＝憲章構想——集団安全保障をめぐる2つのトラウマを超えて　58

はじめに …………………………………………………………………… 58

第1節　「2つのトラウマ」と「理念なき反応主義」 …………………… 59
　（1）日本における集団安全保障論議／（2）2つのトラウマがもたらす
　思考停止の左右対立／（3）理念なき反応主義の功罪

第2節　理念ある反応主義としての「九条＝憲章構想」 ………………… 65
　（1）位相角による可視化／（2）もう1つの「現実」

おわりに …………………………………………………………………… 70

【中村長史】

第5章　日本の安全保障政策における国連の集団安全保障制度の位置づけ——国連軍・多国籍軍への参加問題を手がかりに　77

はじめに …………………………………………………………………… 77

第1節　国連システムにおける国連軍・多国籍軍——その法的位置づけ …… 80
　（1）憲章想定「国連軍」の制度化失敗と「許可」方式の誕生／（2）多
　国籍軍参加の法的位置づけ

第2節　国連軍・多国籍軍参加をめぐる法的議論——憲法学と国際法学 …… 82

xi

（1）憲法学における議論／（2）国際法学における議論
第3節　国連軍・多国籍軍参加をめぐる法的議論——政府と安保法制懇 ……… 88
（1）従来の政府見解／（2）安保法制懇報告書
第4節　日本の安全保障政策と国連の集団安全保障制度——関連性・対応関係 …… 94
（1）問題状況の整理／（2）個別検討
おわりに ……………………………………………………………………… 101

【佐藤量介】

第Ⅲ部　「両義性」をどうとらえるか

第6章　デュアルユースの政治論——科学研究と安全保障はいかに向きあうか　106

はじめに ……………………………………………………………………… 106

第1節　分析枠組み ………………………………………………………… 107
（1）戦略的要請と反軍国主義規範／（2）二次元への展開

第2節　デュアルユース問題の萌芽 ……………………………………… 110
（1）原子力の平和利用と軍事化への懸念／（2）航空宇宙分野における
デュアルユース問題

第3節　軍事組織による活動との距離 …………………………………… 114
（1）極東研究開発局の資金問題／（2）日米間協力の深化がどのような
結果をもたらしうるか

第4節　研究開発制度の強化と安全保障 ………………………………… 117
（1）研究交流促進法案をめぐる論争／（2）日米科学技術協力協定への
疑念

第5節　対立軸の変容とその反作用 ……………………………………… 120

おわりに ……………………………………………………………………… 121

【齊藤孝祐】

第7章　武器輸出をめぐる論争の構図——アクター間にみられる対立関係と緊張関係　127

はじめに ……………………………………………………………………… 127

第1節　武器輸出の位相角 ………………………………………………… 129

第2節　冷戦期の論争 ……………………………………………………… 131
（1）防衛生産の復活／（2）武器輸出三原則および「統一見解」の成立
／（3）対米武器技術供与の決定／（4）まとめ

xii

第 3 節　ポスト冷戦期の論争 ……………………………………… 138
　　（1）武器輸出三原則の相次ぐ例外化／（2）防衛装備移転三原則の制定
　　とその後／（3）まとめ
おわりに …………………………………………………………………… 143

【松村博行】

第Ⅳ部　軍事と非軍事の「境界」

第 8 章　開発協力大綱をめぐる言説──非軍事目的の他国軍への支援に焦点を合わせて　150

はじめに …………………………………………………………………… 150
第 1 節　開発協力大綱の策定 …………………………………………… 152
　　（1）ODAの原則／（2）開発協力大綱／（3）援助政策の多様化
第 2 節　開発協力大綱をめぐる議論 …………………………………… 156
　　（1）賛成派／（2）反対派／（3）二項対立で説明しきれない立場
第 3 節　開発協力大綱における位相角 ………………………………… 160
おわりに …………………………………………………………………… 163

【山口　航】

第 9 章　大規模災害における自衛隊の役割──調整と協働のあり方　168

はじめに …………………………………………………………………… 168
第 1 節　自衛隊の災害派遣における任務と原則 ……………………… 172
第 2 節　自衛隊の災害派遣をめぐる論争 ……………………………… 172
　　（1）自衛隊の災害派遣に対するイデオロギー対立／（2）災害派遣に特
　　化した自衛隊の組織改編／（3）位相角による新たな視座──旧来の政
　　治的対立にもとづく分析を超えて
第 3 節　自衛隊と地方自治体・民間組織との調整と協働──東日本大震災の生活支援活動 …… 176
　　（1）被災者支援に向けた官民協働の組織化／（2）給食支援における自
　　衛隊とNPO・NGOとの連携／（3）応急仮設住宅の入居者支援をめぐる
　　連携
第 4 節　自衛隊と地方自治体・民間組織との調整と協働──国際的基準をふまえて ……… 179
　　（1）オスロ指針／（2）オスロ指針における六原則／（3）『自然災害
　　対応における外国軍隊の資源や装備の効果』（ストックホルム国際平和研
　　究所）／（4）自衛隊の派遣三原則

xiii

第5節　大規模災害における自衛隊と地方自治体・民間組織との調整と連携 ……… 182

(1) 自衛隊の災害派遣の基準／(2) 自衛隊と地方自治体・民間組織との役割分担／(3) 自衛隊と地方自治体・民間組織との調整と協働／(4) 自衛隊の撤収と地方自治体・民間組織への業務移管／(5) 民間組織の自主性

おわりに …………………………………………………………………… 184

【上野友也】

結びに代えて

索　　引

編者・執筆者紹介

第1章 位相角をとらえる

川 名 晋 史

　序文でみた左・右，あるいはリベラル・保守の二項対立が「硬直」するのは
なぜだろうか。また，そのような状況から抜け出すにはどうしたらよいだろう
か。ここでは，いくつかの単純なモデルを設定し，その範囲において示唆され
る二項対立の硬直（第1節，第2節）と，そこからの脱出（第3節）のイメージ
を探っていく。

第1節　政治的スペクトル

　手始めに，いまわれわれの社会に5段階の政治的スペクトルが存在すると仮
定しよう。[1] それぞれのスペクトルには，便宜上，急進的リベラル（Ⅰ），リベ
ラル（Ⅱ），中道（Ⅲ），保守（Ⅳ），急進的保守（Ⅴ）という直観的な名前を与
える。確率統計上，各スペクトルの分布は正規分布に従うものとする。
　すると，社会全体の政治的スペクトルの分布は，中道のボリュームが最も大
きく，左右両極に向かって下りのスロープを描く正規曲線として示される（図
1-1）。急進的リベラルは小規模なグループであり，そこから右に進むにつれ
て，より大きなリベラルのグループが存在する。さらに，その先には最もボ
リュームの大きい「中道」が広がっており，その向こうには，保守，そして一
握りの急進的保守の領域がある。
　ただし，この図が示しているのは，あくまでも独立した個人の政治的傾向，
すなわち，他人とのコミュニケーションや影響関係が存在しない場合のそれで
あり，われわれの社会の姿を正しく反映するものではない。
　そこで，次に，個々人が接続され，互いに「引き込み（entrainment）」あう状
態を仮定してみる。[2] つまり，人々は他人とコミュニケートし，他者の政治的傾

図1-1　独立した個人からなる社会の政治的スペクトルの分布

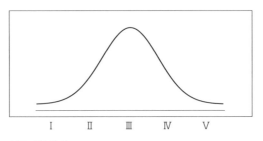

出所：筆者作成。

向に影響を与え，また自らの傾向を自在に変更できるという仮定である。たとえば，スペクトルが左に位置する人は，周囲から右に移動するように説得され，逆に右の人は，より左に位置をずらすように働きかけられる。

　このような仮定は，おそらく現実の社会の姿を先ほどよりはうまく反映している[3]。そして，この場合に生じる政治的傾向の分布は，もはや正規曲線ではない。なぜなら，個々人が互いのスペクトルを引きあえば，そこでは最もボリュームが大きい（したがって，引きの力が最も大きい）中道への強烈な引き込みが生じると考えられるからである。つまり，中道の両隣に位置するリベラルと保守の陣営から，それぞれの「穏健派（つまり，リベラルと保守のなかでも，より中道寄りのスペクトルをもつ者）」が引き抜かれる。そしていったんそのようなドライブがかかれば，おのずと曲線の中心に向かって背の高いピークが形成されていくはずである。

図1-2　相互作用する個人からなる社会の政治的スペクトルの分布

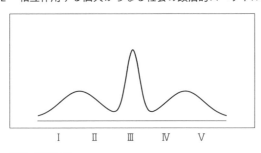

出所：筆者作成。

図1-3　実際に立ち現れる政治的スペクトルの分布

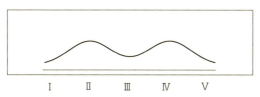

出所：筆者作成。

　一方で，どれほど中道への引き込みが強かろうと，左右両端の意思強固なグループ，すなわち急進的リベラルと急進的保守を立ち退かせるほどの力はもたないかもしれない。したがって，われわれの社会においてより「自然」に生じると考えられる政治的傾向の分布は，少なくとも理屈のうえでは，図1-2のようなもの，すなわち，極端なピーク1つと2つのくぼみをもつものとして表されるだろう。[4]

　ところが，序文でみたように，現実の社会はそうなっていない。つまり，実際に出現する分布のピークは「中道」（Ⅲ）にではなく，図1-3のように「保守」（Ⅳ）と「リベラル」（Ⅱ）にあるようにみえるのである。ならば，図1-2のモデル上，「中道」に生じると考えられるピークの出現を阻むものは何か。それは，後述のように，われわれがこの領域を適切に表現するための安定した語彙をもたず，したがってそこから導出されるはずの政策的選択肢を可視化できていないことに起因するのかもしれない。つまり，生来の性向に従えばⅢにプロットされるはずの人々が，次々とその両脇の領域に引き剥がされる，あるいは自発的に移転していくのは「中道」に特有の理論的，あるいは政策的な所在なさに由来すると考えるのである。[5]

第2節　「保守」と「リベラル」の硬直

　では，かようにして出現する2つの政治的スペクトルの「山」が硬直するのはなぜか。なるほど，遠藤・遠藤（2014）がいうように，この2つの陣営は「お互いを軽蔑し，語り合う共通言語を持たぬかのように，知識人の間ですら対話は困難を極めて[6]」いるようである。しかし，一方で両者は実に円滑に「対話」し，

互いに指示を与えながら，息を合わせて協同しているようにみえなくもない。

　もっとも，それは当然かもしれない。なぜなら，もし各々の陣営が真に対話せず，独立に思想を展開／発展させているとすれば，物理法則よろしくそれ自身がもつエネルギーは散逸し，やがて動きを停止させざるをえないはずだからである。このように考えれば，「保守」と「リベラル」の2つの思想は，さながら論争を熱エネルギーに変換し，運動を続ける物理的実体のようである。実際，冷戦期においては，保守はリベラルの夢想性，非現実性を正すことを糧にしてきたし，リベラルはリベラルで，保守の誤謬や過信を正すことに精を出してきた。もっとも，序文でみたように，そのような両者の緊張関係そのものは思想の展開にとっては健全なことである。

　問題は，両者の間に継続的に斥力（相反する力）が働き，そのことが二項対立を硬直させうることである。つまり，斥力相互作用が生じるような物理的状態においては，両者の間隔は次第に広がりをみせ，最終的にはまるで「見えない紐」でつながれているかのように，ちょうど正反対の位置で停止する。

　もちろん，これはアナロジーにすぎないが，[7]たとえば日本の憲法をどうするかという問題ひとつをとってみても，そこから得られる洞察は小さくないように思われる。つまり，もし保守とリベラルの思想が，斥力相互作用する物質のように振る舞うとすれば，両者はまったく同じ位置（原点）から思考をスタートしたとしても，他方が憲法の不備を突けば，一方はその重要性を主張するといった具合に「逆張り」を繰り返していく。すると，両者の位相は次第に広がり，やがて紐がぴんと張る（斥力と紐の張力がつり合う）位置，すなわち「改憲派」と「護憲派」の立場におのずと落ち着くことになる。

　その過程では，改憲派も護憲派も相手の主張に細心の注意を払い，したがって自分がどこの位置にいようが，相手の動き次第でその立ち位置にしかるべき調整を加える。双方にとって重要なのは，自身の絶対的な位置ではなく，相手との相対的な位置関係である。同様の問題は，日本の安全保障政策をめぐるさまざまな論争において観察される。そこにみられる調整行為，あるいはフィードバックこそが，分極した二項対立を固定化する力学である。つまり本書のいう「思考停止」とは，いわゆる「保守」と「リベラル」の思想がそれぞれに挙動を停止させている状態ではなく，動的な平衡状態にあることを意味している。

第3節 「位相角」の考え方

　では，このような硬直した二項対立から抜け出すにはどうしたらよいのか。ここでは，試論的ではあるものの，すでにみた政治的スペクトルⅢの空間的拡張にその契機を見出そう。それはともすれば曖昧で，玉虫色だった「中道」あるいは，中間領域の再定義である。具体的には，従来の左・右／リベラル・保守の一次元空間（図1-4）をちょうど中央から「折りたたむ」イメージで，縦軸と横軸に囲まれた二次元空間（図1-5）を作り出す。それによって，先の図1-3で中間領域から引き剥がされていた人々を本来の位置に帰還させるニッチ（図1-5の1と3）を生み出す。新たに可視化されるかような中間領域は単なる「折衷主義」の領域ではない。そこには明瞭な学術的語彙と実行可能な政策の選択肢が用意されているはずである。

　図1-5では，政治的スペクトルの空間が任意のx軸とy軸によって，4つの領域に区切られている。なお，xとyのそれぞれの軸はイシューごとに設定されるものである（次章以降参照）。

　ここでは右上から反時計回りに，第1領域，第2領域，第3領域，第4領域としておこう。先にみた図1-1との対応関係でいえば，第1と第3領域が「中道」の領域である。第2領域は，「急進的リベラル」と「リベラル」の領域であり，0に近ければ後者，遠ければ前者である。第4領域は，「急進的保守」と「保守」の領域であり，先と同様，0に近ければ後者，遠ければ前者ということになる。繰り返せば，ここでの「保守」や「リベラル」等の名称は，われわれの社会における思想や言説の配置，ないしその空間イメージをつかむため

図1-4　一次元空間における左・右／リベラル・保守

出所：筆者作成。

図1-5 二次元空間における4つの領域

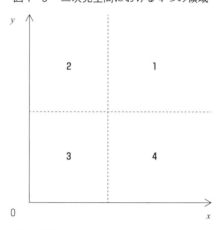

出所：筆者作成。

の記号にすぎない（次章以降，個別のイシューに対応した固有名詞が与えられる）。

図1-5は分類のための枠組みというよりも，動的な分析枠組みと考えたほうがよい。ここでは，他者との政治的スペクトルの違いを2つの要素，すなわち0からの直線距離（d）と角度（θ）で表現している。本書では，とりわけ後者の角度のことを「位相角」と呼ぶ。これにより，特定の政治的スペクトルをとる思想 a の位相角は，θa と表現される（図1-6）。

本書が主張するのは，任意の2地点が0からの距離（d）を異にしたとしても，各々の位相角の差（$\theta a - \theta b$）が0に近づくほど，互いの立場に本質的な矛盾はなく，政策的にも接近可能ということである。

図1-7をみてみよう。いま，第1領域と第3領域にプロットされる任意の2つの政治的立場（c, d）があり，両者は0からの距離が大きく異なっている（dc, dd）。通常，このような両者の立場は大きく異なってみえるはずである。片や x と y の両方の値が大きく，他方はそれがどちらも小さいからである（より具体的なイメージについては，次章以降参照）。しかし，そのような2つの立場であっても位相角（$\theta c, \theta d$）を近似させていれば，合意可能な政策の幅も大きいと考えるのが本書の立場である。

二項対立からの「脱出」の問題を考えるうえで重要なのは，第1領域と第3

図1-6　位相角

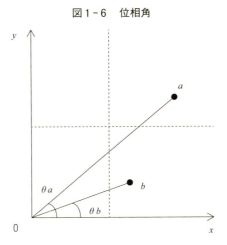

出所：筆者作成。

図1-7　距離と位相角

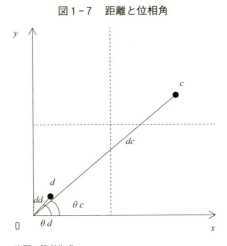

出所：筆者作成。

領域である。というのも，第1・第3領域は他のそれぞれの領域と位相角を等しくできるからである。このことを図示しているのが，図1-8から図1-11である。各領域が他の領域と位相角を等しくできるのは，直線A（角度の最小値をとる太線）と直線B（角度の最大値をとる太線）で囲まれた範囲である。

図1-8 第1領域が他の領域と位相角を等しくする範囲

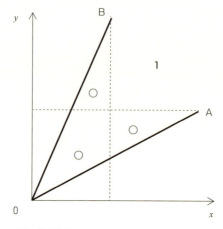

出所：筆者作成。

図1-9 第2領域が他の領域と位相角を等しくする範囲

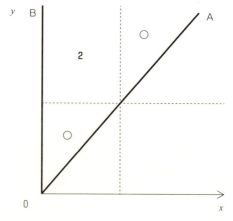

出所：筆者作成。

図 1-10　第 3 領域が他の領域と位相角を等しくする範囲

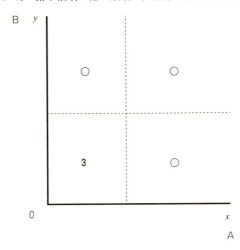

出所：筆者作成。

図 1-11　第 4 領域が他の領域と位相角を等しくする範囲

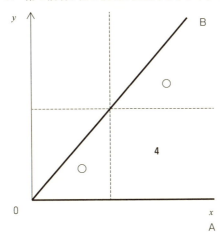

出所：筆者作成。

そこから明らかなように、位相角を等しくする領域の数（すなわち、○の数）が多いのは第1・第3領域であり、第2・第4領域がそれに続く。このことから、第1・第3領域は他の領域への転出や、それとは逆に他の領域（とりわけ、第2・第4領域）からの転入が生じやすい領域であり、またそうであるがゆえに領域間の論争を架橋し、調整することが期待される。

一方、位相角の差が90に近づくほど、2つの立場は議論の土台を共有しない。第2領域（の左上）と第4領域（の右下）がそれである。ただし、そのこと自体は、従来の一次元空間、すなわち（左・右／リベラル・保守の）距離の概念（図1-4）でも十分に表現可能であった。

しかし、それでもなお、本モデルが重要と考えられるのは2つの理由による。まず、繰り返しになるが、従来、対立が硬直しがちだったリベラル・保守、すなわち第2・第4領域それぞれの手の届くところに、明瞭な学術の語彙を伴う第1と第3の領域が出現する。そこはおそらく、穏健なリベラルと穏健な保守にとっての現実的な移転先の候補となるはずである。このことは、立場の異なる2つの議論の接近を考える際の手がかりとなるだろう。

次に、このモデルに従えば、第3領域はその内部において任意の2地点の位相角の差が最大で90をとる。つまり、この領域の議論ないし政策的処方箋の分散は大きく、ともすれば矛盾を含んだものが共存しうることを示唆している。このことは、いわゆる「中道」と呼ばれるものの性質を理解するうえで一定の意味をもとう。

注
1) Steven Strogatz, *Sync: The Emerging Science of Spontaneous Order,* Penguin Books, 2003, pp.43-45. なお、ここでいう「われわれの社会」とは、平時における自由・民主主義的な社会のことである。すなわち、個人の思想・表現の自由が保障されており、かつそれを政治に反映させるための制度的基盤が整備されている社会を指している。
2) 「引き込み」は自己組織化にみられる普遍的なメカニズムであり、生物と非生物からなる自然界に広くみられるものである。たとえば、蔵本由紀ほか『パターン形成』朝倉書店、1993年、150-162頁。
3) K.W.ドイッチュ（伊藤重行ほか訳）『サイバネティクスの政治理論』早稲田大学出版部、2002年、186-204頁。
4) ウィーナー（Norbert Wiener）はこれを脳内の神経振動子、「アルファー波」のパター

ンに関する議論において提示する。Norbert Wiener, *Nonlinear Problems in Random Theory*, The M.I.T. Press, 1958, pp.68–69.

5） なお，図1-1，図1-2，図1-3の正規分布およびその関数を設定するにあたり，東京工業大学・川名研究室の栗岡保，添田晴也，高松裕，山本洵哉の協力を得た。

6） 遠藤誠治・遠藤乾「なぜいま日本の安全保障なのか」遠藤誠治・遠藤乾編『安全保障とは何か』岩波書店，2014年，21頁。

7） このような類推は，ノーバート・ウィーナー（鎮目恭夫・池原止戈夫訳）『人間機械論──人間の人間的な利用〔第2版〕』みすず書房，1979年。ウィーナー（池原止戈夫ほか訳）『サイバネティクス──動物と機械における制御と通信』岩波書店，2017年。

第Ⅰ部――「遺産」か，それとも「選択」か

第 2 章 基地問題の「解法」

川 名 晋 史

はじめに

　日本において在日米軍基地の問題は，日米同盟に派生する戦略上の諸問題，すなわち抑止や勢力均衡といったより上位の目標の達成手段として位置づけられるのが常だった。あるいは，それとは逆に，政治的・社会的文脈において争点化されるローカル・イシューとして扱われることも多であった。単純化を厭わなければ，そこから導かれる政策目標は，前者においては基地の維持あるいは拡大にあり，後者はその削減もしくは撤退にあった。国家の安全保障と国内の政治的／社会的厚生の増大という 2 つの目標を同時に満たすような政策はトレードオフとみなされ，それを導くための理論的枠組みも十分に検討されてこなかった。

　日本の基地問題を保守とリベラルの直線的な空間に回収することがもたらす社会的・学術的陥穽の 1 つはおそらくそこにある。もっとも，その背景には海外基地に関する学術研究がこれまで十分に蓄積されてこなかったという事情もあるだろう。米国の海外基地の問題に限ってみても，国際政治学，歴史学，社会学，あるいは地域研究等がほとんど独立に研究を蓄積している状況にあり，それを横断ないし統合しようとする試みは，およそ皆無である。

　冷戦後，日本ではとりわけ沖縄の基地問題をめぐって侃々諤々の議論が交わされてきた。そのなかには旧来的な二項対立の図式に沿って展開される議論もあれば，それにはほとんどそぐわないものもあった。そこで本章は，戦後の在日米軍基地をめぐる論争を左右の一次元空間（第 1 章図 1 - 4 参照）から取り出し，位相角のモデルにならった二次元空間に置き直す。それを通じて日本の基地問題の「解法」をめぐる学術および政策の見取り図を示そうとする。

本章では任意の政治主体の環境適応，すなわち外部環境（国際的な戦略環境）と内部環境（国内の政治的・社会的環境）への適応の期待値の問題に着目する。ここで「適応」とは，主体の行動や特性が環境に可変的に対応，または外部関係を道具化することによって環境との間の充足関係を作り出そうとすることを意味する[1]。本章ではこの概念を「戦略適応」と「政治適応」の２つに区分し，さらにその内部に「外適応（exaptation）」の領域を設定する（後述）。外適応は，政治主体の適応過程における偶発性や歴史の要素を重視するものであり，環境への適応を最適化できるとする立場とは一定の距離を置く。

第1節　適応をめぐる論争

民主主義国家における基地のステークホルダーは多様である。政治家, 官僚, 自治体，NGO，市民らはそれぞれに基地政策に対する異なる選好をもつ。ここでは彼らの選好が，基地政治（base politics）を構成する外部環境（国際的な戦略環境）と内部環境（国内の政治的・社会的環境）への反応，すなわち「戦略適応」と「政治適応」の期待値の関数として出現するものと考える。つまり，ある時点の環境を所与とした場合に，それぞれの主体がいずれの環境圧力を重くみるかによって，戦略適応を強化（たとえば，抑止力の強化）しようとするのか，あるいは政治適応を強化（たとえば，基地公害の解決）しようとするのかが決まるということである。

図２-１をみてみよう。横軸（戦略適応）は外部環境，すなわち国際的な戦略環境からの圧力に対する適応の期待値である。外部環境からの圧力（たとえば，侵略や武力衝突の危険性，パワーバランスの不利な変化）への適応を高めようとすれば，選好は右に移行する。一方，縦軸（政治適応）は内部環境，すなわち国内政治・社会環境からの圧力に対する適応の期待値である。内部環境からの圧力（たとえば，政治的正当性の低下や事件・事故の危険）への適応を高めようとすれば，選好は上に移行する。

こうしてできあがる４つの領域には，それを代表する分析アプローチ（上段）と，そこから導かれる典型的な政策目標（下段）が示されている。たとえば，第１領域は，外部・内部それぞれの環境圧力への対応をとらえ，システムとし

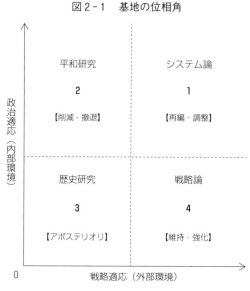

図2-1 基地の位相角

出所：筆者作成。

て機能する基地ネットワークの再編（基地の整理・統合）に関心を寄せている。第2領域は，国内の政治的・社会的秩序の維持，回復を目途に，基地の削減・撤退を目標に掲げている。第3領域は，環境への適応そのものよりも，その過程で生み出される「副産物（by-product）」の影響をとらえようとする（詳細は第4節）。第4領域は，戦略環境への適応を目途に，たとえば抑止力の向上に資すると考えられる限りにおいて基地の維持・拡大を志向する。そして，それらの政策目標は各々，システム論（第1領域），平和研究（第2領域），歴史研究（第3領域），そして戦略論（第4領域）によって支えられている。

この点，従来の左右の一次元空間が射程に収めてきたのは主に第2と第4の領域であった。一方，第1と第3の領域は十分に可視化されてこなかった。そのため，いわゆる保守でもリベラルでもない選好，たとえば基地の戦略的な必要性を認めつつ，それを維持するのに必要な国内の政治的・社会的正当性の調達を企図するような選好は，いわば「寄る辺」なきものとして第2領域か，そうでなければ第4領域へと不自然に押し込められることもあった。[2] 他方，図2

－1では，これまで鮮明でなかったいわゆる中間領域の「奥行き」，すなわち第３から第１に至る面が顕出している。以下，４つの領域の特徴を，第２，第４，第３，第１領域の順にみていこう。

第**2**節　平和研究

　第２領域は「平和研究」の領域である[3]。分析の中心は国内政治環境にあり，基地を受け入れることで生じる事件や事故，暴力，人権侵害等の問題に焦点が当てられる。後述の第４領域がいわゆる国家安全保障の領域だとすれば，ここは人間の安全保障の領域である。米軍基地は接受国の社会や個人に対する直接的暴力と構造的暴力の因果を同時に構成する「脅威」と映る[4]。国内の政治的圧力への反応形としての政策目標は，おのずと基地の削減，移設，撤退へと向かう。

　政治適応と戦略適応の関係はおおむね排他的なものととらえられる。もっとも，なかには日本の安全保障や防衛の問題を積極的に分析しようとするものもある（第２領域の右側）[5]。ただし，そこから示される政策目標も，程度の差こそあれ，基地の削減，移設，撤退を志向する。なぜなら，そこでは基地がもつ戦略上の負のフィードバック，すなわち，基地があることがかえって東アジアの緊張を高める，あるいは基地の政治的正当性の低下がかえって日米同盟の不安定化をもたらす，といった側面が重くみられるからである。

（1）暴　　力

　既述のように，この領域の学術的な目的は，基地に由来する何らかの暴力（それが直接的であれ，構造的であれ）の因果を明らかにすることにある。基地が生み出す暴力の構成要素はさまざまだが，直接的なものとしては，たとえば米軍関連の事故（航空機の墜落，爆音・騒音，部品落下等）や犯罪がある[6]。今日，この問題が前景化しているのは沖縄だが，それを焚き付けているのは本土の側の「無関心」であるとされる[7]。そのため，第２領域からはこうした暴力を国内政治のアジェンダに翻訳するためのさまざまな概念が供される。たとえばジェンダー論では，基地（軍組織）に固有の暴力性が必然的にその矛先を政治的抑圧対象

第 I 部 「遺産」か，それとも「選択」か

としての女性や子どもに向かわせることが指摘され，基地と人権の不可分性が主張される[8]。

暴力の問題を米国および日本（本土）の無自覚的な「植民地主義」の発露ととらえる研究もある[9]。地位協定がもつ日本と米国の不平等性，ないしその状態を放置する（しているようにみえる）日本政府の「無作為」はその最たるものに映る[10]。

なお，基地に反対する人々，あるいは日米安保そのものに批判的な人々にとってかかる地位協定（行政協定）は，戦後の早い段階から日米関係の「核心」と目されてきた[11]。歴史をひもとけば，米国議会が行政協定の成立を待ってサンフランシスコ講和条約を批准したことも，そうした見方の妥当性を確信させることとなった。

60年代以降に本格化した米軍から自衛隊への基地の「使用転換」も，日本の米国に対する隷属性，ないし日本政府による特定の自治体（たとえば，沖縄）への差別ととらえられる[12]。いわゆる「二重の差別論」[13]である。通常，使用転換は地位協定の 2 条 4 項（a）——合衆国軍隊が施設および区域を一時的に使用していないときは，日本国政府は臨時にそのような施設および区域を自ら使用しまたは日本国民に使用させることができる——が適用される。しかし，実際には少なくない場合において，それが 3 条——合衆国は施設および区域内においてそれらの設定，運営，警備および管理のため必要なすべての措置をとることができる——のもとに運用されてきた[14]。それは米軍の「基地管理権」の名の下に，あるいは刑事特別法の庇護の下で，自衛隊が基地を「自由使用」することを可能にする措置であったと考えられている[15]。基地に批判的な人々にとって，かような基地の「返還」は主を替えた暴力の継続に他ならない。

（2）基地経済

基地にまつわる経済問題も一貫してこの領域の重要なテーマである。戦後にまず焦点が当てられたのも，演習地のために耕地を奪われた人々，漁業ができなくなった人々，それとは逆に基地に雇用されることで基地に生活を依存する人々の社会的救済の問題だった[16]。戦後の日本社会は「基地社会」そのものだった。よしんば，個人の生活圏に基地がなかったとしても，人々は基地社会の構

造に引きずり込まれ，基地が生み出す経済法則（すなわち，基地経済がさらなる基地の強化を促す）に加担しているとみなされた。

　ひるがえって，今日「基地経済」の語は日本政府による米軍関連の財政支出が自治体経済に与える影響，ないしそこから生み出される地域格差の問題を指す[17]。それは日本の基地政治の特質とされる「補償型政治」[18]の象徴でもある。よく知られているように，たとえば本土復帰後の沖縄では日本政府によって講じられたさまざまな公共政策の帰結として，一部の建設業界，商工会，土地所有者等は軍用地料や公共事業に代表される基地経済の増進を図る道を模索した[19]。また，今日ではとりわけ環境整備法にもとづくいわゆる「9条交付金」[20]や米軍再編交付金が自治体に対する「アメ」として名指しされ，批判の対象となる[21]。

第3節　戦略論

　第4領域は，「戦略論」の領域である。分析の焦点は安全保障環境への適応，すなわち日米の防衛政策上，適切な基地の配置，機能，そして部隊運用の設計にある。日本に基地がある理由はそれに先立つ日米の安全保障上の脅威の特質に見出される[22]。たとえば，今日の沖縄であれば，東アジア地域の力のバランスや米国の対中戦略，あるいは，基地の存在そのものが第三国に与える抑止効果にその根拠が求められる[23]。日本独自の視点に立てば，有事に米国を「巻き込む」ための措置，すなわちトリップワイヤーとしての機能が強調される。

（1）地理と効果

　この領域の中心的な思考はいわゆる機能主義的アプローチにもとづいている。つまり，米軍基地が設置／維持されるのは，使用者（主として米国，ないし日本）の戦略的利益に適うと期待されるがゆえ，との前提に立脚している。思考の手順としては，まず特定の基地が所与の戦略環境においていかなる機能／役割を果たし，それがどのように米国ないし日本を益しているかを考える。そのうえで，個別の基地に特定の適応度を割り当て，それを修正，調整するための具体的な政策が案出される。むろん，このような推論は国家の合理性，ならびにその意図と結果の線形性を仮定することなしには成り立たない（後述のよ

うに，これは第1領域，および第3領域との違いである）。

　当然，そこでの理論的関心はもっぱら基地の戦略的な「効果」に集中する。そして，抑止や対処，あるいはトリップワイヤーの効果は，主に当該基地がもつ地理ないし地勢的条件の観点から評価される[24]。戦略論においては，脅威への対抗を目的とした対外投射能力とその効果は，基本的には「戦地までの距離に反比例」すると考えられているからである[25]。もちろんこうした論理は，いわゆる「地理的決定論」に通ずるものとして，先にみた第2領域（平和研究）にとっての批判の対象になる。

　なお，第4領域において国内政治の問題は多くの場合，戦略適応上，必要と考えられる諸政策を制約する（戦略適応にブレーキをかける）要素として，二次的に「重視」されるにすぎない[26]。

（2）沖縄の地理的条件

　では，かような視角は今日の沖縄をいかにとらえるだろうか。たとえば川上は沖縄海兵隊の駐留理由を，①地域紛争および地域の不測事態の抑止・対処，②シーレーンの安全確保，③大規模災害救済および人道支援その他の協力措置，④地域安全保障に対する米国のコミットメントの確認，⑤米国と同盟国にとり優位なパワーバランスの維持に見出すが[27]，このうち少なくとも，①と②は，沖縄の地理の問題に還元されるだろう。

　この点沖縄の地理が優れているのは，なによりも日本の安全保障に影響を与える潜在的な「衝突地点」すなわち，台湾海峡や尖閣諸島，南シナ海への近接性である。沖縄は台湾海峡から457カイリの位置にあり，これはその他の重要基地（横田基地は1,197カイリ，グアムは1,559カイリ，ハワイは4,472カイリ）に比して，圧倒的な距離的優位性をもつ。

　たとえば，台湾有事においては米台の空軍連携を前提とした作戦が構築されるというが[28]，沖縄の対潜哨戒機（P-3C）と電子偵察機（EP-3）は当該作戦に不可欠の支援を行うことができる。それを前提に，第3海兵遠征軍（3MEF）は，戦闘部隊と輸送部隊，そして司令部部隊を統合した戦闘作戦を遂行することができる。沖縄がもつ台湾海峡への地理的近接性は，初期の即応性のみならず，作戦の継続性（すなわち航空機の復帰能力）にも重要な影響を与えると考えられ

ているのである。

　むろん「距離」は諸刃の剣である。近年の中国軍の能力向上によって，沖縄のミサイル攻撃に対する脆弱性は飛躍的に高まっているとされる。海兵隊のグアム移転計画の背景にもこうした事情が作用しているとみられている[29]。こうした要素を重くみて，海兵隊の不要論が提起されることもある[30]。しかし，そうした不要論を導くのも，つまるところ基地がもつ戦略上の合理性なのである。

第4節　歴史研究

　第3領域は「歴史」，あるいはより抽象的に「外適応」の問題を扱う領域である。ここには外交史や歴史的制度論が帰属する。この領域において2つの環境圧力への適応はまったく志向されないわけではないものの，それよりも基地政策が現実に従わなければならない歴史的な制約条件のほうに分析の重きが置かれる。つまり日本の基地政策は占領期から受け継いできた「歴史」，あるいはそれに固着する諸制約にわずかばかりの改良を加えることでしか変化させることはできず，（第2・第4領域が考えるように）所与の環境に対する「最適解」を自由にデザインできるわけではないと考えるのである。

（1）外　適　応

　前節までの議論との最大の違いは，何よりもその分析アプローチにある。第3領域は他の領域とは異なり，環境への適応策としての基地政策を設計可能なものとはとらえていない。この点，たしかに今日の歴史研究の知見に従えば，戦後の在日米軍基地の多くは旧日本軍の施設を便宜的に「リサイクル」するか，あるいは不要になった米軍基地を軍種間で融通（転用）することによって間に合わされてきたとの解釈が可能である[31]。よく知られているように，沖縄の普天間基地も順次，陸軍から空軍へ（1957年），そして空軍から海兵隊（1960年）へと移管されてきた。本土においても，たとえば1960年代の基地問題の焦点の1つだったキャンプ王子は，極東地図局がハワイに移転した後に陸軍の野戦病院へと転用されたものである[32]。これらの事実は，少なくとも狭義の意味で，米国の基地政策がたえず合理的かつ設計的だったわけではないことを示している。

第 I 部 「遺産」か，それとも「選択」か

　このような解釈を可能にするような，いわば適応の外に置かれているような現象のことを，本章では「外適応」として他の２つとは区分する。外適応は，もともと進化生物学においてグールド（Stephen Jay Gould）らが提示した概念である。それは特定の時点においてある適応的な機能を有しているものの，その形質が必ずしも過去の自然選択を経て，その有利な機能のゆえに固定されたものではないこと指す。このことは「スパンドレル」という建築モチーフを用いて説明されることが多い。スパンドレルとは，イタリアのヴェネツィアにあるサンマルコ大聖堂にみられるように２本の変形アーチ型回廊が直角に交差する地点の真上にドームを配置させる際にできる逆三角形型の隙間のことである。通常，かようなスパンドレルは豪華な装飾で覆われている。しかし，それは建築構造上，不可避的にできる副産物たる隙間の有効利用の結果であり，あらかじめ用意されていた宗教的装飾画を整然と配置するという目的のためにドーム構造全体がデザインされたわけではない。装飾のための利用は，いわば「外適応」だったということである。

　ひるがえって，基地政治における外適応の概念は，異なる目的のもとに企図された政策がその「副産物」として生み出した基地，あるいは当初は特定の機能をもたなかった基地が後付的に環境適応的な機能を獲得するプロセスを指すものと考える。

（２）外交史研究，歴史的制度論との交叉

　繰り返せば，先にみた第４領域（戦略論）は，理屈のうえでは基地の機能と戦略環境との間に線形的な関係を仮定するものであった。単純化すれば，基地の属性は単一的であり，かつ過去の歴史の順序や社会的文脈はその属性に決定的な影響を及ぼさないとの仮定である。たとえば，沖縄の海兵隊についてもそこには一貫した機能的役割があり，したがってその基地構造は，はじめから整然とデザインされていたと考えるかもしれない。あるいはそうでなくとも，よもやそれが無秩序な「寄せ集め」の結果であるなどとは考えないはずである。この点，第２領域（平和研究）も同じである。第２領域の議論は，暗黙のうちに，日本政府はその気になれば，現在よりも公正でその意味において政治的に適応度の高い政策を計画したり，実行できると考えている。つまり，政府の政策は

設計可能であるとの前提に立っているのである。

　一方，第3領域はそうした考えには与しない。むしろ，そのような発想は基地政治の現実から乖離しているとみる。なるほどこれまた従来の歴史研究が明らかにしているように，たとえば沖縄における基地の拡張と固定化の歴史をとってみても，それは決して直線的ではなく，また中断がなかったわけでもない[37]。だとすれば，仮に現在の沖縄にみられるような基地構造の出現が，戦略論や平和研究が考えるように日米の安全保障戦略や「差別」のゆえに不可避だったとしても，その具体的な形態までもがいまわれわれが観察できる特定のそれでなければならないと考える理由は見当たらないのである。

　これらのことをふまえた第3領域からは，基地政治の因果作用はときに偶発的で些細な出来事から始まり，その後，ある種の収穫逓増を通して長期間ロックインされると指摘されることがある[38]。そしてこのようなプロセスが確立されると，時間の経過とともに，戦略適応上は最適と考えられるような基地配置（すなわち平衡状態）からは引き離されていくとも主張される[39]。それと同じように，たとえば，任意の政治主体が政治適応を高めるような基地の移転政策を実現したいと考えたとしても，設計対象となる一意の空間内（たとえば，沖縄の基地移設であれば，九州や四国）における未踏の領域は，歴史的な制約条件によって政治的には接近不可能な（あるいは単に見かけ上可能な）領域であると考えられたりもする。いうまでもなく，それらは理論上，歴史的制度論，あるいは経路依存論と交叉するものである。

　ただし，このような第3領域からは将来の基地構造について確実なことは何もいえない。特定の歴史上の時期を詳細に知れば知るほど，今日の基地の配置が別のかたちではなく，特定のかたちで起こった必然性を説明することが困難になるからである。一方で，たとえば，第4領域（戦略論）であれば，最終的に実現した基地の結果に焦点を絞り，なぜその結果が「必然」だったのかを機能主義的に説明できるだろう。

　したがって，この領域から提示される政策はアポステリオリにならざるをえない。しかし，それは現状の正当化を意味しない。なぜなら，そこでは歴史の過程で実際には選ばれなかった選択肢の存在に注意を向けることで，将来，起こりそうもないと思えるような事象が現実となりうる可能性を排除しないから

第Ⅰ部 「遺産」か，それとも「選択」か

である。もちろん，そうであるからこそ，そこから示される政策は分散が大きく，主張の一貫性が担保されない場合もある。つまり，同じ第3領域から発出される研究でも，あるものは「基地の撤退」という政策の妥当性を含意し，またあるものは「基地の維持・推進」という正反対の政策の妥当性を含意することがありうるということである。このことは，第1章でみた位相角のモデルの想定，すなわちθが最大で90をとることが意味するものとも符合する。

第5節 システム論

第3領域が「歴史」の領域だとすれば，第1領域は「システム」の領域である。そこでは基地のネットワークをシステムととらえたうえで，外部・内部それぞれの環境圧力に対する反応を同時にとらえようとする。具体的にはシステムの構成要素，すなわち米国政府や日本政府，または基地を受け入れる自治体，NGO，市民等の相互作用とフィードバックのなかで2つの環境への適応度を調整しようとする。[40] そこから導かれる政策目標は，主として基地ネットワークの再編である。

（1）システムとしての基地ネットワーク

一般に，システムとは相互作用するエージェントが1つ以上あり，すべてのエージェントが戦略をもち，それを達成する適切な手段と環境要因が揃っていることを意味する。[41] たとえば，在日米軍基地システムであれば，国防総省，国務省，統合参謀本部，太平洋軍（司令部），在日米軍（司令部），陸・海・空・海兵隊，そして日本政府，防衛省，外務省，基地受け入れ自治体，市民などの多様な主体が，それを構成する要素となる。各要素はそれぞれに選好を最大化する戦略をもつとともに，それを達成するための予算，権限，法令，世論形成，拒否，等々の政治的，経済的，社会的手段を有している。[42]

このような要素から構成される基地システムは複雑である。そもそも，特定の基地がそこに存在できるかどうかは，一般的には使用者たる米国にとっての脅威の分布状況などの戦略条件（外部環境）によって決まり，それが基地の大まかな規模と機能を規定する。[43] と同時に，基地の規模と機能は内部環境，すな

わち接受国社会との接触や基地間の相互作用を通じて制御される[44]。

　単純な想定でいえば，基地は戦略的要衝にある平地に存在する必要がある。決して必要条件ではないが近傍に空港や港，幹線道路があり，そこから物資や資源，サービスを得られるのが最善である[45]。しかるに，基地，とりわけ飛行場周辺には，集落や都市機能も同時に形成されていく傾向にある[46]。これらの基本原則に従って基地の分布パターンが左右される。かようなパターンの枠内にある社会的・組織的行動を介して，より小さな基地施設の集団が形成される。共同作戦や訓練，そして分業の利便に浴するために基地に属する部隊は互いに近隣で活動したいと考えるからである。そのため，一定の条件下において基地の空間構造は時間の経過とともにより大きくかつ集中的になっていく傾向をもつ[47]。すなわち，個別の基地はシステム全体の挙動（たとえば，西太平洋地域における基地の移設）の決定に参加し，逆に全体は個別の基地のあり方（兵力規模，基地配置，等）を規定する。

　このようなシステムの下では，各エージェントが過去の経験をもとに戦略を見直すと他のエージェントが適応しようとしている文脈も変更される。複数のエージェントが相互に適応していれば，その結果はいわば共進化プロセスとなり基地システムは安定しない。

（2）基地政治の創発性

　基地政治の将来を形成する力がシステムの構成要素間の相互作用を通じて出力されるとすれば，それに関連するいくつもの小さな事象（たとえば，事故や事件，政治家の失言等）が結合され，その影響がそれらの総和ではなく相乗的に現れたときの結果は予測しがたい[48]。実際，システムの各エージェントの行為は中央統制的ではなく，ときに各要素のささいな行為から基地集合の形態が創発する場合もある[49]。変化し続ける基地システムにおいては，ある時点では力をもたないエージェント（たとえば自治体や反基地運動体）が長期的には重要な役割を果たすことがある[50]。ともすれば忘れられがちな米軍関連の事件や事故，地方選挙の結果といった社会的摂動が後に米国の基地戦略や大がかりな基地再編を誘発することもある[51]。

　基地に対する国内の反対運動は必要に応じて他の環境運動や反戦運動等と接

合と離散を繰り返し，断続的にさまざまな政治空間に溢れかえる[52]。かような運動において瞬く間に広がる動員は正のフィードバックによって増幅する[53]。しかもそうした運動の帰結は，個別の下位アクター（NGOや市民）が眼前の限定的な情報（たとえば，機関紙やビラ，あるいはTwitter）に反応しているにすぎない，いわば単純な要素の相互作用として立ち現れることがある[54]。

　このように基地のネットワークをシステムとしてとらえれば，仮に特定の基地政策が特定の政治主体（たとえば，日本政府）の行動の結果であることが明らかな場合でも，彼らがそれを設計したとまではいえないことになる。よしんば，日本の政策決定者が基地の戦略適応のための明確な目標をもっているとしても，基地が時間の経過とともに予期しない効果を発揮する可能性までを棄却することはできない[55]。このような見方は，第3領域とは立場を共有し，第2，第4領域とはほとんど相容れない。

　かような第1領域が唯一予測できることがあるとすれば，それはある基地が，仮に米国の意に反して取り除かれることがあったとしても，基地システムの他の要素が元のシステムの統合性を維持しようとする意思と能力をもつのであれば，そこで失われた機能はやがて他の基地によって肩代わりされ，結果としてシステムの能力は修復されるということである。このような考え方は，一見，第4領域とさほど矛盾がないようにみえる。しかし，両者は基地の重要性の評価について異なる見方を示している。第1領域はある基地の重要性を，（第4領域がそうするように）当該の基地に固有の機能の観点から評価しようとするのではない。また，（第2領域がそうするように）当該基地がもつ政治的文脈のなかからそれをとらえようとするのでもない。第1領域は，そうではなく，システムの残りの基地があてにする能力に照らしてそれを評価しようとする。たとえば，沖縄の基地の重要性についても，それはグアム，サイパン，フィリピン，オーストラリア，シンガポールといった西太平洋地域の他の基地がもつ代替能力にもとづいて評価されることになるのである[56]。

おわりに

　ここまで本章は，米軍基地にまつわる諸問題への学術と政策の対応のあり方

を，特定の政治主体がもつ「適応」への期待値の観点から考察してきた。そこから明らかになったのは次のことである。まず，第2領域（平和研究）と第4領域（戦略論）は，当該アプローチがもつ設計的思考を一にする一方で，仮説を導くための前提（基地は人間の安全保障への脅威である／基地は国家の安全を保障する手段である）を異にしていた。そのため，それが導く政策目標に著しい相違がみられただけでなく，互いを両立させるのは容易でないこともわかった。もっとも，各々の領域内部では政策の志向性にバリエーションもみられた。たとえば，平和研究のなかにも戦略適応の問題を可能な限り取り込み，穏健な基地反対論を展開しようとするものがあった。図2-1でいえば，それは第2領域の右下にあたるものである。そしてその近傍には，本質的に緊張関係にある戦略論に比して，はるかに矛盾の少ないシステム論や歴史研究の領域が広がっていることもみてとれた。

　システム論と歴史研究は，そこから導かれる政策目標が多様かつ可変的であり，その意味において平和研究・戦略論が提示するそれとの間で硬直的な対立や緊張が生じることは少ないと考えられた。とりわけ，歴史研究（あるいは，歴史的制度論）においては分析の重心が事象の「帰結」（なぜそうなるのか，あるいは，なぜそうならなければならないのか）にではなく，その「過程」（なぜ，いかにしてそうなったのか）に置かれているため，他のすべての領域に対して包摂的であり，そこから提示されるいずれの結論とも共存しうるように思われた。現に，これまでも基地の問題を扱う数多の外交史研究とそれ以外の研究（たとえば，本章でみた平和研究や戦略論に属するような研究）との間では，その立場をめぐって激しい衝突が起きることは稀だったといえる[57]。同様に，システム論，すなわち2つの環境に対する非線形的な適応の過程をとらえようとする研究も，その再帰的（因果反復的）でホリスティックな論理のゆえに，他の領域の特定の結論だけを取り上げて，それと決定的に緊張するような事態は想定しえないはずである。

　以上，本章の考察は，中間領域を顕在化させる位相角のモデルの有用性を確認するものだった。そこに顕になった基地研究における中間領域は，この分野に特有の二項対立を調整し，政策的な妥協点を見出すための新たなアプローチの可能性を示唆している。

第 I 部　「遺産」か，それとも「選択」か

＊本研究の一部は，科学研究費補助金（若手研究18K12721）の助成を受けたものである。

注

1 ） C.H.Waddington, *The Strategy of the Genes*, Routledge, 2014, pp.143-145.　本章で用いる適応の概念は進化論一般で用いられるものとは異なる。進化論における適応は，所与の環境にフィットしているが，可変性の低い，あるいは当該の変化がきわめて漸進的にしか生じない主体の行動や特性を指すものであり，そこで説明されるのは自然選択にもとづく変化の累積過程である。本書の適応概念も環境が政治主体の変化の過程を調整し，修正すると考える点で一致するが，当該の変化が生じる時間的スケールが大きく異なる。したがって，両概念を厳密な意味で区別しておくことは，適応概念の政治学への援用を考えるうえで重要である。

2 ） 同様の問題意識は，高良倉吉『沖縄問題』中央公論新社，2017年。

3 ） 平和研究の視点から基地の問題を扱うものとして，池尾靖志『平和学をつくる』晃洋書房，2014年。

4 ） 島袋純・阿部浩己「沖縄が問う日本の安全保障」島袋純・阿部浩己編『沖縄が問う日本の安全保障』岩波書店，2015年。ヨハン・ガルトゥング（高柳先男ほか訳）『構造的暴力と平和』中央大学出版部，1991年。林博史「基地論──日本本土，沖縄，韓国，フィリピン」倉沢愛子ほか『支配と暴力』岩波書店，2006年，379-408頁。

5 ） 屋良朝博『砂上の同盟』沖縄タイムス社，2009年。木村朗編『米軍再編と前線基地・日本』凱風社，2007年。

6 ） 朝井志歩『基地騒音』法政大学出版局，2009年。世一良幸『米軍基地と環境問題』幻冬舎，2010年。

7 ） 高橋哲哉『沖縄の米軍基地』集英社，2015年。

8 ） 高里鈴代『沖縄の女たち』明石書店，1996年。若尾典子「安保条約と社会──沖縄の女性の経験から」『法律時報増刊 安保改定50年』日本評論社，2010年。

9 ） 野村浩也『無意識の植民地主義』御茶の水書房，2005年。瀬長亀次郎『沖縄からの報告』岩波書店，1959年。新崎盛暉『沖縄を超える』凱風社，2014年。

10） 前泊博盛「安保をめぐる日本と沖縄の相克」島袋純・阿部浩己編『沖縄が問う日本の安全保障』岩波書店，2015，17-18頁。この点，他国との比較を通じた考察は，林博史『暴力と差別としての米軍基地』かもがわ出版，2014年。

11） 基地問題調査委員会『軍事基地の実態と分析』三一書房，1954年。

12） 潮見俊隆『日本の基地』東京大学出版会，1965年。

13） 「沖縄──何が起きているのか」『世界』868号，2015年 4 月。

14） たとえば，1960年代における北富士演習場は地位協定 3 条を根拠に，自衛隊が米軍演習場を使用するものであった。

15） 1959年当時，伊能繁次郎・防衛庁長官は，次期長官・赤城宗徳への引継書に次のように記していた。「米軍への提供施設の解除後における自衛隊への転用と新規施設の取得は極めて困難な事態を伴う……（よって）向こうが返そうというのを返すなと言って待

たせておいて，自衛隊の準備が整うとすぽっと入る，そうして事実上共同使用という名前のもとに引き継いでしまう，欲しいところは米軍をつついて米軍に接収させて入ってもらう」（括弧内筆者）潮見前掲書，181頁。

16) 木村禧八郎「基地経済の問題点」猪俣浩三ほか編『基地日本』和光社，1953年。榎本信行『軍隊と住民』日本評論社，1993年。佐藤昌一郎『地方自治体と軍事基地』新日本出版社，1981年。

17) 川瀬光義『基地維持政策と財政』日本経済評論社，2013年。林公則『軍事環境問題の政治経済学』日本経済評論社，2011年。

18) ケント・カルダー（武井楊一訳）『米軍再編の政治学』日本経済新聞出版社，2008年，197頁。

19) 琉球新報社編『ひずみの構造』琉球新報社，2012年。

20) 9条交付金は，政府の裁量で対象施設と自治体を指定，被害・負担の程度に応じて交付限度額を決定するものである。

21) 渡辺豪『「アメとムチ」の構図』沖縄タイムス社，2008年。

22) 日本防衛の観点から米軍基地の効用を論じたものは多岐にわたる。たとえば，左近允尚敏『海上防衛論』麴町書房，1982年。

23) この点は，沖縄の本土復帰の際にも国内の重要な論点であった。たとえば，ジェラルド・カーティス／神谷不二編『沖縄以後の日米関係』サイマル出版会，1970年。

24) この点，米国側の見方を考察したものとして，石川卓「アメリカから見た日米同盟」竹内俊隆編『日米同盟論』ミネルヴァ書房，2011年，275-301頁。

25) たとえば，Nicholas J. Spykman, *America's Strategy in the World: The United States and the Balance of Power*, Harcourt, Brace and Company, 1942, pp.393-394.

26) 時事問題研究所編『米軍基地』時事問題研究所，1968年。Mike Mochizuki and Michael O'Hanlon, "Solving the Okinawa Problem: How Many Marines Do We Still Need in Japan?" *Foreign Policy*, October 12, 2012.

27) 川上高司『米軍の前方展開と日米同盟』同文館出版，2004年，247頁。この他，次も参照。道下徳成「アジアにおける軍事戦略の変遷と米海兵隊の将来」『変化する日米同盟と沖縄の役割』沖縄県知事公室，2013年，51-72頁。

28) エリック・ヘッギンボサム「米国の東アジア戦略」上杉勇司編『米軍再編と日米安全保障協力』福村出版，2008年，70-90頁。

29) 齊藤孝祐「在外基地再編をめぐる米国内政治とその戦略的波及」屋良朝博ほか『沖縄と海兵隊』旬報社，2016年，143-171頁。

30) Mike Mochizuki and Michael O'Hanlon, "The Marines Should Come Home: Adapting the US-Japan alliance to a new security era," *The Brookings Review*, Vol.14, No.2, Spring 1996, pp.10-13.

31) たとえば，平良好利『戦後沖縄と米軍基地』法政大学出版局，2012年。吉田真吾『日米同盟の制度化』名古屋大学出版会，2012年。

32) 川名晋史「在日米軍基地再編を巡る米国の認識とその過程——起点としての1968年」『国際安全保障』42巻3号，2014年，16-30頁。

33) Stephen Jay Gould and Richard C. Lewontin, "The Spandrels of San Marco and the Panglossian

Paradigms: a critique of the adaptationist programme," *Proceedings of the Royal Society of London*, Series B, Vol.205, No.1161, 1979, pp.581-598.

34）松本俊吉『進化という謎』春秋社，2014年，165-166頁。

35）社会科学の領域では，いわゆるQWERTY問題——すなわち，当初は有していたかもしれない適応的価値（初期のタイプライターの技術的問題への対処）をその後の環境の変化により消失したにもかかわらず「歴史の慣性」がそれを保存する現象——も，いわば「外適応」の一種といえよう。

36）たとえば，野中郁次郎『知的機動力の本質』中央公論新社，2017年。

37）たとえば，池宮城陽子『沖縄米軍基地と日米安保』東京大学出版会，2018年。山本章子『米国と日米安保条約改定』吉田書店，2017年。野添文彬『沖縄返還後の日米安保』吉川弘文館，2016年。

38）川名晋史「『基地問題を考える』とは何か」佐藤史郎・川名晋史・上野友也・齊藤孝祐編『日本外交の論点』法律文化社，2018年，16-24頁。

39）川名晋史「基地政治における時間——沖縄と経路依存」高橋良輔・山崎望編『時政学への挑戦』ミネルヴァ書房，2019年2月刊行予定。

40）Alexander Cooley, *Base Politics: Democratic Change and the U.S. Military Overseas*, Cornell University Press, 2008. カルダー前掲書。

41）以下，川名晋史「基地政治における時間」参照。

42）Andrew Yeo, *Activists, Alliances, and Anti-U.S. Base Protests*, Cambridge University Press, 2011.

43）James R. Blaker, *United States Overseas Basing: An Anatomy of the Dilemma*, Praeger, 1990.

44）Alexander Cooley and Kimberly Marten, "Base Motives: The Political Economy of Okinawa's Antimilitarism," *Armed Forces and Society*, Vol.32, No.4, 2006, pp.566-583.

45）一例をあげよう。1960年代の時点で，航空基地が要するジェット燃料は近傍の港から国鉄を利用するか，あるいは米軍と契約している民間業者のタンクローリー車で輸送されていた。たとえば，立川・横田基地の場合，まず船からパイプで浜安善貯油所に送られ，安善駅から国鉄浜安善駅を経て，引込線で基地内に入ったタンク車に積み込まれた。そして，山手線−中央線ルート，あるいは南武線ルートを通って青梅線に入り，立川・横田基地に輸送されていた（青島章介・信太忠二『基地闘争史』社会新報，1968年，49頁）。

46）吉見俊哉『親米と反米』岩波書店，2007年，156-160頁。新井智一『大都市圏郊外の新しい政治・行政地理学』日本評論社，2017年，第3章。

47）立地に関する一般的な集積と分散の空間パターンについては，Paul Krugman, "History and Industry Location: The Case of the Manufacturing Belt," *American Economic Review*, Vol.81, No.2, 1991, pp.80-83.

48）このような事例は，冷戦期に世界中で観察されている。たとえば，次を参照。John W. McDonald Jr. and Diane B. Bendahmane ed., *U.S. Bases Overseas: Negotiations with Spain, Greece, and the Philippines*, Westview Press, 1990. Catherine Lutz ed., *The Bases of Empire*, New York University Press, 2009.

49）こうした特性は，通常「相互作用」という言葉で表現されるが，創発として理解すべき事柄を多く含むものである。基地政治における国内エージェント間の相互作用につい

ては，Yeo前掲書。

50) Shinji Kawana, "Base politics and the hold-up problem," in Minori Takahashi ed., *The Influence of Sub-state Actors on National Security*, Springer, January 2019（forthcoming）．

51) 川名晋史「1960年代の海兵隊『撤退』計画にみる普天間の輪郭」屋良朝博ほか『沖縄と海兵隊』旬報社，2016年，53-84頁。

52) たとえば，70年安保闘争時のケースについては，小熊英二『1968（下）』新曜社，2009年，第13章。

53) この点についての一般的な考察は，Malcom Gladwell, *The Tipping Point: How Little Things Can Make a Big Difference*, Little Brown and Company, 2000.

54) 黒田由彦『ローカリティの社会学』ハーベスト社，2013年，第11章。

55) システム論ないしネットワーク論の歴史分析への応用については，Roger V. Gould, "Use of Network Tools in Comparative Historical Research," in James Mahoney and Dietrich Rueschemeyer ed., *Comparative Historical Analysis in the Social Sciences*, Cambridge University Press, 2003, pp.241-269.

56) Stacie L. Pettyjohn and Alan J. Vick, *The Posture Triangle A New Framework for U.S. Air Force Global Presence*, RAND, 2013.

57) この問題を考えるうえで示唆に富むものとして，福永文夫・河野康子編『戦後とは何か——政治学と歴史学の対話（上）』丸善出版，2014年。

第**3**章 靖國問題の認識構造

マクロ・ミクロの「歴史認識」を超えて

古 賀 慶

はじめに

　日本における靖國問題は，その認識構造が二項対立に制約されている。これ
は，靖國神社の政治的，機能的，歴史的な複雑性が過度に単純化された結果で
あり，たとえば，靖國神社を事実上の追悼施設と認識したり，靖國神社へ参拝
することは，即座に靖國肯定論に結びつけられ，他方で国立の追悼施設設立に
賛成したり，靖國神社における政教分離を懸念することは，靖國否定論へと導
かれてしまう。しかし問題の本質は，明治史観や靖國史観といった歴史認識，
古神道と国家神道の概念，神社の社会的役割，政教分離，国民・国家における
追悼の意義など多岐にわたっており，単純に靖國賛成・反対の範疇で理解でき
るものではない。事実，靖國神社はその歴史を通して神社としての性格が変化
しており，どの側面を強調するかにより，その意味や理解は変わってくる。

　一般的に，靖國神社の二項対立はマクロ・ミクロの「歴史認識」の概念を基
盤に成り立っている。マクロの歴史認識は，19世紀半ばの帝国主義と植民地支
配の規範を基礎とした国際政治環境のなかで，いかに靖國神社が誕生し，その
後発展していったかという外部構造の影響を重視する。他方，ミクロの歴史認
識では，国内政治や日本文化と靖國神社の関係が発展することにより，神社の
性質がいかに変化したか，という内部構造の影響を強調する。しかしながら，
このマクロとミクロの歴史認識による靖國神社の理解は，必ずしも同じ結論を
導き出すわけではないため，往々にしてマクロか，ミクロか，といった二者択
一的な分析が行われることが多い。結果として，靖國神社の一側面のみをとら
え分析することとなり，その視野は限られ，二項対立に陥りやすくなる。

　本章では，位相角の枠組みをもって，靖國神社に対する二項対立ではない異

なる 4 つの見解，「最小国家派」「靖國肯定派」「追悼重視派」「象徴靖國派」を浮き彫りにし，それぞれの論点を解説していく。「最小国家派」はいわゆる「左翼」と呼ばれる思想に近く，「靖國肯定派」はそれに対抗するいわゆる「右翼」の思想を汲むものである。両者の議論は根本的に逆のベクトルへと向かっているために，互いに反作用を及ぼしている。しかし，そこには追悼行為を是とする前提が存在しており，共通項がまったく存在しないわけではない。この追悼行為に焦点を置き，論を展開するのが「追悼重視派」と「象徴靖國派」である。これらの視点は二項対立においては中間に位置し，両者ともに柔軟で合理的思考を軸にする。位相角によって得られたこれらの理解は，二者択一的であった靖國問題に対して新たな選択肢を提供し，より深い分析を可能とする。

　以下，本章ではまず靖國論争の認識構造について位相角の枠組みで分析を行い，「最小国家派」「靖國肯定派」「追悼重視派」「象徴靖國派」の 4 領域について説明を行う。次に，各領域の論理構造について解説し，最後に靖國問題についての位相角による分析結果をまとめるとともに，位相角の学術的貢献について言及する[1]。

第 1 節　靖國論争の認識構造

　靖國神社建設の構想は1868年に遡る。政府は1853年以降の明治維新の過程で戦死した人々の霊魂を合祀するため，追悼施設の設置をめざした。結果，まずは鳥羽・伏見の戦いで政府軍として参戦した霊魂を祀る「東京招魂社」を1969年に設立し，兵部省で管轄することとした。この東京招魂社は，1879年に明治天皇の名のもとに靖國神社へと改名され，「別格官幣社」にも格上され，陸軍省，海軍省，内務省の管轄によって維持されることとなる[2]。太平洋戦争までの間，1895年の日清戦争，1905年の日露戦争，1914年の第一次世界大戦といった大規模な戦争における戦死者を祀り，靖國神社は国立の戦没者追悼施設としての地位を築いていった。

　しかし，この地位は太平洋戦争前後の 2 つの出来事によって揺らぐことになる。1 つは，1931年の満州事変の後，政府の靖國神社に対する政治介入・利用が強まり，愛国的シンボルへと変容させられた件である。たとえば，国民から

第 I 部 「遺産」か，それとも「選択」か

の支持を維持・拡大するために，合祀資格の基準を緩め，非正規雇用者を含む非戦闘員，さらに病死や戦傷死した戦闘員を含むようになり，政治的な意図によって神社の性格が変化したことがあげられる[3]。もう１つは，太平洋戦争後に靖國神社が国家護持ではなく宗教法人として運営されることとなった件である。1946年２月の「宗教法人法」にもとづき，筑波藤麿を新たな宮司として迎えた靖國神社は，非宗教の国家記念碑になるか，もしくは宗教法人化するか，という選択肢を迫られた結果，神道の形式を残すため宗教法人として生き残ることを選択した[4]。つまり，神社の社会的な位置づけが，変化したのであった。

　しかし，靖國神社と国家・国民のつながりは戦後も根強く残っていたため，独立した宗教法人として存在していたにもかかわらず，1952年のサンフランシスコ平和条約の締結以降，天皇と内閣総理大臣は靖國参拝を再開し，国民もこれを支持した[5]。しかし，1978年に松平永芳が新たな宮司として着任した後，いわゆる「A級戦犯」の合祀が行われ，国内外で議論が紛糾した[6]。また，1985年には中曽根康弘首相が「公式」「私的」参拝に関する政府見解を表明し，「公式参拝」が必ずしも違憲，つまり政教分離の原則に抵触しないという結論を出したものの，1985年８月15日の中曽根首相の靖國神社公式訪問を境に，中国や韓国からの批判が高まり，首相の参拝への自粛傾向が強まった。実際，1985年から2018年（９月）までは，橋本龍太郎（１回），小泉純一郎（６回），安倍晋三（１回）の３名の首相のみの参拝にとどまっている。

　わずか150年弱の歴史のなかで多くの政治的，法律的，社会的な変化に直面した靖國神社にはさまざまな見解が存在するが，そのなかで見解を分ける２つの主要な評価軸となるものが，「歴史断絶性」と「神道文化性」である（図3-1）。「歴史断絶性」とは，1945年に終焉した太平洋戦争を境に日本が政治的あるいは社会的に断然されたか否かを問うものである。位相角において，政治的・社会的断絶性を前提とするものは第１・第２領域にあり，継続性が高いというものが第３・第４領域に属する。また，「神道文化性」とは，靖國神社の神社神道は日本文化と親和性が高いか否かを問うものである。第１・第４領域では靖國の神社神道と日本文化の発展の流れを同一にとらえる傾向にあり，第２・第３領域ではそうではない，あるいは言及しない立場をとる。

　端的にまとめると第２領域の「最小国家派」は，「靖國神社とは政府が政治

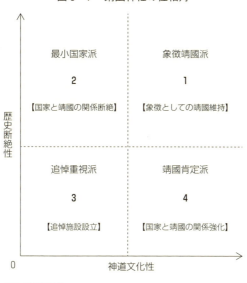

図3-1 靖國神社の位相角

利用した神社であって，神社神道に文化性はなく，敗戦後の日本は政治的・社会的断絶がある」と考えるため，戦後日本は国家と靖國神社の関係を引き続き断絶していく必要があると考える。反対に第4領域の「靖國肯定派」は，靖國神社が古神道の流れを汲み日本文化の一部を体現しているものであるため，太平洋戦争後の日本政治システムの法律的な断絶はあるものの，政治的・社会的な継続性はまだ存続していると考えている。その結果，靖國神社の失地回復を図るべく，国家と靖國の関係強化をめざしている。第3領域の「追悼重視派」は，神社神道は一種の宗教と認めつつも，敗戦後の日本には戦争を経験したことによる政治的・社会的継続性があると考える。人間の営みとして追悼の必要性を主張するが，主体が国家となる場合は，万人のための追悼施設の必要性を強調する。第1領域の「象徴靖國派」は，靖國神社が日本社会と深い関わりがあるという観点から，靖國神社を事実上の国家追悼施設と認識している。他方で，太平洋戦争後の日本政治には憲法の根本的な改正など歴史的断絶性がみられることを是認している。結果として，靖國神社の歴史観や宗教観を含めたすべて

第 I 部 「遺産」か，それとも「選択」か

において支持しているわけではなく，あくまで「象徴」としての靖國神社の維持をめざしている。

第 2 節　最小国家派

　第2領域は，国家追悼施設としての靖國神社の存在を否定する「最小国家派」である。多くの場合，この領域は「反靖國」として認識されるが，大きな視点からみれば国家主導の追悼施設を否定する立場をとっている。その最大の理由は，国家主導で勃発した戦争において戦死者・戦没者を国家が追悼することは，国家に対する忠誠心と犠牲を表彰する「顕彰」につながりかねず，国家間の戦争を肯定し，国民の犠牲を今後も正当化する「戦死者のサイクル」を生み出すリスクを高めてしまう懸念からくる。結果として，最小国家派の政策目標は，「国家による追悼施設の廃止」や「国家と追悼行為の分断」であり，靖國神社と国家の関連には否定的である。

　ただ，最小国家派は国家の役割すべてを否定しているわけではない。むしろその主張は，国家の役割を最小限に保ち，追悼行為は個人に委ねられるべきとしている。靖國神社は現在，宗教法人として登録されているため，正式な国家とのつながりはもたない。すなわち靖國神社への参拝は，基本的に個人的な行為としてみなされることになる。しかし，政治家，そして内閣総理大臣が靖國神社に参拝することは，国家との関連性を想起させてしまうと同時に，戦前のような国家とのつながりをなし崩し的に回復させてしまう可能性もあるため，閣僚の参拝に反対する。つまり，靖國神社と国家の関連性が高まるような行為を許容することは一切なく，この論点の基盤には，主に「国家神道への拒絶」と「政教分離の尊重」がある。

（1）国家神道への拒絶

　最小国家派の歴史観は，太平洋戦争前後の日本政治の断絶を前提としている。明治維新後，「一等国」「列強入り」「富国強兵」を標榜し，国力向上に邁進した日本は，日清戦争，日露戦争を勝ち抜き，太平洋戦争へ突入していった。天皇を絶対的君主としたその政治体制は，特に軍部に利用され抑制均衡が効かな

くなった危険なシステムであると認識する。終戦後の日本は，新たな憲法によって民主主義へと発展することが可能となったため，戦前・戦後の間には大きな政治的隔たりがあると考えている。

　靖國神社も，この歴史観のなかにその存在が位置づけられている。すなわち，靖國神社の歴史は大日本帝国の統一を図ろうとする，国家に利用された歴史であったとする。神社の性格も日本固有の「古神道」に根づくものではなく，大日本帝国が生み出した「国家神道」を基盤としたイデオロギーであると主張する。ここでいう「国家神道」とは，個々人の意思で崇拝する宗教とは異なり，国家が恣意的に作り上げたイデオロギーであり，これは国内規範を規定する政治ツールであったと考えられている。日本政府は当時，この「国家神道」を宗教とは見なしておらず，他の宗教と併存可能としていたが，その存在はつねに他宗教の上位に成り立つものであった。

　とくに国際関係が緊張を増していった1930年代には，日本政府による国民への規制が高まるとともに，靖國神社自体もその影響を受けていった。実際，1930年代初頭には，日本政府が間接的に靖國参拝を国民へ義務づける傾向がみられた。1932年に起こった「上智大生靖國神社参拝拒否事件」がその一例としてあげられる。靖國神社の春季大祭において，キリスト教カトリック信者の上智大学の学生2名が参拝を拒否したことをきっかけに，軍部が激昂し，これを地方メディアが報じたために社会問題に発展した。政府によると，参拝は「愛国心ト忠誠トヲアラハスモノニ外ナラス」，参拝拒否への指導は「教育上ノ理由」を批判の根拠としている。[8] さらに政府は国民からの支持を維持・拡大するために，靖國合祀の資格を戦死者以外の者にも認め始めていた。つまり，政治利用され続けた靖國神社そのものに神社文化の継続性は存在していないということになる。

　戦後，「国家神道」は連合国軍最高司令官総司令部（GHQ）により分析され，その一端を担う靖國神社は国家護持の施設としてではなく，独立した「宗教法人」として登録されることとなった。それによって法律上，国家とのつながりは希薄となり，国家と靖國神社の関係を懸念する最小国家派もこの断絶を支持している。

第 I 部　「遺産」か，それとも「選択」か

（2）「政教分離」の尊重

　最小国家派のもう１つの主張は，政教分離の原則である。その理由は，明治時代，大日本帝国憲法は天皇の存在を「万世一系」の日本の統治者と位置づけ，神聖かつ不可侵なものとしており，靖國神社がその政治システムを支える宗教的イデオロギーとして設立されたためである。明治憲法は宗教の自由を保障しているものの，その条項は憲法28条にある「安寧秩序ヲ妨」げない場合のみ，あるいは「臣民タルノ義務ニ背」かない場合のみの「条件節」が付され，神社への半強制的参拝は規範であったことからも，国家神道は最小国家派から不当なイデオロギーとみなされている。[9]

　戦後作られた現行憲法において「政教分離」の原則は，日本国憲法20条第３項「国及びその機関は，宗教教育その他いかなる宗教的活動もしてはならない」，および89条「公金その他の公の財産は，宗教上の組織若しくは団体の使用，便益若しくは維持のため，又は公の支配に属しない慈善，教育若しくは博愛の事業に対し，これを支出し，又はその利用に供してはならない」と，明確に保障されている。[10] そのため，最小国家派は政教分離の原則を重視し，閣僚による靖國参拝が同原則に抵触すると主張する。結果として，靖國神社の政治利用がうかがえた場合，国家を相手に訴訟する「靖國訴訟」を起こす傾向にある。事実，2001年から2006年にかけて靖國参拝を行った小泉首相は松山地裁，那覇地裁，千葉地裁などで訴訟が起こされ，福岡地裁や大阪高裁では違憲判断が示されたり，2013年12月に安倍首相が靖國神社に参拝したことに対する訴訟が大阪地裁や東京地裁で起こされている。[11]

　政教分離の原則を主張するさらなる根拠は，靖國神社運営の非継続性にもある。GHQは，国家神道と，江戸時代に慣習化し始めた日本文化として考えられる「古神道」を区別し，靖國神社を古神道と国家神道の混合物として認識していた。GHQは日本占領時，天皇と国家を同一視する日本の国体，いわゆる「国家神道」を，日本人の精神的な支柱であり脅威でもあるととらえており，戦後，「神道指令」を1945年12月15日に発行し国家神道の完全な解体，そして日本における政教分離を確固たるものにしようとしたのである。靖國神社は，1946年の「宗教法人法」にもとづき宗教法人として生き残ることを決定し，1951年４月には国会が「宗教法人法」を通過させ，正式に民間出資による宗教法人となっ

た。つまり，靖國神社は非国家施設となり，政教分離の原則が適応されていることになる。最小国家派は，この原則に対し，妥協することは考えていない。

第3節 靖國肯定派

　第4領域は，国家護持による「慰霊」「顕彰」といった本来の性格をもつ靖國神社の復活をめざす「靖國肯定派」である。靖國肯定派は，アメリカのアーリントン国立墓地，イギリスのセノタフといった世界中の国家が戦死者・戦没者を追悼する施設を保有していることを参照し，日本の社会環境を考慮した場合，靖國神社が国家追悼施設として最も適しているものであると主張する。当然，世界各国の追悼施設と靖國神社との間に相違がないわけではない。たとえば，靖國神社は埋葬を行わないため，性質的にはアーリントン国立墓地や千鳥ヶ淵戦没者墓苑といった戦争記念碑とは異なっている。また，神道形式に則っている靖國神社は，戦死した者を「戦死者」として認識するのではなく，戦死者を「英霊」として祀っていることにより，宗教色が強く出ていると考えられている。[12] しかし，様式や慣習は異なっていても，国家が戦死者を追悼するという行為そのものは多くの国々に受け入れられているため，靖國肯定派は神社がそれの延長上にあるとしている。

　また靖國肯定派は，日本には日本独自の，日本文化に根づいた方法によって戦死者を追悼することが自然であると考える。そのうえで，日本の神社文化に起源をもつ靖國神社は，日本が近代国家になるうえで戦死者を英霊として祀る重要な役割を果たしてきていたという。靖國神社は近代日本の歴史とともに成り立ってきており，戦後の宗教法人化は「異例の事態」と考えるため，本来の靖國神社へ回帰を図ることが靖國肯定派のめざすところである。現在，戦死者に対する国立追悼施設は日本に存在していないことも，靖國神社がその地位と資格を有しているとしている。

　ただし，第4領域における見解は必ずしも一枚岩とはいえない。たとえば，国家が靖國神社の存在を支える「国家護持」へと回帰することが絶対的な原則であるかというと，そうではない。太平洋戦争における日本の政治的継続性が少なからず断然されてしまったと考える靖國肯定派には，国民が神社の意義を

紡いでいく「国民護持」をめざす，という考えもある[13]。しかし，この領域には
２点の大きな共通認識，すなわち「太平洋戦争の不正義」と「靖國神社の文化
性」が存在している。

（１）太平洋戦争の不正義

　靖國神社は，1945年の太平洋戦争を境に大きくその性格を変化させた。その
主な理由は，GHQによる日本占領と日本再構築の政策プロセスであり，それ
によって近代国家として明治より構築された大日本帝国の政治体制に終止符が
打たれた。同時にこのプロセスは，戦後の新たな国際秩序形成の一環であった
ため，民主主義の推進がうたわれ，日本が培った政治制度は「軍国主義」とし
て断罪された。その最たるものが，極東国際軍事裁判，いわゆる「東京裁判」
の判決であった。靖國肯定派は，東京裁判によって「A級戦犯」等の戦争犯罪
人が不正義に生み出されたために，戦後の日本政治および社会のあり方が表層
的に変化し，靖國神社を含む多くの社会的な歪みを日本にもたらしたと認識し
ている。

　靖國肯定派は，東京裁判は国際政治の産物であり，主に３つの理由から正義
を貫いたとは言い難いと主張する。１つめは，「A級戦犯」の概念が事後的に
作られた点である[14]。「A級戦犯」は，侵略戦争などの国際法に抵触する戦闘行
動の計画や実行を行う「平和に対する罪」を犯した人物として認識されている
が，1945年当初は定義が存在しなかった[15]。そのため，「A級戦犯」とは法的効
力が無効である事後法であった点が強調されている。２つめは，西欧諸国の帝
国主義や，アメリカによる核兵器の使用および日本への無差別爆撃といった倫
理的な問題が東京裁判では触れられておらず，公平さに欠けている点である。
３つめは，GHQ最高司令官ダグラス・マッカーサーによる1951年の証言にて，
日本は自らの「安全保障」のために戦ったと述べた点である。これにより，日
本の戦闘行為が侵略戦争ではなく自衛戦争であったことを示していたというこ
とが強調されている[16]。すなわち，靖國肯定派にとって東京裁判は，戦勝国が敗
戦国に対し優勢的な政治基盤を構築するために行った，政治的な裁判であった
と認識しているのである。

　この理解においては，靖國神社もその存在意義に歪みを抱えることになる。

宗教法人となったことで法律的な継続性が失われたにもかかわらず，社会的な支援を国内から多く受け，社会的・歴史的連続性が継続することになったのである。たとえば，日本国内において「A級戦犯」は「法務死」と認知されており，東京裁判中に獄中で死亡もしくは死刑判決を受けて死亡した人々にも日本政府からの補償金が支払われていた。[17] 1978年にA級戦犯が靖國神社へ合祀されたことは，この国内の論理において整合性がある。また，1952年のサンフランシスコ平和条約11条によれば，「日本国は，極東国際軍事裁判所並びに日本国内及び国外の他の連合国戦争犯罪法廷の裁判を受諾し，且つ，日本国で拘禁されている日本国民にこれらの法廷が課した刑を執行するものとする」とうたっているが，この「受諾」という点において，日本が受け入れたのは裁判の判決であり，その正当性ではないと解釈できる余地が残っていることも指摘されている。[18] これらのことをふまえ，靖國肯定派は靖國神社を正当性のある国立追悼施設として認識している。

（2）靖國神社の文化性

　靖國肯定派は，靖國神社が他の多くの神社と同様に古神道から生まれたと認識しており，靖國神社の特殊性は単に文化の進展を象徴しているにすぎないという議論を展開する。日本文化，つまり日本における慣習は神社や神道と切り離すことは困難であるという立場をとり，時代によってその形式は徐々に変化するものの，日本文化の維持のためには神社文化の継続性が保たれるべきと主張する。

　その根拠とする一例が，靖國神社の社会性である。神社機能の1つとして地域社会の交流があげられるが，靖國神社は戦死者を祀る特殊な神社として存在していただけでなく，地域社会そして日本社会の中心的な公共施設としても存在していた。靖國神社は戦前，公会場や娯楽施設を提供しており，靖國神社を周知するために行われる行事である「例祭」の時期には花火大会といった公共行事を行っていた。[19] 事実，年次の相撲大会を1869年より現在に至るまで開催しており，1870年から1898年にかけては春と秋の例祭時に競馬を催していた。[20] 春季・秋季の例大祭には全国から参拝者が集うことからも，靖國神社は地域社会を超えて日本社会との関係性があり，文化的なつながりもある。

第Ⅰ部 「遺産」か，それとも「選択」か

　また，敗戦直後も靖國神社に対する国民の支持は高く，非公式ではあるものの公共の追悼施設として機能していた。1945年に政府からの支援が禁止された靖國神社において，長野遺族会が1947年6月，戦死者を追悼するために有志で祭りを開催することを決定した。[21] この一度限りのイベントは後に「みたままつり」として発展し，1947年7月13日より毎年，「慰霊」と「世界平和」のため（近年では目的が「英霊への感謝」と「平和な世界への実現」に変化）に献灯が行われている。[22] その他，一説によると1966年に靖國神社を再度，国家護持に戻すか否かという議論が行われた際，日本遺族会は靖國神社の国家護持を支持する署名を約2,340万も集めたという。[23] 最終的にこの試みは失敗に終わるが，靖國神社は市民社会からの支持を受けており，社会文化的な機能を果たしてきたといえる。

　この社会的なつながりは，政府高官から広く支持があったことからもうかがえる。サンフランシスコ平和条約前の1946年から1951年まではアメリカの占領下にあったため，政府高官による靖國参拝は一切行われなかったが，1951年から1985年の間，吉田茂首相の訪問を皮切りに，ほぼ毎年のように首相参拝が行われ，延べ60回もの参拝が行われた。[24] この参拝の法的根拠に対する問題は1970年代に沸き起こり，中曽根康弘首相が政府公式見解を発表し決着を試みたが，靖國肯定派はこれに反発した。その理由は，すべての首相参拝はその役職柄から「公式」であり，個人参拝というものは基本的に存在しないという立場をとっているためであった。[25] そのため，三木武夫首相が1975年に「公式」「私的」の区分を初めて強調したことについては厳しく批判し，公式参拝そのものは憲法違反ではないという立場をとっている。[26] その根拠は，靖國参拝は「神社への参拝」という日本の慣例にもとづくものであり，政教分離の原則に反さないとする1977年の最高裁の判決を基盤にしている。[27] また，いわゆる「目的効果基準」，つまり憲法は国家の「行為の目的及び効果に鑑み，その関わり合いが相当とされる限度を超えるものと認められる場合にのみ許されない」としており，首相参拝はこれに抵触しないとしている。[28]

　さらに，靖國神社と国家の行政上のつながりも，戦後直後は存在していた。太平洋戦争中に戦死者が急激に増えたことにより，靖國神社のみでそれら戦死者の確認・合祀の登録を進めることがきわめて困難となったため，廃止された陸軍省と海軍省から基礎情報を引き継ぎ賠償金を管理していた厚生省が行政支

援を靖國神社へ差し伸べることになったのである。靖國神社と厚生省は1956年より，過去・現在の合祀に関する資格を調べるために合同会合も開くことになり，それらの会合を通して東京裁判におけるA級，B級，C級戦犯を決めた判決の有効性やそれら戦犯の取り扱い方を議論したのであった。[29]このような事実は，国家と靖國神社のつながりが，「国家神道」という要素のみでは説明しきれないとしている。[30]

　靖國肯定派は，靖國神社が日本社会や神社文化と密接に関わっていることを強調し，戦後の法律的な取り決めによって表層的に戦前・戦後の歴史的断絶を図っても，いまなお継続性が存在していることを主張する。

第4節　追悼重視派

　第3領域の「追悼重視派」は，人間の営みにおいて必要不可欠とされる「追悼」を，その主体や方式については柔軟な姿勢をみせつつ，尊重・推進する。「追悼」という行為に対し第2・第4領域の論理も異を唱えることがないため，その意味で追悼重視派は両領域を包括する見解を有している。

　しかし，その追悼重視という姿勢は，方式が柔軟であるがゆえに代表する見解を有する主体がとくに見当たらない。その主張は，個人，地方自治体，政治団体から来るものであり，各主張も時代によって変化し，時代を超えて一貫した主張は「追悼」以外，とくにない。すなわち，第3領域は非常に曖昧で，可視化しにくいものである。地域主体の追悼施設を例にあげれば，その種類は「戦災記念碑」「慰霊碑」「慰霊塔」「平和祈念碑」「戦死者之墓」と多岐にわたっている。[31]これらの追悼施設は，必ずしも恒久的な地域の追悼施設として成り立っているわけではないが，追悼重視派の観点からは，これらも「追悼」の目的を達成しているのである。

　本章では靖國神社に焦点が当たっているため，国家を主体にした追悼施設をここでは取り上げる。国家が構築する，非政治的で無宗教の追悼施設についてであれば，2001年に立ち上げられた「追悼・平和祈念のための記念碑等施設の在り方を考える懇談会」（以下，懇談会）という適した事例が存在する。懇談会は，「何人もわだかまりなく戦没者等の追悼に誠をささげ平和を祈念することので

43

第Ⅰ部 「遺産」か，それとも「選択」か

きる」追悼施設を構築するために約1年間議論を行い，2002年に報告書を提出した。報告書によると，国立の追悼施設を設立することには国内的・国際的意義があるという。国内的な意義とは，21世紀に入り太平洋戦争やその戦後の状況を経験していない国民が大半を占めていくことを背景に，「平和国家」としての日本が成り立った過去の背景を理解し，今後その歴史を伝承する役割を担う自覚を促すことであり，国際的な意義とは，テロの脅威などの非伝統的な国際安全保障問題が出現している環境において，国際社会の安定を促すためには国家間の協力が必要となることを背景に，日本が「平和国家」であるというメッセージを国際的に発し信頼を得ることが重要である，という点があげられている。これらの意義のなかでも，懇談会はとくに「過去の教訓と伝承」と「万人のための追悼施設」を強調している。

（1）戦争の教訓と継承

国家追悼施設設立には，国民や国際社会に向けたメッセージを発する目的があるが，その基礎となっているものが太平洋戦争の経験である。懇談会はこの点において，「戦後の日本国家は，国民の生命，財産などに関し基本的人権を戦前の日本国家よりもはるかに明確に保障し，日本国憲法のもとで『平和国家』として再生……平和こそが日本の追求すべき国益であることが自明の理となった」とその教訓を述べている。すなわち，日本は戦争・敗戦の経験を以て新生することができたと強調されており，教訓という面で日本政治の歴史継続性を前提としている。

対象期間は，靖國神社と同様に日本が近代国家へと変化した明治維新以降としている。ただし，靖國神社が審査の通った「英霊」のみを祀るのに対し，この追悼施設構想においては「日本の係わった戦争における死没者」と対象者はきわめて広い。実際，靖國神社の基準によると，戊辰戦争以降の戦争において新政府に反旗を翻した人物は合祀されておらず，そのなかには西南戦争を指揮した西郷隆盛も含まれている。結果として，靖國神社は必ずしも万人からの賛同を受けているものではなく，その要素を極力排除した構想が懇談会の追悼施設の基盤となっている。

施設の主な機能は，「追悼」と「平和祈念」である。これは，日本の立場や

第 3 章　靖國問題の認識構造

各戦争に対する評価は個々人に委ねるとして触れず，「政府の行為によってふ
たたび戦争の惨禍が起こること」を避けると同時に，「日本の平和の陰には数
多くの尊い命があること」を思い返し，「過去の歴史から学んだ教訓を礎」と
して，不戦の誓いと世界平和への希求を祈ることを指している。[34] つまり，明治
時代より現代までに経験した「戦争と平和」に関して考えをめぐらせることで，
先人の犠牲を追悼し，その上に成り立った日本の平和および今後の日本と世界
の平和を祈念することは，「両者不可分一体」としているのである。[35]

　上記のことから，懇談会の構想は，平和・戦争の両者において近代国家とし
ての日本の歴史継続性がつねに意識されており，その歴史を日本人は忘れては
ならず，国際的にもその事実を継続的にも発信していく必要性があるとしてい
る。そしてその役割を果たすためには，国家による無宗教の追悼施設を設立す
ることが重要と考えている。歴史の継続性が日本の存在証明となることを念頭
に，できる限り文化的・宗教的な要素を取り除くことで，現代日本の正統性を
追悼施設の設立をもって表そうとしているのである。

（2）万人のための追悼施設

　国家による追悼施設というものは現在，日本には存在していない。そのため，
追悼重視派は極力万人が参拝可能となる追悼施設を設立することをめざす。靖
國神社は，国内で最も有名な追悼施設と認められる可能性は高いが，戦後に国
家との関係を法律上切り離されているうえに，宗教色が濃く現れている。靖國
神社における「英霊」や「慰霊」といった概念は霊魂の存在を認識している表
れであり，そこには神道の考えが深く根づいている。[36] 結果として，宗教法人と
しての靖國神社と国家が関係性を強めることは，日本国憲法の政教分離の原則
に抵触することになると考えられる。懇談会は神道と日本の文化性の関連度で
ある神社文化性と，靖國神社の関係については特別意見を表明していないが，
法律上，靖國神社の文化性を理由に国家と結びつけることもしていない。

　しかし，国家による追悼施設設立の際に残る根本的な課題は，最小国家派が
懸念を示しているように，どのような崇高な目的であっても施設の目的が時代
によって変わりうることは否めず，再び国家の政治ツールへ変化してしまう可
能性があるということである。政府が「21世紀の日本は国家として平和への誓

45

第Ⅰ部 「遺産」か，それとも「選択」か

い」を国内外に発するという行為そのものは，国民の多くに現在受け入れられるとしても，国際・国際政治環境の変化によって将来，政府介入の可能性がまったくないとは言い切れない。また，懇談会が「この施設において国民は一人ひとり，死没者を悼み，戦争の悲惨を思い，平和構築への思いを新たにすることになる」と述べた点において，解釈の余地が広く残っていることも懸念材料の1つととらえられる。[37]

　これらの懸念が存在することを背景に，懇談会はできる限り万人に受け入れられる指針を示すことに尽力している。たとえば，追悼対象が国家のために戦死した兵士のみに限らず，戦禍に巻き込まれた民間人を含めることも考え，あえて対象者を明確にしていない。また個人の参拝者の宗教感情に対しては介入するべきでないことを明確に示し，個人が「それぞれ望む形式で追悼・平和祈念を行うことが保障」されるべきと述べている。[38]つまり，追悼施設の目的には「追悼」と「平和祈念」が根本にあるものの，その他の方式や対象に関しては個々に委ねられるといった，自由度の高い構想となっている。

　当然ながら，憲法9条によって「国権の発動たる戦争と，武力による威嚇又は武力の行使は，国際紛争を解決する手段としては，永久にこれを放棄」しているため，戦争による死者が出ることは法律上は考えにくい。しかし，日本は自衛権を放棄していないことや，国連による国際平和維持活動などの国際協力に日本が参加しているという事実を考えれば，国際的な紛争によって殉死者が出る可能性もある。そのような可能性がある限り，国家としてそれらの犠牲者を追悼する責任が伴うため，国家追悼施設は必要となる。

第5節　象徴靖國派

　第1領域の象徴靖國派は，靖國神社を事実上の国家追悼施設と認め，参拝は個々人の自由と考える。これは，追悼重視派の哲学である万人のための追悼施設の必要性に同意し，最小国家派の追悼に対する個々の自由を尊重し，靖國肯定派の日本文化の継続性を共有している，折衷的な見解といえる。しかし，各領域には相反する原則が存在するため，実際には他の3つの領域の原則群を分解し，各原則を折衷的に摘出，再構築し，独立した論理を有している。ここで

46

基盤となるものは，第3領域の追悼の必要性が前提になっていることである。ただ第1領域では，無宗教の追悼施設を設立するのではなく，事実上の国家追悼施設となっている靖國神社を選択する[39]。同時に，靖國神社の追悼機能に特化してその賛意を表しているため，他の「顕彰」機能や神道形式を必ずしも支持しているわけではない。つまり，本質的には第2・第3領域により近いということになり，靖國神社には社会における追悼施設の「象徴」としてその価値を見出している。全般的に，戦後の日本政府がこの見解を有している。

　当然，このような折衷主義ととらえられる見解は，各領域から批判を受けることになる。靖國肯定派は，靖國神社がもつ本来の性質を形骸化させるものとして，神道形式やその参拝意義に則らない首相を含む政府高官の参拝を非難することもある[40]。また，追悼重視派や最小国家派は，靖國神社自体を追悼施設として認めることによって政教分離の原則に問題が生じるだけでなく，国家と神社の関係をさらに密接にし，太平洋戦争時のように国家が神社をナショナリズム高揚のための政治ツールへと変えてしまうおそれがあると懸念する。

　しかし，これらの異論は根本的な立場の相違というよりも，第1領域の核をなす要素が「社会通念」であることから生じている。つまり，今日の社会通念が靖國神社を肯定するのであるならば，靖國神社は既存の追悼施設ということになる。しかし，それが意味するところは靖國神社そのものに固執しているということではなく，社会通念が変化すれば新たな国立の追悼施設を設立させるといった方法に対しても意見を異にするところではない。これは，社会規範の発展によってその方針が変化するという柔軟性をもっていることになり，第3領域の考えと通じるところがある。しかし同時に，第2領域が主張する政教分離の原則の理解と，第4領域が主張する靖國神社の維持・強化の提案が，いかに差別化されるとともに整合性を保つか，という問いが残される。

（1）文化と政教分離

　象徴靖國派は，靖國肯定派と同様に，靖國神社が日本文化の流れを汲み，追悼施設としての社会的な地位を築いているとしている。しかし，象徴靖國派と靖國肯定派の異なる点は，前者は太平洋戦争後の日本政治の歴史断絶性を受け入れ，政教分離の原則を尊重する一方，後者は太平洋戦争後の秩序形成過程に

第 I 部　「遺産」か，それとも「選択」か

おける，東京裁判等の判決に不満をもち，その過程と結果を必ずしも受け入れないことにある。象徴としての靖國神社は受け入れるが，靖國神社そのものの日本史観や神社の方針・目的を受け入れるわけではないため，象徴靖國派の論理には靖國神社がもつ哲学との間に大きな隔たりを抱えることとなる。

　その最たる例は，1970年代以降の「私的」「公式」参拝の明確化と，政教分離の関係性である。この概念に対する議論は，三木武夫首相が1975年，慣例であった春・秋の例大祭ではなく，日本の終戦記念日である 8 月15日に靖國神社を参拝したが，政教分離の問題を回避する目的で「私人」としての参拝と強調したことから始まった。この区分により，以後は公的参拝か私的参拝かという問題に焦点が当たることとなり，政府は靖國参拝が実際に憲法違反となるかの分析を始めたのである。1978年，日本政府は首相を含め，公職にある人間による私的参拝，玉ぐし料の私的財産での支払い，肩書の記帳等は憲法違反ではないと発表した[41]。しかし，1980年には，内閣総理大臣や国務大臣が大臣として靖國神社に神道形式に則らずとも公式参拝することは，違憲の可能性があるため，これを差し控えるとした[42]。

　公式参拝は違憲であるかという問題に関しても，政府は議論を進め，私的懇談会は1985年に「閣僚の靖国神社参拝問題に関する懇談会」報告書を提出する。同報告書では，①戦没者への追悼という一般目的であること，②大臣等が公的な資格で国家や社会のために功績のあった者の葬儀や法要に参加することは，特定の宗教上の方式であっても，社会通念上は可能であること，と結論づけており，公式参拝は可能としている[43]。これを受け，政府は完全な神道形式で参拝しない限り，靖國参拝は憲法に抵触しないということで政府見解を発表した[44]。

　しかし，公式参拝はその後，自主規制されることになる。A級戦犯が合祀された神社に参拝することは，国際的な不信と誤解を生むとして，政府が1986年に，自主的に参拝を差し控える方針をとったためであった[45]。ここでは，国内と国際的な正当性を天秤にかけ，国際的な影響を考慮する選択をしたのであった。

　このように，象徴靖國派は靖國神社への公式参拝と，政教分離の原則のバランスをとろうと努めている。しかし，この問題には明白な境界線というものが存在せず，明確な結論は出ていない。たとえば，2000年代には2004年福岡地裁，2004年大阪地裁，2005年大阪高裁，2005年東京地裁といった裁判所において小

泉純一郎首相の靖國参拝の違憲性について判決が行われたが，その結果は「合憲」「違憲」の混合であった。明確な結論がないゆえに，議論は引き続きなされている。

（2）靖國「顕彰」の矮小化

　靖國神社の伝統的な機能は「慰霊」と「顕彰」の2種類ある[46]。慰霊は文字どおり，死者の魂を慰め鎮めることを指し，顕彰は一般にはなかなか認識されない個人の善行を表彰し，広く公に知らしめることを意味する。前述のとおり，「慰霊」という概念を使用することは，前提として霊魂の存在を信仰するためある種の宗教観が存在することになる。しかし現代日本においては，「慰霊」という言葉自体が千鳥ヶ淵戦没者墓苑といった無宗教の施設においても使用されていることからも，その行為自体は「死者の生前を偲び，その死を悼み悲しむこと」である「追悼」に相似してきているとも考えられる[47]。つまり象徴靖國派は，慰霊と追悼を同義と考える。

　他方で象徴靖國派は，「顕彰」行為から距離を置いている[48]。慰霊に重点を置きつつも顕彰もするべきと考える靖國肯定派とは，この点で一線を画す。靖國肯定派の論理によると，国家のために戦死した人々，つまり英霊を悼み顕彰する靖國神社を，日本人は参拝すべきであるという[50]。しかし，英霊を顕彰することは，国家に仕え，犠牲となった人々を讃える行為とみられ，一般的にその献身的な行動とともに，国家への忠誠心が称賛されることにつながる。象徴靖國派は，国家神道の存在を認め，東京裁判の判決も受け入れ，太平洋戦争において日本政府が多くの国民を犠牲にした点も認識しているため，国家のために犠牲を払った国民に対して追悼は行っても，その惨禍に巻き込むきっかけを作った国家に対する忠誠心を讃えることには二の足を踏んでいるのである[51]。

　また，象徴靖國派は，靖國神社を通して犠牲となった国民のみを対象とするのでなく，大戦の惨禍に巻き込まれたすべての人々に対して追悼することを目的としている。この点は，とくに靖國参拝を2001年から2006年にかけて行った小泉純一郎首相の言動と，2013年に参拝を行った安倍晋三首相の行動に表れている。2005年に小泉首相は「内閣総理大臣談話」を発表することになるが，ここでは植民地支配を行った国々に対し「反省」と「お詫び」の気持ちを表明し，

第 I 部　「遺産」か，それとも「選択」か

国内外のすべての犠牲者に哀悼することを述べている[52]。靖國参拝後のインタビューにおいても，必ずしも参戦することに賛成していなかった人々を含める犠牲者に対して敬意と哀悼を表すということを述べ，不戦の誓いを再確認している[53]。これらは靖國神社の顕彰の意味とは異なる。

　また，2013年12月23日に安倍首相は靖國参拝を行い，国内外から多くの批判を受けることになったが，その訪問の際には「鎮霊社」を訪れた[54]。鎮霊社は，1946年から1978年までの間，靖國神社宮司であった筑波藤麿によって1965年に設立され，その目的は靖國神社に祀られていない戊辰戦争以降の国内外の御霊を祀るということであった[55]。この筑波の意図は象徴靖國派の思考と重なる。なぜなら，靖國神社本殿で合祀された英霊と合わせると，祀る対象に差別がなくなり，両者を訪問することによって普遍的な追悼を行うことができるからである。安倍首相が靖國神社本殿および鎮霊社を参拝したという事実は，国内外の犠牲者に隔たりなく哀悼を捧げるという意図がうかがえる。

おわりに

　本章では靖國神社の認識構造を位相角の枠組みで分析することにより，「最小国家派」「靖國肯定派」「追悼重視派」「象徴靖國派」の４つの視点が存在することを浮き彫りにした。マクロ・ミクロの歴史認識によって二項対立に陥りやすい靖國神社の認識構造において，位相角が可視化しにくい中間層である「追悼重視派」「象徴靖國派」の論理構造を解明することに役立ったという点で学術的貢献が高いといえる。また，中間層の位置づけを明確化することにより，一般的に右派・左派と呼ばれる議論の論理構造の再検討にもつながり，靖國問題の全体の認識構造についてのより深い理解を得られることにもなった。

　加えて，靖國神社の認識構造を理解することを通し，主に４点の知見が得られた。第１は，靖國参拝は必ずしも靖國肯定にはつながらないという点である。靖國神社はおよそ150年の歴史のなかで多くの変化を繰り返してきた結果，靖國参拝は，必ずしも神社のすべてを支持するものではなかった。これは「象徴靖國派」と「靖國肯定派」の靖國参拝に賛意を表す点で一致がみられても，その論理が異なっていることからもわかるとおり，行動のみの観察では分析を見

誤ることになる。

　第2は，国家の社会通念を重視する「象徴靖國派」においては，その立場が長期的に安定しているとはいえず，時代とともに変化する可能性が高いという点である。事実，日本の靖國神社に対する認識は，太平洋戦争終戦直後から現代にかけて大きく変化してきている。首相の参拝が当然のように行われた1985年までの時代に比べ，靖國神社を「事実上」の国家追悼施設と認識することは難しくなってきており，この点は今後変化する可能性がある。

　第3は，現代社会の規範においては，個人，地域，国家と主体の選定に差異はみられるものの，追悼行為そのものを否定することは，ほぼ皆無であるという点である。第3領域の「追悼重視派」は，いかに多くの人々が納得のいくかたちで追悼できるか，という点に焦点が当たっており，手法そのものにはとくにこだわらない合理性がうかがえ，その結果，他の3つの領域との接点を得ることができている。

　第4は，日本の歴史認識にはコンセンサスが得られているとはいえず，そこには国際規範と国内規範の衝突が少なからずみられた点である。敗戦という経験は，国家の正統性を根本から覆す事態であり，大きな政治構造および社会心理の転換が求められる。そのため，国史における言説を重視する場合，そこに継続性があればあるほど矛盾を抱えることになる。「追悼重視派」を除く他の3つの領域は国史の言説をいずれも重視しているが，断絶性を認識している「最小国家派」に比べ，継続性を訴える「靖國肯定派」は国際的・国内的な歴史認識の相違にいら立ちを覚えている。

　これらの知見は，位相角が二項対立に陥りやすい既存のマクロ・ミクロの歴史認識の分析枠組みを単に退けるのでなく，それら2つの歴史認識が相互に影響しあう視座を示すことによって得られたものである。靖國問題を理解するうえで，位相角が提示する見解は日本社会における議論を深めるうえで重要な役割を果たす。当然，分析枠組みとして位相角を用いることは，決して容易なことではない。とくに縦軸・横軸の変数をいかに選択するかは，帰納的なアプローチでしか得られず，そこには詳細な事例分析が求められる。しかし，事例分析は社会に対する学者の責務でもあり，過度に単純化された二項対立を用いたままに事例を理解することは，歴史の複雑性を軽視する習慣につながるだけでな

第 I 部 「遺産」か，それとも「選択」か

く，社会を分断する要素を作ってしまう。そのうえで，学者の役割を高め，4
点の視座を提供する位相角のアプローチの意義は大きいだろう。

注
1） 本章は，*The Pacific Review*に掲載された拙稿，"The Yasukuni question"に大幅な修正を加
　え書き直したものである。次を参照。Kei Koga, "The Yasukuni question: histories, logics, and
　Japan-South Korea relations," *The Pacific Review*, Vol.29, No.3, 2016, pp. 331-359.
2） 国立国会図書館調査及び立法考査局『新編 靖国神社問題資料集』国立国会図書館，
　2007年，17頁。
3） 同上，27-56頁。
4） ウィリアム・ウッダード『天皇と神道──GHQの宗教政策』サイマル出版会，1988年。
　大原康男『神道指令の研究』原書房，1993年，254頁，267-270頁。
5） Koga, "The Yasukuni question," p. 10.
6） 松平永芳「誰が御霊を汚したのか──『靖国』奉仕14年の無念」『諸君』24巻12号，
　1992年，166-168頁。
7） 山本浄邦「〈非宗教／無宗教〉のポリティックス」山本浄邦編『国家と追悼──「靖
　國神社か，国立追悼施設か」を超えて』社会評論社，2010年，85-87頁。John Nelson, "Social
　Memory as Ritual Practice: Commemorating Sprits of the Military Dead at Yasukuni Shinto Shrine,"
　The Journal of Asian Studies, Vol.62, No.2, 2003, pp. 443-467.
8） たとえば，次をみよ。西山俊彦「神社参拝と宗教行為の規定の恣意性──『信教の自由』
　原理の確立と『カトリック教会の戦争責任』に関連して（1）」，http://peace-appeal.fr.
　peter.t.nishiyama.catholic.ne.jp/senseki-2.htm（2018年7月28日アクセス）。
9） 大江志乃夫『靖国神社』岩波書店，1984年。高橋哲哉『靖国問題』筑摩書房，2005年，
　105-124頁。赤澤史朗『靖国神社──せめぎあう〈戦没者追悼〉のゆくえ』岩波書店，
　2005年，23-24頁。
10） 「日本国憲法（昭和21年憲法）」，http://elaws.e-gov.go.jp/search/elawsSearch/elaws_search/
　lsg0500/detail?lawId=321CONSTITUTION#1（2018年7月28日アクセス）。
11） 「首相靖國参拝訴訟：765人の原告訴え棄却大阪地裁」『毎日新聞』2016年1月28日，
　https://mainichi.jp/articles/20160128/k00/00e/040/178000c（2018年7月28日アクセス）。
12） 村上重良『慰霊と招魂──靖国の思想』岩波書店，1974年。
13） 松平「誰が御霊を汚したのか」170-171頁。
14） たとえば，次をみよ。Neil Boister and Robert Cryer, "The Tokyo International Tribunal: A
　Reappraisal," Oxford Scholarship Online, 2008, http://www.oxfordscholarship.com/view/10.1093/ac
　prof:oso/9780199278527.001.0001/acprof-9780199278527（2018年7月28日アクセス）。
15） 同上。
16） Douglas MacArthur, *Testimony of General Douglas MacArthur before the Armed Services and Foreign
　Relations Committees of the United States Senate 82$_{nd}$ Congress, First session, May 3-5, 1951*, Hour-
　Glass Publishers, 1966.

17) 小堀桂一郎『靖国神社と日本人』PHP研究所，1998年，146頁，149頁。

18) 「日本国との平和条約（昭和27年条約第 5 号）」*nakano bunko*, http://www.geocities.jp/nakanolib/joyaku/js27-5.htm（2018年 7 月28日アクセス）。

19) たとえば，次をみよ。John Breen, "Introduction: a Yasukuni genealogy," John Breen ed., *Yasukuni, the War Dead, and the Struggle for Japan's Past*, Columbia University Press, 2008, pp. 14-15.

20) 靖國神社「奉納行事などのご案内：奉納行事・奉納芸能」2018年，http://www.yasukuni.or.jp/history/associate.html（2018年 7 月28日アクセス）。靖國神社「靖國神社史」n.d., http://www.yasukuni.or.jp/history/history.html（2018年 7 月28日アクセス）。

21) 靖國神社「靖國神社略年表」靖國神社社務所，1973年。小堀『靖国神社と日本人』224-225頁。

22) 靖國神社「みたままつり：7 月13-16日」2011年。しかし，2016年以降には「英霊への感謝と平和な世界への実現」と変化しており，また2018年の「献灯」の欄には「御祭神奉慰（ほうい）顕彰（けんしょう）のため献灯下さいますよう」となっている。次をみよ。靖國神社「みたままつり献灯」2018年，https://www.yasukuni.or.jp/history/associate.html（2018年 7 月28日アクセス）。

23) 赤澤史朗『靖国神社』138頁。

24) Koga, "The Yasukuni question," pp. 5-7.

25) 小堀桂一郎・渡部昇一編『新世紀の靖國神社——決定版全論点』近代出版社，2005年，396-397頁。

26) 百地章「靖國神社をめぐる最近の政教問題」小堀桂一郎・渡部昇一編『新世紀の靖國神社——決定版全論点』近代出版社，522-524頁。首相官邸「内閣総理大臣その他の国務大臣による靖国神社公式参拝について」1985年 8 月14日，https://www.kantei.go.jp/jp/singi/tuitou/dai 2 /siryo 1 _ 7 .html（2018年 7 月28日アクセス）。

27) 小堀『靖国神社と日本人』204-207頁。Hiroshi Nitta, "And Why Shouldn't the Prime Minister Worship at Yasukuni? A Personal View," Breen ed., *Yasukuni, the War Dead, and the Struggle for Japan's Past*, p. 129.

28) 最高裁判所「最高裁判例：昭和46（行ツ）69，昭和52年13日，民集第31巻 4 号533頁」，http://www.courts.go.jp/app/hanrei_jp/detail 2 ?id=54189（2018年 7 月28日アクセス）。小堀『靖国神社と日本人』204-207頁。Nitta, "And Why Shouldn't the Prime Minister Worship at Yasukuni?" p. 129.

29) 国立国会図書館調査及び立法考査局『新編 靖国神社問題資料集』192-255頁。

30) なお，「護国神社」も靖國神社と同様に慰霊の機能をもっている。護国神社は，戦前は靖國神社と同一視されていたものの，国家管理が終わった戦後は独立した神社として存在している。

31) 総務省「追悼施設」，http://www.soumu.go.jp/main_sosiki/daijinkanbou/sensai/virtual/memorialsite/index.htm（2018年 7 月28日アクセス）。

32) 首相官邸「報告書 平成14年12月24日追悼・平和祈念のための記念碑等施設の在り方を考える懇談会」，https://www.kantei.go.jp/jp/singi/tuitou/kettei/021224houkoku.html（2018年 7 月28日アクセス）。

第 I 部　「遺産」か，それとも「選択」か

33）　同上。
34）　同上。
35）　同上。
36）　懇談会では，靖國肯定派とは対照的に，靖國神社の神道形式を宗教と認めている。同上。
37）　同上。
38）　同上。
39）　衆議院「衆議院議員辻元清美君提出内閣総理大臣の公的な資格での靖国神社への参拝等に関する質問に対する答弁書　平成13年7月10日」，http://www.shugiin.go.jp/internet/itdb_shitsumon.nsf/html/shitsumon/b151121.html（2018年7月28日アクセス）。
40）　松平「誰が御霊を汚したのか」169-171頁。
41）　首相官邸「政府統一見解：昭和53年10月17日参議院内閣委員会における安倍内閣官房長官の答弁」1978年10月17日，https://www.kantei.go.jp/jp/singi/tuitou/dai2/siryo1_4.html（2018年7月28日アクセス）。
42）　首相官邸「政府統一見解：昭和55年11月17日衆議院議員運営委員会理事会における宮沢内閣官房長官の説明」1980年11月17日，https://www.kantei.go.jp/jp/singi/tuitou/dai2/siryo1_5.html（2018年7月28日アクセス）。
43）　首相官邸「報告書：閣僚の靖国神社参拝問題に関する懇談会・昭和60年8月9日」1985年，8頁，https://www.kantei.go.jp/jp/singi/tuitou/dai2/siryo1_6.pdf（2018年7月28日アクセス）。
44）　首相官邸「内閣総理大臣その他の国務大臣の靖國神社公式参拝について」1985年8月14日，http://www.kantei.go.jp/jp/singi/tuitou/dai2/siryo1_7.html（2018年7月28日アクセス）。
45）　外務省「内閣総理大臣その他の国務大臣による靖国神社公式参拝に関する後藤田内閣官房長官談話」1986年8月14日，https://www.mofa.go.jp/mofaj/area/taisen/gotouda.html（2018年7月28日アクセス）。
46）　靖國神社「靖國神社憲章」靖国神社社務所，1952年。大江『靖国神社』166頁。赤澤『靖国神社』8-12頁。高橋哲哉『靖国問題』。
47）　一般的な追悼の定義は，次を参照。三省堂・大辞林，https://www.weblio.jp/content/%E8%BF%BD%E6%82%BC（2018年7月28日アクセス）。
48）　外務省「靖國神社参拝に関する政府の基本的立場」2005年10月，https://www.mofa.go.jp/mofaj/area/taisen/yasukuni/tachiba.html（2018年7月28日アクセス）。
49）　小堀『靖国神社と日本人』233-239頁。小堀・渡辺編『新世紀の靖國神社』652頁。
50）　黒田秀高「靖國神社の祭祀権を侵すなかれ」小堀・渡辺編『新世紀の靖國神社』68-71頁。
51）　首相官邸「報告書：閣僚の靖国神社参拝問題に関する懇談会」。
52）　首相官邸「内閣総理大臣談話」2005年8月15日，https://www.kantei.go.jp/jp/koizumispeech/2005/08/15danwa.html（2018年7月28日アクセス）。
53）　首相官邸「小泉内閣総理大臣の談話」2001年8月13日，https://www.kantei.go.jp/jp/koizumispeech/2001/0813danwa.html。首相官邸「靖國神社参拝に関する所感」2002年4月

21日，https://www.kantei.go.jp/jp/koizumispeech/2002/04/21shokan.html。首相官邸「内閣総理大臣談話」2005年 8 月15日，https://www.kantei.go.jp/jp/koizumispeech/2005/08/15danwa.html。首相官邸「APEC首脳会議後の内外記者会見（要旨）」2005年11月19日，https://www.kantei.go.jp/jp/koizumispeech/2005/11/19press.html。首相官邸「小泉総理インタビュー」2006年 8 月15日，https://www.kantei.go.jp/jp/koizumispeech/2006/08/15interview.html（2018年7 月28日アクセス）。

54）外務省「安倍内閣総理大臣の談話：恒久平和への誓い」2013年12月26日，https://www.mofa.go.jp/mofaj/a_o/rp/page24_000177.html（2018年 7 月28日アクセス）。

55）「『鎮霊社』からみた靖國神社・ひっそり鉄柵の中」『東京新聞』2006年 8 月12日。
Mike Mochizuki, "The Yasukuni Shurine conundrum: Japan's contested identity and memory," in Mikyoung Kim and Barry Schwarts eds., *Northeast Asia's Difficult Past: Essays in Collective Memory*, Palgrave Macmillan, 2010, p. 38, p. 49.

第Ⅱ部——国際社会への「貢献」とは何か

第4章　未完の九条＝憲章構想

集団安全保障をめぐる2つのトラウマを超えて

中 村 長 史

はじめに

　本章の目的は，集団安全保障への日本の参加／協力をめぐる従来の議論について，本書における「位相角」の概念を用いて整理したうえで，本来であればより議論が深められるべき潜在的な論点を提示することにある。集団安全保障については，いわゆる安保法制をめぐる議論において，同時に提起された集団的自衛権行使容認の陰に隠れ，十分な関心が集まったとは言い難い。しかし，今日の紛争のほとんどは国内紛争や国際化された国内紛争であり，こと冷戦終結後に関しては国連安保理の許可を得た多国籍軍や国連PKOが対処にあたることが多い以上[1]，「安全保障環境の変化」を真剣に検討するのであれば，集団安全保障の問題を看過することはできないはずである。

　本章の主張と構成は，以下のとおりである。第1節では，湾岸危機以降の日本の集団安全保障をめぐる議論を素描する。ここでは，憲法上の要請である「専守防衛」と国際社会からの要請である「国際貢献」のどちらを優先するかが争われてきたことを確認する。いわゆる左派（護憲派）と右派（改憲派）の対立であるが，国際貢献のために「何かをしなければならない」ということには冷戦終結後のごく早い段階からコンセンサスがあるものの，その「何か」については専守防衛への評価の違いから見解が異なってくる[2]。このように優先順位が異なるのは，前者は「侵略戦争のトラウマ」，後者は「湾岸戦争のトラウマ」を抱えているがゆえであると指摘する。ここで問題なのは，両派ともに互いの抱えるトラウマを払拭しようとは考えずに，相手の議論への攻撃に専心するという意味で，思考停止に陥っていることである。論難はあれども対話はない状況といってよい。

一方，専守防衛と国際貢献の双方を重視するかたちで進められてきた日本政府による政策は，結果的に国際社会からの要請に漸進的に応えていこうとするものとなり，バランスのとれたものとして一定の評価を与えることができる。しかし，米国の意向に応じて海外の活動に参加することには積極的でありながら，米国の関与が少ない活動への参加には消極的である点が問題視されていることを考慮すれば，国際貢献の理念をもって政策を打ち出しているというよりは，ときどきの米国の意向に反応しているにすぎないともいえる。いわば「理念なき反応主義」にとどまっているのである。

　では，この状況を脱するには，どうすればよいか。**第2節**では，位相角を導入することで，本来であればより議論が深められるべき点を具体的に示す。それは，専守防衛と国際貢献の双方を高いレベルで自覚的に追求する「九条＝憲章構想」ともいうべき未完の構想である。この構想の実現可能性を考えることは，2つのトラウマを払拭する条件を示すことにつながり，建設的な議論の土台をもたらすことが期待できる。

第1節　「2つのトラウマ」と「理念なき反応主義」

　本節では，まず，これまでの日本における集団安全保障をめぐる議論を素描する（1）。続いて，その議論の構図を，「2つのトラウマ」が引き起こす左右対立（2）と「理念なき反応主義」というかたちで概念化する（3）。

（1）日本における集団安全保障論議

　日本において，自衛隊の海外派遣をめぐる議論が活性化する契機となったのは，1990年の湾岸危機であった。湾岸危機に際しての国連平和協力法案は廃案になったものの，国際平和協力法（1992年），テロ対策特別措置法（2001年），イラク復興支援特別措置法（2003年），安全保障の法的基盤の再構築に関する懇談会〔いわゆる安保法制懇〕報告書（2008年，2014年），そして平和安全法制〔いわゆる安保法制〕（2015年）と報告書や法律が積み重ねられるにつれ，徐々に海外派遣に積極的な方向に変化してきた。冷戦期には，多国籍軍にもPKOにも関わることのなかった自衛隊であるが，多国籍軍への協力とPKOへの参加の範囲

第Ⅱ部 国際社会への「貢献」とは何か

が次第に大きくなっていったのである[3]。

多国籍軍の活動に対しては，軍事的なものにまで踏み込む必要があると考えるという意味で国際貢献を優先して自衛隊を派遣するべきだとする立場（便宜上，右派と呼ぶ）と，専守防衛を優先して派遣するべきではないとする立場（便宜上，左派と呼ぶ）とがある。前者は，さらに，多国籍軍に参加できるとする立場と，武力行使と一体化しない範囲で協力（後方支援など）のみできるとする立場とに分かれる。現在の日本政府は，協力のみ可能という理解を示している。

この政府の理解は，湾岸戦争時の多国籍軍への派遣を念頭に置いた国連平和協力法案が1990年に廃案になった後，「9・11」後のアフガニスタンやイラクへの派遣をめざしたテロ対策特別措置法（2001年）やイラク復興支援特別措置法（2003年）で立法化された。安保法制懇報告書（2014年）は，さらに踏み込んで参加も可能であると提言をしたが，同年の閣議決定では棚上げされ，安保法制（2015年）をめぐる議論においても言及されることはなかった[4]。

PKOの活動に対しても，やはり国際貢献を優先して自衛隊を派遣するべきだとする右派の立場と，専守防衛を優先して派遣するべきではないとする左派の立場とがある。前者は，さらに，強力な（robust）PKOにも参加できるとする立場と，伝統的PKOのみに参加できるとする立場がある。強力なPKOとは，停戦合意の存在・紛争当事者の受け入れ同意の存在・中立性という伝統的なPKOの原則を尊重しつつも文民の保護のためには武器使用が認められるというものであり，近年志向されるようになってきた[5]。その背景には，停戦合意や和平合意の進展を阻害する当事者については，他の当事者と等しく扱う必要はないとの見解が強まり，中立（neutral）ではなく不偏（impartial）であることが求められるようになったり[6]，内戦においてはすべての紛争当事者の特定が必ずしも容易ではないことから，主たる紛争の当事者の合意や同意が基本原則とされるようになったりしたことがある[7]。現在の日本政府は，伝統的PKOにのみ参加可能という理解を示している。

これは，国際平和協力法（1992年）で立法化された。その際，いわゆる「PKO五原則」，すなわち，①停戦合意の存在，②紛争当事者の受け入れ同意の存在，③中立性といった当時の国連における三原則に加え，④三原則のいずれかが満たされない場合は撤収，⑤武器使用はPKO要員の生命・身体の防護（正当防衛

図4-1　左派・右派・政府の立ち位置

出所：筆者作成。

や緊急避難）に限る，といった原則が設定された。そのため，任務遂行の妨害を排除するための武器使用は認められず，自衛隊の拠点から離れた場所で文民や他国の部隊等が襲われた場合に救援すること（駆けつけ警護）もできないとされた。その後，安保法制懇報告書（2014年）は，強力なPKOへの参加を念頭に，PKO五原則の停戦合意や受け入れ同意について，「すべての紛争当事者の同意」ではなく「主たる紛争当事者の同意」へと変更するよう提言をしたが，多国籍軍への関与をめぐる取り扱いと同様に同年の閣議決定では棚上げされ，安保法制（2015年）をめぐる議論においても言及されることはなかった。一方，安保法制では，任務遂行のための武器使用や駆けつけ警護が新たに認められるなど，幾分積極的な方向に動いた面もあった。

　以上を大まかにまとめれば，「多国籍軍に参加するべきか」，「PKOへの参加の度合いを高めるべきか」の2点について争いがあるといってよい。そして，軍事的貢献にまで踏み込むという意味で国際貢献を専守防衛よりも優先する右派が自衛隊の海外派遣に積極的な姿勢を示し続けるなか，専守防衛を優先する左派は慎重な姿勢を崩さないでいる。政府は，その中間に位置し，次第に積極的な方向に動いているといえよう（図4-1）。

（2）2つのトラウマがもたらす思考停止の左右対立

　では，左派が慎重な姿勢を崩さないのは，なぜなのか。1つには，もちろん専守防衛を定めた憲法9条との兼ね合いがある。こうした態度について，国際性の欠けた「一国平和主義」だとの批判が右派からなされることがある。しかし，実際には，軍事的貢献への代替案が少なからず提出されてきた。たとえば，自衛隊とは別組織として「PKO待機部隊」（国連版の警察機動隊組織）を常設す

るという提案や，自衛隊のなかに民生協力部門を設け「人間の安全保障活動部隊」としてPKOにおける地雷除去等の任務にあたるという提案などである。先述のとおり，国際貢献のために「何かをしなければならない」ということ自体にはコンセンサスがあるといってよい。

　以上をふまえれば，より根本的な理由としてあげるべきは，自衛隊の海外派遣を主導してきた勢力がしばしばみせる復古主義的な姿勢への不信感であろう。立憲主義や民主主義に対する政権側の懐疑的な姿勢への反発から，安全保障上の問題が民主主義や立憲主義といった「手続き」の問題として議論されがちであるのは，こと集団安全保障に限らず，60年安保や集団的自衛権行使容認をめぐってもみられたところである。そして，時折顔をのぞかせる歴史認識に関する復古主義的な姿勢・発言もまた，そのような勢力による自衛隊の海外派遣に懸念を生み出す。たとえば，坂本義和は，PKO待機部隊の構想を通じて国際平和を模索する文脈において，「冷戦期に生まれた『絶対平和主義』を非歴史的に絶対化することは，かえって憲法の平和主義を無力化するおそれがありはしないか」との問題提起をするなど集団安全保障の重要性を強く認識していたが，その坂本も，「侵略責任の未決済」を繰り返し強調し，自衛隊の海外派遣には一貫して慎重であった。このような「侵略戦争のトラウマ」が払拭されないがゆえに，集団安全保障を重視する論者においてさえ，国際貢献よりも専守防衛を優先する議論が展開されるのではないか。

　一方，右派が積極的な姿勢を示すのは，「湾岸戦争のトラウマ」の影響が強いと指摘されている。湾岸戦争に際して，増税をして総額130億ドルの財政支援がなされたが，クウェート政府が感謝の意を表明した広告のなかに日本の名はなかった。米国（の一部）にとってフセイン政権を転覆しなかったことが湾岸戦争のトラウマになったように，日本（の一部）にとっては自衛隊を派遣しなかったことがトラウマになったのである。

　湾岸戦争における国連安保理決議678号にもとづく武力行使は，米ソの対立で安保理が集団安全保障機能を果たせなかった冷戦期には考えられない「成果」であり，冷戦終結を改めて強く印象づけるものであった。また，局地紛争に大規模な軍事力を投下し「戦勝」したことで，軍事介入による平和維持に対する過度の期待と，その後の事例で軍事介入をしないことへの反発を生み出すなど，

世界的にも大きな影響を及ぼすものであった[16]。このような湾岸戦争の重要性と影響力を考慮すれば，国際貢献によって国際社会における名誉ある地位を占めようとする右派が[17]，「次は乗り損ねないようにしよう」との考えをもつのは，理解できない話ではないだろう。このような「湾岸戦争のトラウマ」[18]が払拭されないがゆえに，専守防衛よりも国際貢献を優先する議論が展開されると考えられる。

　「侵略戦争のトラウマ」と「湾岸戦争のトラウマ」は，いまなお左派・右派それぞれの脳裏に深く刻み込まれたままである。その背景には，互いの抱えるトラウマを払拭しようと考えることなく，相手の議論を攻撃することに専心する左右両派の思考停止を指摘せざるをえない。しかも，その攻撃は，しばしば，自らが批判を加えるうえで都合のよい点を「つまみ食い」したものとなる。たとえば，坂本のような原理的には集団安全保障の重要性を認めつつも，こと自衛隊の派遣には慎重な姿勢を崩さない論者の思考過程をとらえることなく，派遣に反対という政策選択にのみ着目し「一国平和主義」のレッテルを貼って満足していては，生産的な議論が生まれるはずもない。集団安全保障に関する原理的な評価は一致していることを認識し，「侵略戦争のトラウマ」の払拭に向けて動いた右派が一体どれだけいただろうか。

　それでいえば，「湾岸戦争のトラウマ」の払拭に向けて動いた左派は一体どれだけいただろうか。もし，「湾岸戦争のトラウマ」払拭を企図するならば，そのチャンスはアフガニスタンやイラクでの「対テロ戦争」への自衛隊派遣後であったように思われる。「成果」が注目を集めた湾岸戦争と異なり，アフガニスタンやイラクにおいては，かえって現地の治安が悪化したとの評価が一般的になっており[19]，出口戦略の困難さを典型的に示す事例となっている[20]。こうした点を直視していれば，集団安全保障に加わりさえすれば現地の平和維持や平和定着が自動的に達成されるものではないことが浮き彫りになったはずである。湾岸戦争時は「乗り損ねた」と思っていたものが，ときに「乗らないほうがよい」ものである可能性も有することが明らかになったはずなのである。しかし，この点に関する左派の反応は，鈍いものであったといわざるをえない。ひとたび派遣がなされれば，諦観の念が強くなるのだろうか，政策効果を問い直すことで右派と議論しようといった姿勢はほとんどみられなかった[21]。

第Ⅱ部　国際社会への「貢献」とは何か

　２つのトラウマには，それなりの根拠がある。問題なのは，両派ともに互い
の抱えるトラウマを払拭しようとは考えずに，相手の議論を攻撃することに専
心するという意味で，思考停止に陥っていることである。このような「論難あ
れども対話なし」の姿勢は，「自陣営」へのアピールにはなっても，生産的な
議論，ひいては効果的な政策を生み出す可能性には乏しい[22]。現状の左右対立が
乗り越えられるべき理由が，ここにある。

（３）理念なき反応主義の功罪

　このような左右両派の相反する主張を汲み取り，専守防衛と国際貢献の双方
を重視するかたちで進められてきた日本政府による政策は，結果的に国際社会
からの要請に漸進的に応えていこうとするものとなった。多国籍軍への協力や，
伝統的PKOへの参加である。左派からすれば「やりすぎ」，右派からすれば「物
足りない」という批判を受けることになるが，バランスのとれたものとして一
定の評価を与えることもできよう。

　もっとも，国際社会とはいうものの，結局，米国からの評価を気にかけてい
るのではないかという節もある。この点については，米国の意向に応じて海外
の活動に参加することには比較的積極的でありながら国連PKOへの参加には消
極的である日本政府の傾向を問題視する見解や[23]，日本においては，国連の集団
安全保障措置への取り組み強化の是非が，米国からの要請に応えるべきか否か
という論点に容易に転換しうるため，国連の集団安全保障を正面から論じにく
いという指摘がすでになされている[24]。このような政府の姿勢は，国民への説明
にもみられる。イラクへの自衛隊派遣に際し，対外的には安保理決議にもとづ
く集団安全保障措置に協力するという論理で説明されたにもかかわらず，国民
に対しては日米同盟の重要性にもとづき正当化が図られるなど，乖離が生じて
いるのである[25]。実際，今日から振り返ってみれば，米国が国連の枠組みを重視
していた湾岸戦争時や米国が国連PKOに積極的であった時期には日本も集団安
全保障に積極的に関わろうとしていたにもかかわらず，米国の国連離れが顕著
になるにつれ[26]，集団的自衛権の議論の陰に隠れるようになったといえる。

　以上をふまえれば，国際貢献の理念をもって政策を打ち出しているというよ
りは，ときどきの米国の意向に反応しているにすぎないともいえる。いわば「理

念なき反応主義」にとどまっているのである。国際貢献のために自衛隊の海外
派遣を推進するのであれば，その論拠として，現地の平和維持や平和定着への
政策効果が十分に期待できるという見通しが示されなければならない。しかし，
多国籍軍やPKOの派遣による政策効果がどの程度あるのかについては研究者の
間でも意見が割れているにもかかわらず[27)]，政策効果に関する議論は四半世紀の
間ほとんどみられず，あたかもそれが自明であるかのように扱われてきた[28)]。さ
らにいえば，政府は派遣に際しての政策効果の見通しを語らないばかりか，派
遣がなされた後の検証さえも十分に行ってきたわけではない[29)]。そうした議論が
皆無に近いことは，自衛隊の派遣自体が目的化しており国際貢献への熱意には
実は乏しいのではないかという疑念を抱かせるものである[30)]。

第2節　理念ある反応主義としての「九条＝憲章構想」

　本節では，まず位相角を導入することで，思考停止の左右対立と理念なき反
応主義を克服しうる議論の可能性を示す。専守防衛と国際貢献の双方を自覚的
に追求する「九条＝憲章構想」ともいうべき議論である（1）。続いて，この
構想は決して絵空事ではなく，冷戦期から断続的・断片的に示されてきたもの
であることを確認する。そして，国連安保理を中心とする現行の集団安全保障
には，瑕疵が少なくないものの，一定の正当性もまた見出せることを示す（2）。

（1）位相角による可視化

　縦軸に専守防衛の重視度，横軸に国際貢献の重視度を設定してみれば，4つ
の領域がみえてくる（図4-2）。侵略戦争のトラウマを抱える左派・湾岸戦争
のトラウマを抱える右派は，それぞれ第2，第4領域に位置することになる。
なお，繰り返しになるが，国際貢献のために「何かをしなければならない」と
いうこと自体にはコンセンサスがあり，両者の差は，軍事的なものにまで踏み
込むという意味で国際貢献を優先するか否かである。ここでは，便宜的に，非
軍事貢献主義と軍事貢献主義と呼ぶことにしよう。その中間領域において，専
守防衛・国際貢献の双方をほどほどに重視しているのが，歴代の政権の立場と
いえる。第3領域に位置するこの立場を，前節に続き，理念なき反応主義と呼

第Ⅱ部　国際社会への「貢献」とは何か

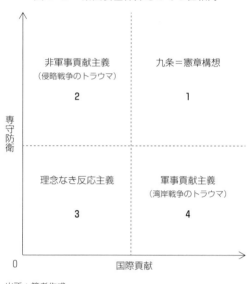

図4-2　集団安全保障をめぐる位相角

出所：筆者作成。

ぼう。これら3つは，図4-1でも示した立場である。

　一方，位相角の導入により明確にみえてくるのが第1領域，すなわち専守防衛と国際貢献の双方を・高・い・レ・ベ・ル・で・自・覚・的・に追求する立場である。図4-1の一次元空間に典型的なように，専守防衛と国際貢献がトレードオフの関係にあるとみなす限り，双方を・ほ・ど・ほ・ど・にに重視することこそあれども，2つの目標を同時に満たそうとするような政策構想は生まれない。しかし，後述するように，専守防衛と国際貢献とを矛盾しないかたちで追求する余地がある。

　こうして立ち現れる第1領域を，ここでは「九条＝憲章構想」と呼びたい。この名称は，憲法9条の路線と日米安保条約の路線との融合を指す「九条＝安保体制」を想起させるだろう。この融合は，保守勢力にとっては，米国からの外圧に抗して軽武装・経済成長優先路線をとり，国内世論から日米同盟への支持を得るために必要なものであった一方，革新勢力にとっても，専守防衛と軍事費の上限設定を担保するものとして必要であった。それゆえ，「戦後日本外交においてもっとも支持基盤の厚い外交路線」となったとされる[31]。これと同様

に，九条＝憲章構想とは，憲法9条の路線と国連憲章の路線との融合を指す概念であるが，体制ではなくあくまでも構想，しかも未完の構想である。

この構想は，第2・第4領域間の論争を架橋し，対立を緩衝するものである。もっとも，本書の**第1章**で示されたように，第3領域もまた架橋や緩衝の役割を果たすものであり（他領域と位相角を等しくする範囲は，むしろ第3領域が最大である），そのような柔軟さが理念なき反応主義の利点である。しかし，理念なき反応主義には，前節で確認したように少なからぬ問題点もあった。これに対して，第1領域の九条＝憲章構想は，2つのトラウマを払拭することで，架橋や緩衝にとどまらず，より実質的な対話を各領域間に促すことが期待できる。なぜか。

左派が右派の軍事貢献主義にのれないのは，侵略戦争への歴史的責任（対内的には立憲主義や民主主義の尊重，対外的には侵略責任の自覚）を果たさないうちには自衛隊が海を越えるべきではないと考えるからであった。この点につき，第2領域から第1領域への移動を促すには，侵略戦争の反省から政府に厳しい制約を課す現行憲法が誕生した経緯を銘記することが，九条＝憲章構想には求められる。具体的には，憲法解釈を変更するのであれば与野党の合意（少なくとも最大野党の同意）を得るための熟議を経ることや，歴史認識問題における侵略責任を軽視しているかのような言動を自制することである。前者については，安保法案が性質の異なる活動を十把一絡げにして提出されたことで，国連平和活動に関してはほとんど意見に隔たりのない民主党（当時の最大野党）との間で集団安全保障に関する議論を深める障害となったことは教訓とされるべきだろう。[32]

一方，右派が左派の非軍事貢献主義にのれないのは，軍事的貢献をしてこそ国際的な評価を得られるのであり，憲法の制約のためにそれができないと考えるからであった。この点については，第4領域から第1領域への移動を促すために，軍事的措置を慎みさえすれば平和になるとは限らないのと同様，軍事的措置が必ず現地の平和維持・平和定着につながるものではないことをふまえ，[33] いかなる措置が現地の，ひいては国際社会の平和につながり，国際的な評価を得ることになるのかを検討することが，九条＝憲章構想の課題となる。国連をはじめとする国際社会においても試行錯誤や新たな提言が続けられていること

第Ⅱ部　国際社会への「貢献」とは何か

をふまえ[34]，政策効果を自明視することなく国際社会とともに知恵を絞ることが求められる。

　このように，九条＝憲章構想が実現する道を模索することは，左右両派が抱えるトラウマの払拭をめざすものとなる。それは，現状の「論難あれども対話なし」の状況を脱することにつながり，建設的な議論の土台をもたらすことが期待できる。未完であるがゆえに，九条＝憲章構想には，その力が宿っている。

（2）もう1つの「現実」

　もっとも，「左からみると右，右からみると左」に映る，この構想は，まさに未完であるということも手伝って，実現可能性について厳しい批判にさらされるだろう。しかし，決して絵空事ではない。そのことを示すために，これまでに提起された例（もちろん，九条＝憲章構想という名称は与えられていなかったが）をみていこう。

　終戦直後のごく早い段階で，国会本会議における質問演説というかたちで示されたのが，当時は貴族院議員であった南原繁の議論である。南原は，憲法9条の理念を高く評価すると同時に，「進んで人類の自由と正義を擁護するがために互に血と汗の犠牲を払って世界平和の確立に協力貢献するという積極的理想はかえって放棄せられるのではないか」として，軍隊をもたないままでは集団安全保障に参加できなくなる点に懸念を表明した[35]。一般的には，南原と野坂参三のみが国家の自衛権を主張したことで記憶される演説であるが，その後の提言もふまえれば，南原の力点は，日本の自衛力は国際社会の平和維持に役立つべきものに限る，ということにあったと考えられる[36]。今様にいえば，専守防衛と国際貢献の双方を自覚的に追求していたのであった。

　1960年代に入ると，国連コンゴ活動（ONUC）への参加を念頭に，内閣法制局においても「国連軍」への参加を合憲とする解釈が一時検討されるようになった。ここでいう「国連軍」とは，①国連決議があること，②国連が指揮権をもち経費を負担していること，③国連加盟国間あるいはその内部の事態への対処であることと定義づけられていたため，安保理の許可を得た多国籍軍は対象から外れるが，PKOについては武力行使を伴うものへの参加も合憲となるものであった。結局，この検討作業は表面化することなく棚上げされたが[37]，専守防衛

第4章　未完の九条＝憲章構想

と国際貢献の両立に正面から挑戦する試みであったといえる。

　冷戦終結後，より国際貢献が求められるようになると，9条の平和主義を保持しながら，それを現実に活かしていく条件を模索した議論が登場する。山口二郎は，国連の地域紛争への取り組みが活性化している以上，そのための手段が規定されてない「憲法の空白」を革新勢力による「創憲」によって埋めなければならないとの問題意識を示した。そして，アジア太平洋地域での信頼醸成や軍縮・軍備管理と並んで自衛隊のPKO参加を明確に主張した。[38] 坂本義和は，先述のとおり，現行憲法の下で，自衛隊とは別組織として「PKO待機部隊」を常設するという提案をした。実現には一定の時間を要する提案だけに，提案のみをみれば，山口の主張からトーンダウンしているようにもみえる。しかし，坂本の議論には，続きがある。平和維持や平和構築には，人を殺すことを想定する軍隊とは違った性質の特別な訓練が必要であるが，そのような警察的な組織を日本のみならず各国が設けることは，国際社会全体が市民社会のルールに従うようになる効果が期待できる。別組織は，日本の特殊な事情からのみ作られるべきものではなく，世界中に広げられるべきものというのである。[39] 専守防衛と国際貢献を両立するべく，坂本らしい「未来」をデッサンする意思を備えた議論が提示されていたといえよう。[40]

　時の政権に厳しい批判を加えることの多い南原や坂本，山口の議論が第1領域に位置づけられるとすれば，政府が位置する第3領域の延長線上にあることから意外に感じる向きもあろう。それは，われわれがいつの間にか貼り付けたレッテルに囚われ，その思考様式（程度差はあれども，専守防衛と国際貢献の双方を重視）をとらえ損なっていることを示してはいないだろうか。[41] 陳腐極まりないが，意見の対立が生まれやすい分野だけに，色眼鏡を外して主張そのものを吟味する必要がある。位相角は，この点を改めて想起させてくれる。

　このように断続的・断片的に示されてきた九条＝憲章構想であるが，今日の集団安全保障においては，国連憲章上の国連軍（国連事務総長が指揮権を有する）ではなく，安保理の許可を得た多国籍軍（各国が指揮権を有する）やPKOの派遣が慣行になっていることから，純粋に国際公共的な活動とはいえず，大国の利害との関係が問題視されることもあろう。実際，自国と利害の強い地域への関与・介入を決定する決議案に対して拒否権が行使されることがしばしば起こる

ため，常任理事国に対し，人道危機に際しての拒否権行使を自制するよう直接的・間接的に促す動きがある[42]。また，議題採択自体に異議が唱えられることもある。たとえば，2005年のジンバブエにおける人道危機に際して，中国・ロシアは安保理での会合開催に反対の意を示した。議題採択に拒否権はなく9か国が賛成したため会合は開催されたが，常任理事国が開催自体に反対する会議に成果があるはずもなく，決議はもちろんのこと，議長声明も出ず，コミュニケが出されただけで終了した[43]。

　拒否権の停止がただちには困難である以上[44]，安保理の意思決定が私的なものになりかねない点にはいくら注意してもしすぎることはないが，常任理事国の利害や価値観の違いを肯定的にとらえる余地もある。選好の異なる国々が決議を採択したような事態には，現行の安保理でさえ一致して行動すべきだと考えるだけの重要性があるという意味で，一定の正当性が確保されるのである[45]。米国主導の「対テロ戦争」等との違いが，ここにある。

　とはいえ，現行の集団安全保障には，日本国内の事情からしても，また国連の事情からしても，難題が少なくない。しかし，だからといって，構想レベルですぐに棄却されるような議論でもない。むしろ，現実とは所与のものでも一次元的なものでもなく，可変的で多面的なものであることに考えを及ばせば，つまり，現実を「可能性の束」としてとらえれば[46]，冷戦期以来十分にありえたかもしれない，もう1つの「現実」として，議論を深める必要があるといえるだろう。

おわりに

　本章の目的は，集団安全保障への日本の参加／協力をめぐる議論が，2つのトラウマがもたらす思考停止の左右対立と，理念なき反応主義に陥りがちな政府という現状にあることを指摘し，本来なされるべき議論の可能性を位相角にもとづいて示すことにあった。結びにあたって，以下の2点を確認しておきたい。

　第1に，位相角の導入により明らかになったものをあらためて示しておこう。まず，専守防衛と国際貢献の双方を高いレベルで自覚的に追及する九条＝憲章構想は，位相角により立ち現れるものである。専守防衛と国際貢献がトレード

第4章　未完の九条＝憲章構想

オフの関係にあるとみなす限り，双方をほどほどに重視する政府のような立場をつかまえることはできても，2つの目標を同時に満たそうとするような政策構想を想像することは難しい。九条＝憲章構想の存在を可視化すること自体に，位相角の意義があるといえる。

　この九条＝憲章構想は，時の政権に厳しい批判を加えることの多い論者により断続的・断片的に提起されてきたと整理できるが，同構想が位置する第1領域は，政府が位置する第3領域の延長線上にある。もし，このことに違和を感じるとすれば，それはわれわれが各論者に貼りつけたレッテルに囚われ，その思考様式（程度差はあれども，専守防衛と国際貢献の双方を重視）をとらえ損なっていることを示唆してはいまいか。このような省察の機会もまた，位相角の賜物といえよう。

　第2に，位相角の導入により超克をめざした左右対立について付言しておきたい。本章では左右対立を克服するべき対象として論じてきたが，それは二項対立それ自体の意義を否定するものではない。むしろ，相互牽制機能が政治体制に必要なのと同様，思索にも相反する思考様式が必要だとするJ. S. ミルや，現実主義と理想主義の相剋を図式化する一方で両者を併せもつバランス感覚の重要性を説くE. H. カーの議論にみられるように，二項対立がもたらす緊張関係は，異なる利害や価値観の調整を図る政治においてきわめて重要なものだといえる。[47]

　しかし，左右両派が互いの抱えるトラウマを払拭しようとは考えずに，相手の議論への攻撃に専心し，「自陣営」へのアピールにのみ精を出している現状の二項対立は，政治に弛緩をもたらしているといわざるをえない。この弛緩状態に楔を打ち込むのが，九条＝憲章構想という未完のプロジェクトである。この構想の実現可能性を真剣に議論せずして，換言すれば2つのトラウマの双方を払拭しようとすることなくして，左右両派が「論難あれども対話なし」の状況を脱することができるだろうか。政治に緊張がもたらされる日が果たして来るだろうか。

　　＊本研究の一部は，科学研究費補助金（若手研究B 17K13684）の助成を受けたものである。

第Ⅱ部　国際社会への「貢献」とは何か

注

1）　人口に膾炙している集団安全保障という言葉が，実は歴史的には普遍的・統一的な概念規定を欠いているとして，国連の強制行動（国連憲章7章）のみならず，紛争の平和的解決（国連憲章6章）やPKO（いわゆる6章半）もまた含まれるべきではないかと問題提起するものに，最上敏樹「集団安全保障」『UP』508号，2015年，27頁がある。同様の問題意識から，本章においては，国連安保理の許可を得た多国籍軍のみならず，PKOの派遣についても扱う。ただし，紛争の平和的解決については，限られた紙幅のなかで論点の拡散を避けるために本章では扱わない。

2）　田中明彦『安全保障――戦後50年の模索』読売新聞社，1997年，312頁。中村長史「平和維持／平和構築をめぐる論争の構図」佐藤史郎・川名晋史・上野友也・齊藤孝祐編『日本外交の論点』法律文化社，2018年，123頁。

3）　日本政府は，多国籍軍と異なり，国連PKOへの「参加」は憲法の禁ずる海外派遣にあたらないとした。参議院「国際平和協力等に関する特別委員会」議事録（1992年4月28日）。

4）　ただし，安保法制では，従来は特別措置法（時限法）による立法化であったのが，国際平和支援法という恒久法として新たに制定された。また，国連の統括しない有志連合などの活動について，国際連携平和安全活動という概念が国際平和協力法内に新たに設けられ，これに参加できることとなった。この2点においては，安保法制を通して，幾分積極的な方向に動いたといえる。

5）　なお，冷戦終結後のPKOの変化としては，強力なPKOの登場以外に，多機能化をあげることができる。従来のPKOは停戦監視と兵力引き離しを主たる任務としていたが，中央政府の統治能力を向上させることで紛争再発を防ぐねらいから，選挙支援や治安部門の改革などの平和構築の任務も与えられるようになってきた。このような平和構築機能をもつPKOへの自衛隊の参加はとくに議論とはならないため，本章では，強力なPKOに焦点を当て，それを伝統的PKOと対比的に扱う。

6）　UN Document, A/55/305-S/2000-809（*Report of the Panel on United Nations Peace Operations* [*Brahimi Report*]）[21 August, 2000] paras 48-50.

7）　UN DPKO/DFS, *United Nations Peacekeeping Operations: Principles and Guidelines* [*Capstone Doctrine*], 2008, pp.31-33.

8）　議論や実践の詳細を時系列的にまとめたものとして，田中前掲書，314-320頁。佐道明広『自衛隊史――防衛政策の七〇年』筑摩書房，2015年，184-195頁，226-237頁。庄司貴由『自衛隊海外派遣と日本外交――冷戦後における人的貢献の模索』日本経済評論社，2015年。本多倫彬『平和構築の模索――「自衛隊PKO派遣」の挑戦と帰結』内外出版，2017年。その間の国連等における議論の変化と比較して整理したものとして，中村長史・嘉治美佐子「人道の時代の日本外交――『平和政策』論争の見取り図」『国際社会科学』64輯，2015年，58-69頁。

9）　坂本義和「平和憲法の原則に立つ支援を」『坂本義和集4　日本の生き方』岩波書店，2004年（初出1990年），237-238頁。坂本義和「若者の夢かきたてる国際貢献を」『坂本義和集4　日本の生き方』岩波書店，2004年（初出1993年），243-244頁。坂本義和『相対化の時代』岩波書店，1997年，156-159頁。

10）　前田哲男「九条の軍隊の可能性」遠藤誠治編『日米安保と自衛隊』岩波書店，2015年，

292–297頁。

11) 遠藤誠治「パワーシフトと日米安保体制」遠藤誠治編『日米安保と自衛隊』岩波書店，2015年，12–13頁。添谷芳秀『安全保障を問いなおす──「九条‐安保体制」を越えて』NHK出版，2016年，178頁。

12) 坂本前掲書（『相対化の時代』），72–75頁，152頁，155–159頁。坂本義和「まえがき」『坂本義和集3 戦後外交の原点』岩波書店，2004年，x–xii頁。大沼保昭は，多国籍軍への自衛隊の参加を合憲と解釈するなど，坂本よりも自衛隊派遣に積極的な姿勢を示すが，戦争責任を果たしてこなかったことこそが問題だとする点では共通する。大沼保昭「護憲的改憲論」『ジュリスト』1260号，2004年，150–154頁。

13) 酒井哲哉が指摘するように，坂本の議論は，むしろ歴代の保守政権よりもはるかに強く国際貢献を求めるものであった。酒井哲哉「戦後論壇の位相と高坂正堯」『外交フォーラム』259号，2010年，24頁。

14) この点につき，日本国民の多くが戦争といえばいまだに第二次世界大戦をイメージしている現状に対し，戦争の性質が変化していることを理解すべきだと指摘されることがある。細谷雄一『安保論争』筑摩書房，2016年，72–73頁。その指摘自体は的確なものであるが，戦争責任に向きあうという意味では，第二次世界大戦が想起され続けることもまた重要ではないか。必要なのは，侵略戦争を想起しつつ，近年の戦争の性質の変化についても理解することだと思われる。

15) 内山融『小泉政権──「パトスの首相」は何を変えたのか』中央公論新社，2007年，132–134頁。佐道前掲書，190頁。実際，国際平和協力法案提出当時の外相は，湾岸戦争の際の資金協力が国際的に評価されなかったことが法案提出の理由の1つであると国会の答弁で明言している（衆議院「国際平和協力等に関する特別委員会」議事録1991年10月1日）。

16) 藤原帰一「内戦と戦争の間──国内政治と国際政治の境界について」『年報政治学』51巻，2000年，110–111頁。

17) たとえば安保法制懇は，憲法前文や98条に依拠して，この点を強調する。「安全保障の法的基盤の再構築に関する懇談会」報告書，2014年，9–10頁。

18) ただし，これをただちに憲法改正論と結びつけることについては，長谷部恭男による以下の鋭い批判がある。「不思議なのは，自衛隊の海外貢献が国際社会から十分に評価されるよう，憲法を改正する必要があるという理由づけである。……感謝されて当然だというのが出発点であれば，感謝されないからといって自らに非があるかのように考えるのは，かなり自虐的で自信のない態度だといわざるをえない」。長谷部恭男「憲法改正論の不思議」長谷部恭男編『憲法のimagination』羽鳥書店，2010年（初出2004年），198頁。

19) 現地の状況改善という動機と現地の状況悪化という帰結との乖離を指摘する議論は，事例をアフガニスタンやイラクに限ることなく，2000年代以降，さまざまな視角・アプローチからなされている。Jack Goldsmith and Stephen Krasner, "The Limits of Idealism," *Daedalus*, Vol.132, No.1, 2003, p.48. David Kennedy, *The Dark Sides of Virtue: Reassessing International Humanitarianism*, Princeton University Press, 2004, p.xviii. 石田淳「弱者の保護と強者の処罰──《保護する責任》と《移行期の正義》が語られる時代」『年報政治学』

第II部 国際社会への「貢献」とは何か

2011-1号，2011年，118-122頁。中村長史「人道主義のパラドックス——冷戦終結後の人道危機対策再考」『平和研究』43号，2014年，109-125頁。James D. Fearon, "Civil War & the Current International System," *Daedalus*, Vol.146, No.4, 2017, pp.26-30.

20) 出口戦略の原理的な困難さがアフガニスタンやイラクにおいて酷薄なまでに示されている点については，中村長史「出口戦略のディレンマ——構築すべき平和の多義性がもたらす難題」『平和研究』48号，2018年，154-162頁。

21) この事後的検証の欠如が，以前から，しかも左派とみなされることの多い論者によって指摘されてきた点は銘記されるべきである。たとえば，坂本義和は，国際平和協力法に反対していた人々は少なからず存在したが，自衛隊がカンボジアに派遣された後，議論がなされること自体ほとんどなくなった点を批判する。坂本前掲書（『相対化の時代』），72頁。坂本義和「憲法をめぐる二重基準を超えて——いま，何を原点とするか」坂本義和『平和研究の未来責任』岩波書店，2015年（初出2005年），235-236頁。テーマは異なるが，さらにさかのぼれば，丸山眞男は，組合運動や原水爆反対運動を例に，「盛んに反対したけれども結局通っちゃった，通っちゃったら終りであるという……勝ち負け二分法」に批判を加える。丸山眞男「政治的判断」『丸山眞男集7』岩波書店，1996年（初出1958年），343-345頁。

22) 『論座』編集長であった薬師寺克行は，自衛隊の海外派遣に限らず，近年の日本に「安全な塹壕に入り込んで自己満足のために論をぶつ傾向」がみられることを批判し，さまざまな意見が緊張感をもって向きあい，それが建設的な議論・政策につながるような環境を生み出す必要性を説く。薬師寺克行「序——いまこそ論壇の『構造改革』を」論座編集部編『リベラルからの反撃——アジア・靖国・9条』朝日新聞社，2006年，13-16頁。苅部直は，核武装論を提起しているかのような誤解を受ける言動のあった1980年以後の清水幾太郎が，かつて健筆を振るった『世界』等の岩波書店の出版物に登場し，活発な議論が繰り広げられていれば今日の状況は変わっていたかもしれないと指摘する。苅部直『物語 岩波書店百年史3 「戦後」から離れて』岩波書店，2013年，139-140頁，154頁。

23) 北岡伸一『グローバルプレイヤーとしての日本』NTT出版，2010年，56頁。

24) 山田哲也「不可視化される国連」遠藤誠治・遠藤乾編『安全保障とは何か』岩波書店，2014年，219-220頁。坂本義和「平和主義の制度構想」『坂本義和集4 日本の生き方』岩波書店，2004年（初出1994年），268-270頁。

25) 添谷芳秀「冷戦後日本外交の変遷と『ミドルパワー』としての選択」井上寿一・波多野澄雄・酒井哲哉・国分良成・大芝亮編『日本の外交6 日本外交の再構築』岩波書店，2013年，69-70頁。

26) 米国では，1993年10月に起きたUNOSOMII（第二次国連ソマリア活動）に派遣していた自国の死傷兵をメディアにさらされた事件を契機に，国連離れが進んだ。その後，ルワンダにおいて大量虐殺がまさに進行中の1994年5月に大統領決定指令（PDD）25号を発令して選択的なPKOの活用を主張するようになり，ルワンダへの関与を避けるためジェノサイドという言葉の使用が避けられ続けた。

27) Paul F. Diehl, Jennifer Reifschneider and Paul R. Hensel, "United Nations Intervention and Recurring Conflict," *International Organization*, Vol.50, 1996, pp.683-700. Edward N. Luttwak, "Give War a Chance," *Foreign Affairs*, Vol.78, No.4, 1999, pp.36-44. Patrick M. Regan, *Civil Wars*

and Foreign Powers: Outside Intervention in Intrastate Conflict, The University of Michigan Press, 2000. Virginia Page Fortna, *Peace Time: Cease-Fire Agreements and the Durability of Peace*, Princeton University Press, 2004. Michael Doyle and Nicholas Sambanis, *Making War and Building Peace*, Princeton University Press, 2006. Taylor B. Seybolt, *Humanitarian Military Intervention: The Conditions for Success and Failure*, Oxford University Press, 2007. Monica Duffy Toft, "Ending Civil Wars: A Case for Rebel Victory?" *International Security*, Vol.34, No.4, 2010, pp. 7-36. Sarah-Myriam Martin-Brûlé, *Evaluating Peacekeeping Missions: A Typology of Success and Failure in International Interventions*, Routledge, 2017.

28) 中村・嘉治・前掲論文，64-69頁。

29) 藤原帰一『新編 平和のリアリズム』岩波書店，2010年，422頁。

30) もっとも，注目を集めた集団的自衛権の行使容認についてさえ，その正負の効果が十分に議論されたとは言い難い。依然として残されている論点については，石田淳「安全保障の政治的基盤」遠藤誠治・遠藤乾編『安全保障とは何か』岩波書店，2014年，67頁，72頁，84-85頁。

31) 酒井哲哉「『九条＝安保体制』の終焉――戦後日本外交と政党政治」『国際問題』372号，1991年，32-45頁。

32) 民主党は，政権獲得前より国連平和活動への積極的参加を主張していた。「ブラヒミ・レポート」が提出された2000年にブラヒミ氏が来日した際より，民主党議員は熱心であったという。長谷川祐弘『国連平和構築』日本評論社，2018年，70頁。

33) アフガニスタン（インド洋）やイラクへの自衛隊派遣が日本人への攻撃を誘発しているという意味ではかえって国際的評価を下げていると指摘するものとして，中村哲『アフガニスタンで考える――国際貢献と憲法九条』岩波書店，2006年，33頁。

34) たとえば，安保理決議の採択から実際に平和維持軍が現地に派遣されるまでの期間を短縮化するべく，常設の国連軍や戦略予備部隊の設立が提案されてきた。UN Document, A/55/305-S/2000-809, op.cit., paras 90-91. A/59/2005（*In Larger Freedom: Towards Development, Security and Human Rights for All*）［21 March, 2005］para 112. また，近年では，「政治の卓越性」（primacy of politics）が強調されるようになり，政治的解決こそが最優先であるとあらためて指摘されている。UN Document, A/70/95-S/2015/446（Report of the High Level Independent Panel on Peace Operations on Uniting our Strengths for Peace: Politics, Partnership and Peace）［17 June, 2015］paras 43-48. A/72/525（Report of the Secretary-General: Restructuring of the United Nations Peace and Security Pillar）［13 October, 2017］paras 4 , 14.

35) 南原繁「［日本国憲法］制定過程 その一」『南原繁著作集9』岩波書店，1973年（初出1946年8月27日），28-29頁。

36) 坂本義和「平和をめぐって――南原繁とその後」坂本義和『平和研究の未来責任』岩波書店，2015年（初出2008年），292頁。佐藤功「解説」『南原繁著作集9』岩波書店，1973年，468-469頁。

37) 村上友章「国連安全保障理事会と日本 1945～1972年」細谷雄一編『グローバル・ガバナンスと日本』中央公論新社，2013年，200-201頁。

38) 山口二郎「憲法政治の変容と日本政治のパラダイム転換」『UP』241号，1991年。山口二郎「戦後平和論の遺産」『世界』1993年1月号。

第Ⅱ部　国際社会への「貢献」とは何か

39）　坂本義和「市民のための国連改革」『坂本義和集 6　世界秩序と市民社会』岩波書店，2005年（初出1993年），224頁，233-234頁。坂本前掲書（『相対化の時代』），156-159頁。

40）　大井赤亥「坂本義和——革新ナショナリズムの思想」大井赤亥・大園誠・神子島健・和田悠編『戦後思想の再審判——丸山眞男から柄谷行人まで』法律文化社，2015年，63頁。

41）　集団安全保障以外の文脈においても，誤解が散見される。坂本の議論が権力政治を無視したものであるどころか，それに内在する逆説やディレンマを直視したものである点については，石田淳「動く標的——慎慮するリアリズムの歴史的文脈」『国際政治』175号，62-63頁。石田淳「解題」『坂本義和集 5　核対決と軍縮』岩波書店，2004年，310-311頁。マスメディアの期待する役回りと実際の坂本の論説との乖離については，藤原帰一「解題」『坂本義和集 3　戦後外交の原点』岩波書店，2004年，307-308頁。藤原前掲書，450頁。

42）　UN. Doc. A/66/L.42/Rev. 1（3 May, 2012），paras 19-21. UN Doc. A/70/621-S/2015/978（23 October, 2015）.

43）　UN Document, S/PV.5237（27 July, 2005）。もっとも，欧米諸国にしても同様の行動をとることがある。安保理における脅威認定を扱った研究会における「欧米的な究極の論理では，人権侵害それ自体が国際の平和と安全に対する脅威。（中略）ただ，欧米自身も，北アイルランドのIRAなど苦しい点がある」という鶴岡公二・外務省地球規模課題審議官（当時）の発言に応じて，安保理での大使経験もある小澤俊朗・内閣府国際平和協力本部事務局長（当時）は，「その点については，オトゥーヌというアフリカ人の児童保護担当の事務総長特別代表が，武力紛争下の児童の権利に関する安保理の報告書にIRAを取り上げたことがあり，チェチェンの児童についても言及していた。しかし，この報告書は，その後一切議論なく，まずIRA部分が削除された修正版が出され，その後チェチェン部分も削除された。これがP 5の力である」と述べている。東京財団2008年度第 1回国連研究プロジェクト研究会議事録概要「安保理決議に基づく経済制裁」，http://www.tkfd.or.jp/research/news.php?id=261（2018年 7 月20日アクセス）を参照。

44）　安保理常任理事国が新たな意思決定方法に同意する条件について，ジェームズ・フィアロンは，①投票で負けるコストが低下する場合，②時に負けてもいいと感じるほど新しい投票方法が総じて効果的である場合，③国際情勢の変化によって国際的な協力の価値が高まった場合，④協力による利益が投票における時折の敗北による損失を上回ると感じた場合，が論理的に考えられるとするが，いずれも実現は容易ではない。James Fearon, "International Institutions and Collective Authorization of the Use of Force," Alan Alexandroff ed., *Can the World be Governed?: Possibility for Effective Multilateralism*, Wilfrid Laurier University Press, 2008, pp.188-189.

45）　Erik Voeten, "The Political Origins of the UN Security Council's Ability to Legitimize the Use of Force," *International Organization*, Vol.59, No.3, p.541.

46）　丸山眞男「『現実』主義の陥穽——ある編輯者へ」『丸山眞男集 5 』岩波書店, 1995年（初出1952年），194-197頁。丸山前掲論文，319頁。

47）　John Stuart Mill, "Coleridge," Marshall Cohen ed., *The Philosophy of John Stuart Mill*, The Modern Library, 1840/1961, pp.61-62. E.H.Carr, *The Twenty Years Crisis 1919-1939: An Introduction to the Study of International Relations*, Macmillan, 1939/1946, p.89.

第 **5** 章 日本の安全保障政策における国連の 集団安全保障制度の位置づけ

国連軍・多国籍軍への参加問題を手がかりに

佐 藤 量 介

はじめに

日本の国際貢献についての議論とは，端的にいえば，日本が国際社会で「何ができるのか」「何をすべきか」を問うものであろう。当該議論に関しては，政治学者も法の枠組みを無視することなく，できる限り整合性のとれたかたちで日本の外交・安保政策を論じているとの声を耳にする。ここで本書第1章に従い，政治学者および政策実務家の，軍事力を用いた日本の国際貢献についての憲法理解を位相角を用いて図式化するとすれば，次のようになろう（図5-1）。

いわゆる「反戦平和」対「普通の国」という左右対立は，第2領域と第4領域に位置づけらる。政策・戦略を優先するあまり法を軽視する立場は，第3領域となる。そして，集団的自衛権行使の合憲性を否定してきた従来の政府見解も，その政府見解を批判し，集団的自衛権の行使は合憲と結論づけた現政権・安保法制懇も，共に「合憲解釈」の枠内での貢献をめざすという点で，第1領域に位置づけられる。ここで重要な点は，1つは，従来の政府見解と現政権・安保法制懇の見解との「奇妙な同居」といえる配置結果であり，もう1つは，国際法および憲法の通常の理解からすれば，現政権・安保法制懇の法理解は，共に法軽視的な立場という点で，第3領域の立場と本質的に変わらないのではないかという疑問である。本章では，「国連軍」「多国籍軍」への日本の参加問題を法的に分析することで，現政権および安保法制懇の法的な理解とその論理に潜む問題点の明確化も試みている。その点で，政治学者にとっても関心を払うべき議論であると考える。

国連の集団安全保障体制の下で実施される軍事的ミッションへの日本の参加

第Ⅱ部　国際社会への「貢献」とは何か

図 5-1　政治学者・政策実務家の憲法理解の位相角

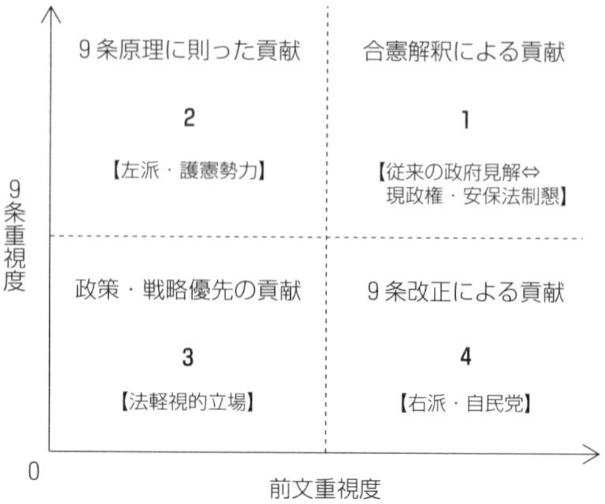

9条重視度

9条原理に則った貢献 **2** 【左派・護憲勢力】	合憲解釈による貢献 **1** 【従来の政府見解⇔ 現政権・安保法制懇】
政策・戦略優先の貢献 **3** 【法軽視的立場】	9条改正による貢献 **4** 【右派・自民党】

0　　　　　　　　　　　　　　　前文重視度

出所：筆者作成。

　は，日本の国家安全保障政策とどのような関係にあるのか。この問題が，安全保障上の問題のみならず，憲法問題ともリンクしてきたことは，いわゆる安保法制（平和安全法制）を取り巻く問題状況からも容易にうかがえよう。たとえば，国連憲章に想定される「国連軍」への日本の参加については，後に確認するように，法的な評価として，以下2つの立場がみてとれる。それは，戦争の放棄のみならず戦力の不保持をも規定した憲法9条の解釈上，参加は困難とする見解と，その活動は国家の武力行使とは区別される国連の指揮下で行う軍事活動であり，憲法解釈上参加は可能とする見解である。また，憲章第7章にもとづき，武力行使を含む措置を加盟国に許可するという実行が冷戦後に慣行化しており，こうした「多国籍軍」に参加する可能性も都度議論されてきたが，ここでも，「国連軍」への参加をめぐる議論と同様の状況がみられる。すなわち，安保理決議下の「多国籍軍」への参加は，安保理による「許可」の下であっても，武力の行使を伴うこと等からすれば憲法上当然許容されえないという見解と，反対に，「許可」決議が存在する以上，そうした「多国籍軍」活動は，憲法が禁止するような私的な戦争行為とは異なる国連自身の合法的行動となるのであって，よって，これへの参加は憲法上も可能という見解のそれである。ここで着目すべきは，こうした見解の相違には，参加問題に係る憲法解釈と国際

法解釈の整合・接合の仕方が影響している点である。

　各国が実際に「国連軍」または「多国籍軍」に参加するには，（法治国家であ
れば）国内法上の合法性確保のみならず，国際法上の合法性をも確保する必要
がある。たとえ国際法上合法な多国籍軍活動であったとしても，国内法上の合
法性を確保できないのであれば，その国は，国内法上は参加を決定することは
できないだろう。逆に，たとえ国内法上の合法性を確保できていたとしても，
国際法上の合法性が確保できていない多国籍軍活動に参加すれば，結果，その
国は国際法に違反する武力行使を行うことにもなりうる。したがって，日本が
「国連軍」または「多国籍軍」に参加するには，国内法上の許容範囲と国際法（国
連憲章）上の許容範囲とが合致していることが法的にも実務上も必要となる。

　他方で，それが政策問題でもあることから，日本の安全保障政策と国連の集
団安全保障体制に対する理解・立場の違いが，憲法解釈と国際法解釈の整合・
接合の仕方にも影響を与えている点にも着目する必要がある。図5-1でいえ
ば，第3領域は，政策的関心や戦略的配慮という点で，それぞれ位相角を同一
とする方向（第2領域の左派，第1領域の中道派，第4領域の右派）に何かしらの
影響を与えている。この影響は，憲法学者や国際法学者の見解にも少なからず
見受けられるが，とくに安保法制懇（第1領域）の報告内容において顕著とい
える。総じて，法と政策との整合・接合の問題であって，そのあり方が議論の
俎上に載せられることもあろう。

　よって本章では，参加問題に係る憲法解釈と国際法解釈の整合・接合の仕方
を分析対象としつつ，同時に，法と安全保障政策との対応関係や整合・接合の
あり方についても併せて分析を試みる。具体的には，①安保理の「許可」にも
とづき設置された「多国籍軍」に関し，「国連軍」とは異なるその法的な位置
づけと，これに加盟国が参加することの国際法上の意味合いを確認したうえで
（第1節），②参加問題に関する憲法解釈と憲章・国際法解釈との整合・接合の
仕方について，憲法学，国際法学，政府見解および安保法制懇のロジックを比
較検討する（第2節および第3節）。そして，③日本の安全保障政策における参
加問題の位置づけを探るべく，法的な次元と安全保障の次元を包括できるよう
な分析枠組みを提示し，その枠組みによる検討を行ったうえで（第4節），④日
本の安全保障政策における国連集団安全保障制度の位置づけについて，法的な

第Ⅱ部　国際社会への「貢献」とは何か

検討をふまえた筆者の若干の見解を述べることとする（おわりに）。

　なお，紙幅の都合と，本章が集団的自衛権の問題を主として論じるものではないことから，安保法制懇報告書に続く7月1日閣議決定と平和安全法制を検討対象から外していることをお断りする。

第 **1** 節　国連システムにおける国連軍・多国籍軍——その法的位置づけ

（1）憲章想定「国連軍」の制度化失敗と「許可」方式の誕生

　国際社会における集団安全保障とは，自国の生存を何よりも優先する伝統的な国家安全保障とは異なり，諸国の合意にもとづき成立している集団的秩序を，諸国の協働により維持・回復することをめざす安全保障制度のことをいう。国連の集団安全保障制度では，まず，加盟国による武力行使を原則禁止（2条4項）とし，そのうえで，制裁措置として，経済制裁を主とする非軍事的制裁措置と軍事的制裁措置を導入した（41条，42条）。この憲章が想定した集団安全保障制度の特徴は，その発動の前提として，発動すべき事態かどうかの認定権限を安全保障理事会（以下，安保理）に集中させたのみならず（39条），軍事的制裁措置の実施権限をも安保理に集中させた点にある。ただし，国連自体が固有の軍隊を保持するという提案は採用されなかった。その代わりに，安保理と加盟国とが，安保理の使用のために提供される軍隊等の支援内容について事前に協定を結ぶ。五大国以外の加盟国には自国軍隊の拠出が必ずしも義務づけられているわけではなく，各国が提供できる支援内容で合意すればよい。[1]その協定にもとづき提供を約束された部隊等を，軍事参謀委員会の戦略的指導のもと，安保理がこれを用いて軍事的制裁を実施する，という方式が採用された（43条，47条）。これが憲章で想定された「国連軍」である。

　この「国連軍」については，指揮権問題について常任理事国間で意見の一致をみなかったことに加え，そもそも「国連軍」のあり方全般について意見の対立が少なくなかった。さらに，国連発足時にすでに先鋭化しつつあった東西冷戦の影響も加わり，常任理事国はいずれも特別協定を締結するに至らなかった。そのため，他の加盟国も特別協定を締結することはなく，結果，「国連軍」を創設する試みは失敗に終わったのである。[2]

80

こうした憲章想定「国連軍」の制度化の失敗に対し，その後，国連では2つの代替措置が生み出されることになる。その1つが国連平和維持活動（PKO）であり，もう1つが安保理決議による「許可」方式である。「許可」方式とは，1990年に発生したイラクによるクウェート侵攻に対し，安保理が，その決議678において，憲章第7章にもとづき，武力行使を含む「あらゆる必要な措置」を用いることを加盟国に許可したことを端緒とするものである。安保理が加盟国の武力行使を許可することについては，憲章に明文の規定は存在せず，これを憲章違反とする声もあった。しかし，以後ソマリア，ボスニア，東ティモール，ハイチなど同様の決議事例が続くことになり，現在では，同方式は国際社会に受け入れられた（または黙認された）といえよう。

この「許可」を受けた多国籍軍参加国による武力行使は，法的には，憲章51条にもとづく自衛権の行使とは区別されるものの，他方で，国連自身が指揮権を有する42条下の軍事的制裁措置とも同一視することもできない。憲章上，明確な位置づけがなされているわけでもない。[3]国連の枠組みの下で何かしら対処が必要との現実的要請から，各国が自国の行為として武力を行使するものの，この決議により憲章2条4項違反とはみなさない，そういうものとして，国際社会で黙認・容認されるようになった実行であるといえよう。

（2）多国籍軍参加の法的位置づけ

こうした安保理の「許可」にもとづく「多国籍軍」の特徴は，同じく憲章第7章の下で設置されたものであっても，憲章が想定する「国連軍」とは大きく異なっている。それは，この「多国籍軍」活動が，派遣国の任意・自発性に完全に依存している点に顕著に表れている。憲章上，第7章にもとづく安保理の「決定（Decides）」は，加盟国を法的に拘束する（25条）が，このことは，第7章にもとづく安保理決議がすべて法的拘束力を有することを意味しない。たとえば，第7章にもとづく「要請する（Calls upon）」や「勧告する（Recommends）」などの文言には，勧告的な効果しかなく，「許可する（Authorizes）」についても同様に考えるのが，理論的にも実行上も妥当な理解といえる。特別協定が締結されておらず，加盟国に部隊提供を強制する他の実定法規も存在しない現状からすれば，憲章第7章にもとづく「決定」による場合を除き，加盟国に自国部

隊を強制的に拠出させ，「多国籍軍」活動を実施させることはできない。それ
どころか，「許可」決議の内容に派遣国の要望が反映されることも少なくない。
事実上の派遣国主導の構図からすれば，安保理が，その決議を通じて「多国籍
軍」活動に実効的なコントロールを及ぼせていない状況というのも自然なこと
といえる。

　また，国連が固有の軍事的組織を保持しておらず，加盟国から部隊の提供を
受けるしかないという構造的要請から，「多国籍軍」の実効的な指揮統制権は，
国連ではなく，派遣国側に委ねられている。「国連の補助機関」とみなされる
PKOの場合，作戦統制権は国連が保持するが，PKOよりも人的・物的損害を被
る可能性の高い任務を遂行することが求められる「多国籍軍」活動では，どの
国も，軍事的に知見も経験も乏しい国連の実効的な指揮統制下に入ることを忌
避する。したがって，現状，「国連軍」に対して憲章が想定した指揮統制メカ
ニズムのように，国連が実効的な指揮統制権を握るかたちで「多国籍軍」活動
が実施されることは望めない。この他にも，任意・自発的な参加であることの
帰結ともいえるが，部隊の派遣も活動資金も派遣国の負担であり，部隊の被害・
要員の犠牲は派遣国が甘受する。場合によっては加盟国の自発的拠出金からな
る信託基金によって資金援助もなされているが，基本的には当該活動に国連予
算は拠出されていない。

　したがって，憲章が想定した「国連軍」と，冷戦後に慣行化した「多国籍軍」
とは，参加国にとっては似て非なるものといえるものなのである。

第2節　国連軍・多国籍軍参加をめぐる法的議論——憲法学と国際法学

（1）憲法学における議論

　「国連軍」への参加問題については，憲法学においても当然に議論がなされて
きた。それは，9条の解釈に係る学問上の関心からだけではなく，日本の安
全保障政策とも密接に結びつく問題だったからである。そうした側面もあり，
憲法学においては，一般に，「戦力不保持・非武装中立・自衛隊違憲」という
9条解釈が導き出され，[4]結果，「国連軍」への参加も憲法上許されないと考え
られてきた。ただ，その結論に至る論理構成は複雑または技巧的であり，よっ

てその内実の理解には注意が必要である。

　まず，9条1項が放棄するものとして規定する「国際紛争を解決する手段」としての「国権の発動たる戦争と，武力による威嚇又は武力の行使」には，自衛目的や制裁目的による武力の行使は含まれない（すなわち限定放棄）と解するのが通説的理解とされる。[5]　もちろん，1項が自衛目的を含むあらゆる武力行使を放棄していると考える説もないわけではない。[6]　その逆に，1項では侵略戦争のみが放棄され，2項では侵略戦争を目的とする戦力の保持のみが禁止されると考える説もある。[7]　ただ，重要なのは，1項を限定的放棄と解釈する場合であっても無限定放棄と解釈する場合であっても，多くの憲法学者が，2項前段が「あらゆる戦力」の保持を禁じていると考えている点である。[8]　あらゆる戦力の保持が禁止されていれば，結果として，自衛目的や制裁目的であっても武力を行使することはできないことになる。この「二段階全面放棄説」と称せる通説的理解[9]と1項全面放棄説の理解からすれば，「国連軍」への参加もまた困難との結論が導き出されることも容易に想像がつく。

　たとえば，通説的理解に立つ芦部信喜は，「国連軍」は，「それは武力行使を任務としているので，自衛隊が合憲だとしても，その参加は許されない[10]」と述べる。同じく通説の立場をとる佐藤功は，「この国連軍は国連・安保理事会の統制・指揮の下に置かれるにせよ，それに提供される各国軍隊はそこでもなおそれぞれの国家の軍隊としての性質を保持しつつ参加するのであり，かつ，この国連軍は軍事的強制措置として武力行使を任務とするものであるから」違憲との見解を示している。[11]　樋口陽一は，「自衛のためでなく，制裁のための戦争・武力による威嚇・武力の行使もまた許されないのであるから，日本国に関するかぎり，憲章42条の予定する制裁措置に参加することはできず，同43条の予定する『兵力』提供のための『特別協定』を結ぶこともできない」との見解を示している。[12]

　また，清宮四郎は，「わが憲法の前文はもとより，本文のどこにも自衛のための戦争や軍備を予想している規定はない。かえって，前文で『平和を愛する諸国民の公正と信義に信頼して，われらの安全と生存を保持しようと決意した』，といい，本条第2項で，無条件に軍備を撤廃し，交戦権を否認しているなどの点からみても，すべての戦争を否定するのが憲法全体の意図であり，第

第Ⅱ部　国際社会への「貢献」とは何か

１項だけは，自衛戦争を除外しているとみなすのは憲法の曲解であり，１項・２項ともに，すべての戦争を放棄しているとみるべきである」と述べる。さらに，「第９条は，『自衛権』にもとづくものであっても，『戦争』や『武力の行使』はこれを放棄するといい，『戦力』は保持しないといっているのである。……したがって，『自衛権』と結びつけて，ただちに自衛戦力及び自衛隊を憲法の容認するものとみなすのは，憲法の真意を曲げる論理の飛躍というべきである」として，「戦力不保持・自衛隊違憲」を明確にする。そして，日本国憲法下における「国連軍」参加について，「わが憲法は，これまで各国にみられたような軍備及び戦闘行為は，無条件・絶対的にこれを否認しているものとみなされる。ただ，国際連合がわが憲法と同じように，『正義と秩序を基調とする国際平和を誠実に希求』し，真に世界的規模のもとに世界平和の理想を実現するものであるならば，日本が，この憲法のもとで，連合の任務，殊に『平和に対する脅威，平和の破壊及び侵略行為に関する行動』（憲章７章）に協力することは可能であろう。しかし，その理想からは程遠い国際連合の現実においては，この種の協力が憲法の趣旨に反する結果となるおそれがある」との見解を示している。もちろん，ここで述べられている「協力」には，軍隊組織による「国連軍への参加」は含まれないものと解されよう。

　９条から「戦力不保持・非武装中立・自衛隊違憲」という解釈を導くという憲法学の通説的理解および１項全面放棄説の理解からすれば，「国連軍」への自衛隊の参加は否定され，かつ，平和維持軍（PKF）に参加する自衛隊の海外出動についても憲法解釈上困難とされる。そのため，明確に武力行使を任務とする「多国籍軍」への参加問題についても，基本的な論理構成が変わることはなく，当然に自衛隊の参加は否定されるのである。これは，憲法解釈と国際法解釈の整合・接合という点では，憲法学における多数は，国連憲章を考慮しつつも，なお，憲法９条の制約はそれをもってしても回避されないとの立場をとっていることを意味しよう。国際貢献における「参加」と「協力」とを区分し，軍隊組織によらない後者の合憲性の余地のみを認めている点は，その表れといえる。

84

（2）国際法学における議論

　ここで取り上げる国際法学者の見解は，憲法解釈に係る国際法学全体の見取り図や学説状況を表すものでもなく，また，その憲法解釈を示した文脈もさまざまである。その点をふまえたうえで，まず，第二次世界大戦後まもなく公表された横田喜三郎の見解を取り上げる。横田は，前段と後段の違いはあるものの，１項と２項をあわせて解釈することで，自衛のための戦争も制裁のための戦争も結果として禁止されるとの立場をとっていた。

> かくて，第２項の後段の規定の結果として，あらゆる場合に，日本は戦争する権利を有しないことになる。つまり，戦争することができないことになる。第１項の規定では，單に國際紛争を解決する手段として，戦争を放棄したにすぎないから，そのほかの場合には，戦争をしてもさしつかえないわけである。ところが，第２項の後段によって，無条件に，交戦権を否認したから，たとえ紛争を解決する手段としてでなくても，やはり戦争することができないことになる。これは非常に重要なことで，十分に注意しなくてはならない。ついでに，そうなると，たとえば，自衛のためでも，制裁のためでも，戦争することができないことになる。これはまた一つの問題である。[17]

　したがって，「国連軍」への参加，すなわち兵力の提供も当然に否定されるが，国連軍への「非兵力的な方法」での「協力」については９条に反しないとされる。[18] 高野雄一も，「自衛のための武力行使，集団的制裁措置としての武力行使を，第九条一項の放棄に含めてとらえるのは無理であろう[19]」として，自衛・制裁のための武力行使は１項では否定されていないものの，「戦力不保持原則の下では，国連の集団保障の眼目たる軍事的制裁を支える特別協定を少なくとも兵力の提供に関しては結びうる地位にない[20]」として，２項前段の「戦力不保持」によってその行使は事実上困難であるとの，先の憲法学における通説的理解と同様の立場をとっていた。[21]

　したがって，国連の集団安全保障への参加に関する横田と高野の憲法理解と憲法学の通説的理解との間には，大きな差異はない。他方，その他の国際法学者の９条解釈に関しては留意が必要である。それは，各見解が示された文脈が異なっており，○○説と呼称して並置し，比較検討するのが難しいことによる。[22] そのこともあってか，１項については，限定放棄説の見解を示すものが少なくないが，これに２項解釈もあわせた９条解釈を示すことはあまり多くはな

第II部　国際社会への「貢献」とは何か

い。また，2項解釈に関して見解が述べられるにしても，憲法学上のそれに比べれば，簡単な言及にとどまる場合が少なくない。

それは，単に，1項限定放棄説をとる以上，1項の放棄対象ではない国連の集団安全保障への参加に用いられる軍隊は，2項についても規律対象ではない，との立場の表れかもしれない。憲法学における少数派の見解にあたるが，たとえば，安藤仁介は，国連軍への参加は1項2項共に合憲との立場を示している。

> 国際法から見れば，同条1項の「国際紛争を解決する手段としては」戦争を放棄するという規定は，1928年の不戦条約の規定と同じ趣旨であって，いわゆる侵略戦争を放棄するものと解釈することができる。……（略）……憲法9条2項の「前項の目的を達するため……戦力は」保持しないという規定も，PKOへの参加はもとより国連の制裁行動への参加に必要な戦力の保持まで禁じたものと解釈する必然性はない。[23]

村瀬信也も同様の立場として，次のように明言している。

> （「多国籍軍」も含めた）国際平和活動のために軍事力を用いることは，そもそも個別国家が行う「武力の行使」ではなく，国際の平和と安全の維持という国際公益を実現する目的で，国連安保理その他の権限ある機関の決議・要請によってとられる「強制措置」（enforcement actions）であり，そこでの軍事活動は「武器の使用」（use of weapons, arms）として，「武力の行使」とははっきり区別しなければならない。それが……憲法9条の範囲外（国連憲章2条4項の例外）であることは明らかである。[24]

あるいは，自衛隊は「自衛のための必要最小限度の実力」であって「戦力」ではないとの従来の政府解釈にもとづき，1項の内容に注力して解釈していることの表れかもしれない。[25]いずれにせよ，1項解釈についていえば，国際法学者の多くが限定放棄説の立場をとっている点が重要であろう。すなわち，1項解釈については憲法学の通説と国際法学の多数説は重なりあっているといえる。

他方，2項については，（もちろん，文脈によるのだが）国際法学のほうでは簡単にしか触れられていないか，または特段の言及がないため，憲法解釈と国際法解釈の整合・接合という点では，この知的作業に2項は含まれず，1項解釈において行われる傾向にある。それもあってか，「国連軍」参加問題については，二段階全面放棄説をとる憲法学の通説および1項全面放棄説とは正反対の「参

加可能」という結論が導き出されるか，もしくは，その可能性を否定しない見解が散見される。

　たとえば，大沼保昭は，国際平和に関する国連の軍事的活動が「価値観と利益の対立が激しい国際社会で例外的に諸国が一致して認める国際公共的な行動[26]」であり，「現行憲法の拠って立つ国際協調主義の積極的な実現であるという解釈も，決して不可能ではないはずである」との理解から，「国連の平和維持活動はもちろんのこと，武力行使権限を有する国連の部隊として自衛隊を派遣することは，現憲法上合憲的になし得るはずである[27]」と述べ，「国連軍」・「多国籍軍」共にこれに参加することは合憲との考えを述べている。ここで留意すべきは，国際ミッションにおける武力行使を，憲法が禁止する「国家としての武力行使」と区別する際,「公共性[28]」が強調されている点である。言い換えれば，国連の枠組みや決議の存在，明確な「私」に対しての比較として浮かぶ「公」の要素などを理由に，国連軍および（論者によっては含めない者もいる）多国籍軍への参加を 9 条 1 項の禁止範囲外としているように思われる。憲法解釈と国際法解釈の整合・接合の仕方や，参加問題に係る「公共性」の扱い方については，それぞれ差異があるため，これらを一律に論ずることは容易ではない。ただ，国際次元における「公共性」の位置づけについて，慎重な意見があることには留意が必要であろう。

　たとえば，田畑茂二郎は，国連の集団安全保障制度が理想的なかたちで発動された場合には，それは個別国家のある種の私的な武力行使とは峻別される「公的な」措置となりうるが，しかし国際社会の現実からすれば，国家の利害を超えて一般的・公的に同制度が発動されることはきわめて困難であるとする。ゆえに，国連の軍事的な強制措置を，憲法 9 条が禁ずる武力行使とは法的な性質を異にする「公的な」ものとする見方に疑義を呈するのである[29]。

　それは，参加問題において安易な正当化を許さない，国連集団安全保障制度の現実を示すものであり，本章の文脈でいえば，憲法解釈と国際法解釈との慎重な整合・接合を要求するものともいえよう。第 1 節の検討内容からも，至当な指摘と思われる。そして，後に検討する安保法制懇の報告書内容を法的に評価するうえでも，重要な視点であろう。

第II部　国際社会への「貢献」とは何か

第 **3** 節　国連軍・多国籍軍参加をめぐる法的議論——政府と安保法制懇

（1）従来の政府見解

　従来の政府見解は，9条2項では「自衛のための必要最小限度の実力」を保持することは禁止されておらず，よって自衛隊を合憲との立場をとっている以上，2項の問題についてはそれ以上踏み込むことはなかったように思われる。そのこともあってか，憲法論議が「武力行使との一体化」等9条1項の問題に移るにつれ，「国連軍」参加問題についても9条1項の問題を中心とした解釈が示されている。

　まず，内閣法制局が作成した『いわゆる国連軍とわが憲法』（昭和40年9月3日）では，次のような憲法解釈が示されていた。[30]

　　いわゆる国連軍に部隊を供出することが憲法上容認されるためには，いわゆる国連軍の武力行動が，国連という超国家的政治組織による超国家的作用として，国際社会内部の国際の平和及び安全の維持のためになされる武力の行使であるのでなければならない。したがって，個々の具体的事案につきこの点を明らかにするには，次の3点に照らして審査する必要がある。（1）当該いわゆる国連軍による武力の行使が国連自体の意志に基づいて遂行されるものであるか。武力の行使が国連自体の意志により遂行されるためには，当然その機関である総会又は安保理事会の決議が必要とされるが，これらの機関の決議がみずから武力の行使を遂行するというのではなく，加盟国に対しそれぞれその意志により武力を行使すべきことを勧奨するという内容のものであるならば，そのような勧奨に応じてなされる武力の行使は，当該加盟国自体の武力の行使であって，国連のそれであるとはいえない。（2）武力の行使が国連みずからがするものであることの実をそなえているか。この点について積極に解されるためには，いわゆる国連軍が，国連又はその機関に任命され，かつ，その指揮下にある指揮官によって指揮され，その経費が，直接には，国連の負担である場合のように，国連の統制の下に置かれているのでなければならない。（3）当該いわゆる国連軍による武力の行使は，国連加盟国の間又は国連加盟国内部に生じた事態が国連社会の平和と安全に対する障害となる場合において，その障害を除去することを目的としているものであるか。以上の3点について積極に解される場合には，そのいわゆる国連軍の一部を構成するものとして部隊を保持し，供出することは，その供出自体が任意のものであるとしても，政策上の当否の問題は別として，憲法9条を含むわが憲法の否認するところではないといってよい。（下線部筆者）

第 5 章　日本の安全保障政策における国連の集団安全保障制度の位置づけ

　この時点では，厳しい条件下ながらも，憲法上は参加の余地はあるとの認識がもたれていた。そして，ここで示された基準とは，「国連軍」に参加した自衛隊の行為が，日本国の武力行使ではなく，国連の武力行使としてみなされるための基準であり，日本国の主権的決定と統制が及ばないことの証左としての，国連の指揮権および財政負担に係る基準であるといえる。当該参加基準からすれば，下線部にあるように，「多国籍軍」への参加は到底憲法の許容するものとは考えられないということになろう。

　しかし，当該参加問題に関するその後の政府見解は，「疑義」「否認」へと向かう。まず，「国連軍」への参加問題は，これがその制度化に失敗したことから理論上の問題となり，内閣法制局の答弁も「現在まだ研究中でございまして，結果を明確に申し上げるわけにはまだ参っておらない」（工藤長官，1990年10月19日），「特別協定が決まらなければ，そのあたりの確定的な評価ができない」（大森長官，1998年3月18日）として，先の解釈以上の明確化・詳細化が図られることはなかった。ただ，大森長官は，「現在の国連憲章第42条，43条に規定されております国連軍につきましては……憲法9条の解釈，運用の積み重ねから推論いたしますと，我が国がこれに参加することには憲法上の疑義があるというふうに考えているわけでございます」とも述べ，違憲の疑いを示していた。この答弁の2か月後になされた秋山内閣法制局第一部長答弁（1998年5月14日）においても，「集団的安全保障措置に関しましても，これは国際紛争を解決する手段であるということには変わりはないのでございますから，このような措置のうち，武力の行使等に当たる行為につきましては，我が国としてこれを行うことが許されないというふうに考えているわけでございます」と述べられているのである。

　そして，多国籍軍への参加問題についても，やはり憲法が9条1項で禁じる武力行使に密接に関わるという実態面から，憲法違反のおそれが指摘されてきた。

　　いわゆる多国籍軍への「参加」とは，当該多国籍軍の司令官の指揮下に入り，その一員として行動することという限定された意味でのものであり，このような意味におけ

第Ⅱ部　国際社会への「貢献」とは何か

る「参加」が許されないと述べたのは，その目的・任務が武力の行使を伴う多国籍軍
に右のような形態で「参加」すると，自衛隊の活動が武力の行使に及んだり他国の武
力の行使と一体化することがないという前提を確保することが困難であると考えてき
たためである。(衆議院議員長妻昭君提出質問主意書に対する答弁書，2004年6月22日)

　やはり9条1項との関連で，その参加が困難であるとの見解は維持されてい
る。そして留意すべきは，このように，国連軍参加も多国籍軍参加も，日本国
の武力行使とみなされるか否かという点で議論が展開されていくなかで，共に
そのおそれがあるものとして峻別されなくなっていった点である。1990年10月
24日衆・国連平和協力特別委員会における工藤内閣法制局長官答弁でも，「い
わゆる国連軍は，その目的・任務が武力行使を伴うようなものであれば，これ
に参加することは許されない，反面，その国連軍の目的・任務が武力行使を伴
わないものであれば，これに参加することは憲法上許されないわけではない
……そこが，国連軍が多国籍軍にかわりました場合，その多国籍軍もまたいろ
いろなことはあり得るだろうとは思いますけれども，今の基本的な考え方は変
わらないだろうと思っております」と述べられていた。この「包摂化」の流れ
を裏づけるものといえよう。

　以上のことから，「国連軍」参加に関する政府の9条解釈は，当初は，形式
的な1項限定放棄説というよりは，実体的な1項限定放棄説にもとづくもので
あったといえる。たとえ形式的には広義の国連集団安全保障措置にあてはまる
活動だとしても，その形式面での適合により，自動的に1項から除外されると
みなすのではない。その実体判断によっては，憲法の禁ずる武力行使に該当し
うる場合もあるということである。当初法制局が合憲の可能性があるものと考
えていた厳格な参加可否基準からすれば，「国連軍」と後の「多国籍軍」とは
当然に峻別され，後者は違憲とならざるをえないのである。

　ただ，その後，正規の「国連軍」は実体化することなく，また，「国連軍」
とは異なる特徴を有する国連PKOが登場する。そうしたなか，1項解釈におけ
る主たる争点が，同項において禁じられる「武力行使」の問題に収斂し，「国
連軍」と「多国籍軍」を峻別することがなくなったという点には留意しなけれ
ばならない。それは，正規の「国連軍」における指揮統制のあり方や編成・撤
退条件が確定しないなかでは，その点での実体判断が困難となり，代わって武

力行使を目的・任務とするかどうかという形式面での適合判断にシフトせざる
をえなかったためとも評せよう。

（2）安保法制懇報告書

　安保法制懇の報告書は，憲法学の通説のみならず，従来の政府見解をも批判
するものであり，集団的自衛権の行使も国際平和活動における武力行使も合憲
と解釈する。これは１項限定放棄説の立場であるが，集団的自衛権の行使を合
憲，国連の集団安全保障措置への参加に憲法上の制約なしと解釈するなど，そ
の放棄対象は非常に狭い。ここで着目すべきは，こうした安保法制懇の憲法解
釈には，全体として，安易な正当化や単純化した評価，用語の不徹底な使用な
どが散見される点である。

　たとえば，安保法制懇は，先の『いわゆる国連軍とわが憲法』における内閣
法制局見解について，これを「内閣法制局は，我が国が正規の国連軍に対して
武力行使を伴う部隊を提供することは憲法上問題ないと判断していた[31]」と単純
化して総括する。また，「国連軍」参加について「研究中」「確定的な評価がで
きない」とする内閣法制局の発言について，報告書では「これを憲法第９条違
反とは判断せず」と評している。しかし，先に確認したように，当の大森長官
答弁では，９条違反の可能性が明示されていた[32]。ミスリードする意図が疑われ
ても仕方のない記述である。

　また，当該参加問題については，「９条が国連の集団安全保障措置への我が
国の参加までも禁じていると解釈することは適当ではなく，国連の集団安全保
障措置は，我が国が当事国である国際紛争を解決する手段としての武力の行使
に当たらず，憲法上の制約はないと解釈すべきである」と述べたうえで，これ
に続けて，「国連安全保障理事会決議等による集団安全保障措置への参加は，
国際社会における責務でもあり，憲法が国際協調主義を根本原則とし，憲法第
98条が国際法規の誠実な遵守を定めていることからも，我が国として主体的な
判断を行うことを前提に，積極的に貢献すべきである」と明言している。また，
「このように国連等が行う国際的な平和活動については憲法上制約がないとす
るとして[33]」とも述べられている。

　まず指摘すべきは，国連の集団安全保障措置が，「国連安全保障理事会決議

等による」措置や「国連等が行う国際的な平和活動」に拡張又は曖昧化されている点である。安保理決議にもとづかない「国連の集団安全保障措置」や国連以外の国際的な平和活動とは何を意味しているのか。国連総会による「平和のための結集決議」も想起できなくはないが，昨今の議論状況からすれば，これが，米国を中心として実施され，安保理の「許可」を得ずに実施される多国籍軍活動を想定しての「等」なのではないかとの疑問が生じる。

　この点，憲法学および従来の政府見解はこうした多国籍軍活動が憲法上許容されるとの議論は行ってきていない。むしろ，当然違憲と考えられ，議論の俎上にも載らなかったと解するのが至当であろう。よって，安保理の「許可」を得ずに実施される米国主導の多国籍軍活動までも合憲と解釈するには，こうした従来の議論状況を180度転換するような明確かつ十分説得力のある論拠が必要と思われるが，同報告書ではそもそもそうした国連枠組み外の多国籍軍活動への参加可否が明示的に論じられておらず，当然明確かつ十分な論拠も示されてはいない。

　次に，国連の集団安全保障措置への「参加」について，「国際社会における責務」「国際協調主義」「憲法第98条」を強調することで，その正当化を試みているといえる。先に示したように，特別協定では「国連軍」への部隊拠出による「参加」は義務ではなく，「許可」は加盟国に武力行使を義務づけるものでもない。「国連軍」や「多国籍軍」への参加が，あたかも国際法と憲法が強く要請する重要課題であるかのような接合である。

　同報告書では，「憲法9条の解釈に係る憲法の根本原則」の節においても，「平和主義」の解釈に関して次のようなロジックを示している。まず，「国際協調主義の精神から，国際的な活動への参加は，我が国が最も積極的に取り組むべき分野と言わねばならない」と，国際協調主義の重点を「国際的な活動」へと意識づける。そのうえで，「我が国の平和主義は，同じく日本国憲法の根本原則である国際協調主義を前提として解釈されるべきである。すなわち，日本国憲法の平和主義は，自国本位の立場ではなく，国際的次元に立って解釈するべきであり，それは，自ら平和を乱さないという消極的なものではなく，平和を実現するために積極的行動を採るべきことを要請している」として，結果，「日本国憲法の平和主義は，この『国際協調主義に基づく積極平和主義』の基礎に

あるものである」との結論を導き出している[34]。つまり，安全保障に関わる国際的な活動への参加こそが，国際協調主義の精神に適うものであり，これを前提とすれば，当然，その活動への参加を通じた平和追求，すなわち「積極平和主義」が9条におけるあるべき「平和主義」ということになる。そうした二段階の転回により，憲法学の通説的理解の否定を正当化しているといえよう。

このような強調は，自衛権行使の評価内容にもみられる。たとえば，憲章上，「国際の平和及び安全の維持」に主要な責任を負っているのは安保理であり（24条），個別的および集団的自衛権の行使は，あくまで「安全保障理事会が国際の平和及び安全の維持に必要な措置をとるまで」（51条）の暫定的な措置である。したがって，憲章上，主たる集団安全保障制度と従たる個別的・集団的自衛権という法的な関係性は明白といえる[35]。しかし，当該報告書では，この関係性が希薄化あるいは断絶され，自衛権を行使することで「国際の平和及び安全の維持・回復に貢献することができる[36]」という点が強調される。憲章の都合のよい解釈・援用ともいえるが，これも，集団的自衛権の行使容認が安保法制懇報告書の主たる論点であることの1つの証左であると思われる。そのことは，報告書の「はじめに」を読めば理解できる。

2007年5月に安倍首相が当時の懇談会に提示した「4つの類型」は，「特に憲法解釈上大きな制約が存在し，適切な対応ができなければ，我が国の安全の維持，日米同盟の信頼性，国際の平和と安全のための我が国の積極的な貢献を阻害し得るようなものであり，我が国を取り巻く安全保障環境の変化を踏まえ，従来の憲法解釈が引き続き適切か否かを検討し，我が国が行使できない集団的自衛権等によって対処すべき事態が生じた場合に，我が国として効果的に対応するために採るべき措置とは何かという問題意識を投げかけるもの」と説明されている。自衛権の行使とは区別されるべき国際平和分野を含め，「我が国が行使できない集団的自衛権等によって対処すべき事態」とされているのであり，その力点は容易にみてとれよう。また，ふまえるべき6つの「我が国を取り巻く安全保障環境の変化」のうち，第3の変化が「日米関係の深化と拡大」であり，「同盟の活力を維持し，更に深化させるためには，より公平な負担を実現すべく不断の努力を続けていくことが必要」と指摘されている。そして，「我が国として採るべき具体的行動」の事例①は「米艦等への攻撃排除等」，事例

②は「米国が武力攻撃を受けた場合の対米支援」であることからも，とくに日米同盟強化に資する集団的自衛権の合憲化が，同報告書の「1丁目1番地」であるといえる。

こうした日米協力のあり方については，安保法制成立に先立つ2015年4月27日に了承された「日米防衛協力のための指針」において確認できる。この「指針」は，日米両国間の安全保障および防衛協力について，まず，「切れ目のない，力強い，柔軟かつ実効的な日米共同の対応」「日米両政府の国家安全保障政策間の相乗効果」「政府一体となっての同盟としての取組」「地域の及び他のパートナー並びに国際機関との協力」「日米同盟のグローバルな性質」の5点を強調し，それに続けて，「日米両政府は，日米同盟を継続的に強化する」とうたっている。その協力は，「地域の及びグローバルな平和と安全のための協力」にまで拡大されているが，「この協力はまた，日米両国の平和及び安全に寄与する」ともされている。日米同盟を中心とする安保観が，集団安全保障観にも投影されている点は象徴的である。

結局，「集団的自衛権を含む武力行使容認」とは，「米軍への協力の強化」の正当化・実効化と同義ではないだろうか。安保法制懇報告書は，外形的には，従来の政府見解および憲法学の通説に対する法的な批判と，合憲解釈の内容変更による集団的自衛権の行使容認という，法的議論を展開している。しかし，その内実は，《集団的自衛権の行使容認による米軍への協力強化＝米軍による日本防衛の強化》という安全保障的な動機と関心に基礎づけられている。言い換えれば，その政策的・戦略的な「本音」が，法解釈をめぐる議論という「建て前」を基礎づけているからこそ，結果，いままでみてきたような法的には不整合なロジックに帰着したといえるのである。

第4節　日本の安全保障政策と国連の集団安全保障制度──関連性・対応関係

(1) 問題状況の整理

日本による「国連軍」・「多国籍軍」への参加は，法的に，そして安全保障上，どのように位置づけられるのか。まず，自衛隊の活動には，国内の根拠法が必要であり，かつ，その根拠法が国際法と適合していなければならない（安全保

障と合法性の合致の要請）。自衛隊は防衛相設置法と自衛隊法（「防衛二法」）により規律されており，さらに任務に応じて各種の特別法にも規律される。いわゆる安保法制が，10の改正法を束ねた整備法と１の新法から構成されていたことは，このことを如実に表している。

　そして国際法上は，「条約の不履行を正当化する根拠として自国の国内法を援用することができない」（条約法条約27条）というのが基本原則であり，仮に憲章に違反する軍事活動を実施した場合に，これが憲法には違反しないとの正当化が国際法上通用するかといえば，答えは否である。ある条約の批准にあたり，その条約義務を履行することが国内法違反を惹起するおそれがある場合，政府はそうした条約を批准しようとはしない（国内法と国際法の合致の要請）。

　次に，合法性の確保という観点からは，安全保障政策と国際法との対応関係についての区別をつけておくことも必要である。安全保障政策を「個別安全保障」と「集団安全保障」に分けた場合，現代国際法上は，前者には自衛権が，後者には憲章第７章が対応する。憲章上，国際社会の平和および安全の維持に関わる事態に対しては，加盟国に代わって安保理が実効的に対応することが期待されている。各国の自衛権行使が，「安全保障理事会が国際の平和及び維持に必要な措置を取るまでの間」に限り許容される暫定的かつ劣後的な措置として位置づけられていることも，それが故である。したがって，安全保障政策として，個別的自衛権および集団的自衛権の行使にもとづく二国間同盟と，憲章第７章にもとづく措置にもとづく集団安全保障とは，法的にも安全保障政策的にも混同・混在されうるものではなく，峻別されるべきものといえる。³⁷⁾

　以上をふまえ，当該問題状況を整理するための概念図を提示し，この概念図にもとづき，いままでみた学説や政府見解などのロジックを確認する。この作業の目的は，各ロジックにおいて相違する，憲法解釈と国際法解釈との整合・接合の諸相と，法と安全保障の整合・接合の諸相から，日本の安全保障政策における「国連軍」「多国籍軍」参加の位置づけを浮かび上がらせることにある。あわせて，図５-１の第１領域の立場の明確化も試みる。

（２）個別検討
　憲法学の通説は，「戦力不保持・非武装中立・自衛隊違憲」である³⁸⁾（図５-２）。

図 5-2 憲法学における法と安全保障の位置づけ

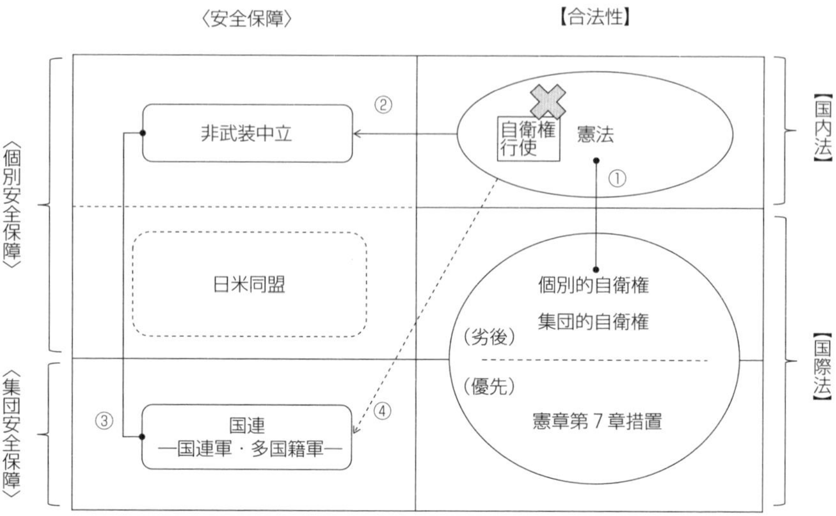

〈安全保障〉　　　　　　　　　　　　【合法性】

〈個別安全保障〉

② 非武装中立

自衛権行使　憲法　①

日米同盟

個別的自衛権
集団的自衛権
（劣後）
（優先）
憲章第 7 章措置

〈集団安全保障〉

③ 国連
─国連軍・多国籍軍─　④

【国内法】

【国際法】

出所：筆者作成。

　国際法との整合・接合という点では，武力行使違法化の流れや憲章の理念および規定をふまえたうえで，その通説的見解が導出・維持される（①）。そして，安全保障政策として導き出されるのは，「非武装中立」（②）であるわけだが，この政策が国連の集団安全保障制度（③）が機能することに依拠していたことは多く指摘されてきたところであろう。それをふまえての「国連軍」参加問題だが，自衛隊が違憲である以上，軍隊を拠出し武力行使を行うかたちでの「参加」は憲法解釈上排除される。その意味では，たとえ「許可」があろうと「多国籍軍」への参加は違憲となる。憲法上許容されるのは，非軍事的な「協力」（④）にとどまるからである。

　そもそも，憲法学において議論された当該問題は，国連加盟国として，日本が「国連軍」に参加することが義務づけられているのか，そして，参加自体が憲法上可能なのかという法的問題であって，その「参加」が日本の安全保障政策に寄与するかどうかという問題とは切り離されていたといえる。つまり，「国連軍」への日本の参加それ自体が，自国防衛に資するという考えはみられないということである。もちろん，憲法学が許容する日本の安全保障政策は，自主

96

防衛型ではなく依存型であり，依存するメカニズム（＝国連集団安全保障制度）が有効に機能することを前提としている。ただ，非武装中立政策における日本の安全保障にとっては，日本の軍隊が参加していない国連の集団安全保障制度が有効に機能することが重要なのであって，日本の軍隊による参加は重要ではないのである。

　従来の政府見解（図5-3）は，「自衛のための必要最小限度の実力」の保持は禁止されておらず，国際法との整合・接合という点では，憲法解釈上，9条1項では個別的自衛権の行使は許容されるが，他方，その最小限度を超える武力行使は許容されないため，集団的自衛権は保持しているものの，その行使は否定される（①）。安全保障政策は「専守防衛」であり，日米同盟の締結により，米国の防衛（②）に全面的に依存する。その後，片務性の解消という点から，基地負担の増大を含むさまざまな協力を行っている（③）。
　国連軍への「参加」問題については，日米安保条約の締結により，日本の安全保障上の位置づけの問題としては後景に退く。そのため，自国の安全保障とは切り離された，本来の集団安全保障制度への，国際社会の一員としての「協力」という側面で，参加問題が扱われていたといえよう（④）。「国連軍」への参加について，内閣法制局は，当初は厳しい条件の下でその可能性を否定してはいなかった。しかし，「国連軍」の制度化が失敗した状況において，「国連軍」参加問題は，「自衛のための必要最小限度の実力」を超える武力行使にあたるかどうかという議論へと収斂する。そして，最終的には，多国籍軍同様，武力行使任務の「国連軍」への参加も否定される見解が出されることになった。
　そして，湾岸戦争以後，当該問題の議論は，米国との関係性を考慮するという要素が非常に色濃く出たものとなっていく。それは，冷戦終結を受け，米国が国際秩序の維持に積極的に関与しようとしていた時代であり，米国が同盟国にも相応の責任分担の要求を強めていたという事情と結びついている。そのため，「国連軍」「多国籍軍」参加問題には，自衛隊の海外活動に係る憲法9条の制約をできる限り解除するための口実としての役割が加わることになる。自衛隊の海外派遣の正当化の議論においては，「国際協力」と「米国への協力」が，その背景状況に応じて複雑なかたちで顔を出してきたといえる。³⁹⁾

第Ⅱ部　国際社会への「貢献」とは何か

図5-3　従来の政府見解における法と安全保障の位置づけ

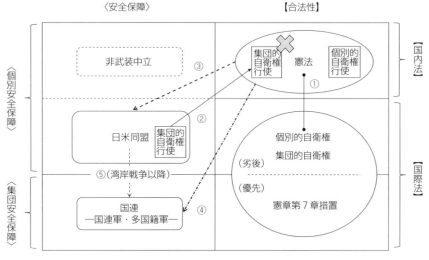

出所：筆者作成。

　従来政府が考えてきた戦後の日本の安全保障政策も，まさに依存型であり，依存するメカニズム（＝米国による防衛）が有効に機能することがその根幹にあることに変わりはない。憲法学との違いは，依存先が国連から米国に変わった点である。その結果，このメカニズムへのさまざまな「貢献」を通じて，自国の危機に対して当該メカニズム（＝米国による防衛）が有効に機能してくれることに期待せざるをえなかったといえる。安全保障と法との整合という点では，自国の安全保障政策のために依拠されるのは自衛権であって，集団安全保障制度にもとづく措置ではない。しかし，米国が国連の集団安全保障分野にも積極的に関わるようになると，日本の「協力」の範囲も連動して拡大していく。結果，こうした日本の安全保障政策の対米依存性と米国の政策転換により，安全保障と法との対応関係としては峻別される〈日米同盟－自衛権〉と〈多国籍軍－憲章第7章〉の境界（⑤）が，揺さぶられる状況が出現しつつあったといえよう。

　安保法制懇の報告書は，憲法学の通説のみならず，集団的自衛権の行使を違

98

憲としてきた従来の政府見解をも批判する。そして，安全保障の観点から，集団的自衛権の行使も「国連軍」への参加で問題となるような武力行使も，共に合憲と解釈する。基本的には，憲法改正によらず，解釈の変更により，自国の安全保障を拡充するための憲法上の制約の除去をめざすものであって，そこで重要な課題とされるのは日米同盟の強化である。安全保障政策としては，やはり依存型であり，依存するメカニズム（＝米国による防衛）が有効に機能することが重要であることに変わりはない。いや，むしろ，自国の危機に対して有効に機能してくれることへの期待に拍車がかかったものだったともいえる[40]。そうした問題関心においては，個別安全保障と集団安全保障との境目は曖昧化・融解し，「国連軍」「多国籍軍」参加問題は，「日米同盟強化」の枠内に包摂される。参加それ自体が，自国の安全保障に直接結びつくわけではない。しかし，この包摂ロジックでは，米国による防衛をより確実なものとするための「貢献」として，参加問題が再定位されているといえる。

　問題は，国際法との整合・接合および安全保障と法との整合という点である（図5-4）。先の2図との対比からもわかるように，出発点は，憲法と国際法との整合・接合を含む憲法解釈ではない。その事実上の出発点は，日米同盟の強化（①）である。日米同盟強化のためには，集団的自衛権の行使を含む武力行使に係る憲法上の制約を解除する必要があり，また，米軍が主導する多国籍軍への参加または協力を可能とするための憲法上の障害を取り除く必要がある，そのための憲法解釈と国際法解釈との整合であった（②）。

　この目的論的なロジック（①→②）のなかでは，国際法と国内法，安全保障と国際法との対応関係というものが軽視される。憲章第7章と自衛権との〈優先－劣後〉という位置づけは後景に退き，自国の安全保障政策のために依拠される自衛権，集団安全保障のための第7章措置という対応関係についても，まさに「切れ目のない」かたちで回収されている。憲法上の制約解除に対しては，その正当化事由として，「米国への協力」と「国際協力」とが代わる代わる顔を出してきたと先に述べた。ここでは，両者がより「切れ目のない」かたちで用いられているともいえる。

　したがって，法解釈の目的論的転回の結果として，基本的には他国防衛の法的権利である集団的自衛権行使と，本来は自国防衛を直接約束する枠組みでは

第Ⅱ部 国際社会への「貢献」とは何か

図5-4 安保法制懇における法と安全保障の位置づけ

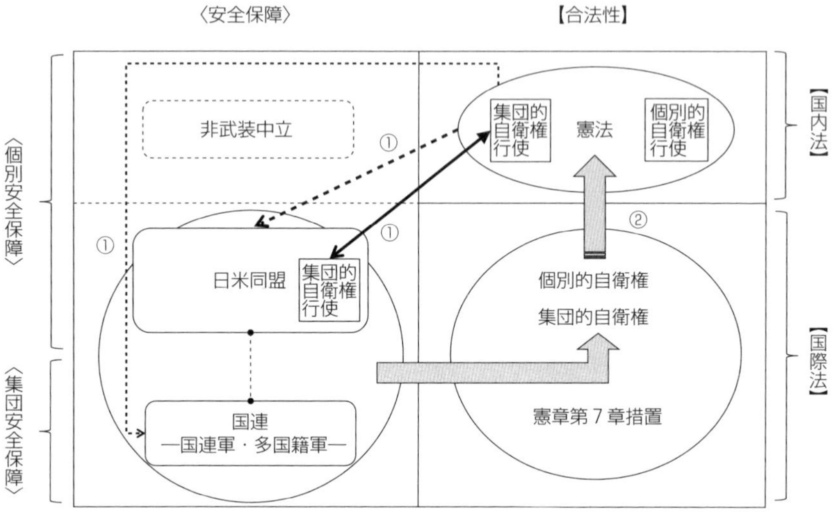

〈安全保障〉　　　　　　　　　　　　【合法性】

〈個別安全保障〉　　〈集団安全保障〉　　　　　　　　【国内法】　【国際法】

非武装中立　①

集団的自衛権行使　憲法　個別的自衛権行使

①　①　日米同盟　集団的自衛権行使　②

個別的自衛権　集団的自衛権

国連
―国連軍・多国籍軍―　憲章第7章措置

出所：筆者作成。

ないため，個別安全保障とは峻別される国連の集団安全保障制度への参加とが，自国防衛の依存対象たる米国との同盟強化の確保のためになされる「貢献」として位置づけられているのである。

　その点からすれば，「国際協調主義」や「国際貢献」をもって国際的な軍事的ミッションへの参加を正当化するロジックも，やはり額面どおりには受け取ることはできない。それは，日米同盟強化という目的から意図的に切り離された正当化だからである。国際的な軍事ミッションへの参加が，自国防衛強化・対米関係強化のための手段であるという実体的側面と切り離された主張は，非常に形式的な正当化であって，信頼性と説得力に欠ける。さらにいえば，そもそも当該参加問題が，はたして安全保障と法との整合の問題として適切に議論の俎上に載せられていたのかも疑問なしとはいえない。なぜ，両者の整合のための一施策として，憲法改正が議論の射程から排除されたのか。現に，あるべき国際協力と安全保障政策を推進するため，憲法改正を主張する論者もいる。[41] 従来の憲法解釈と，それを作り上げた内閣法制局や憲法学者を批判し，「あるべき」憲法解釈を提示・正当化する議論からは，この点に関しても説得力のあ

る説明がなされているとは思われないのである。[42]

　以上のことから，安保法制懇報告書にみられる法理解とは，「合憲解釈」との法的な外套をまといつつも，実質的には法軽視的または法道具主義的な論理が色濃いものであったと評価できよう。もちろん，法規範を柔軟かつ現実適合的に解釈すること，それ自体が問題なのではない。問題は，「法律学のルールとマナー」「法規範論理」[43]をふまえた議論か否かという点で，疑問符を付けざるをえないものだったということである。それが，図5-1にあるように，第3領域の法軽視的立場と第1領域の安保法制懇・現政権の立場とが，同一の位相角上に位置したことの本質的な意味である。これは同時に，中間領域を顕在化させるだけでなく，そこに伏在する問題構造をも表面化させる「位相角」モデルの有用性を示すものでもあったといえよう。

おわりに

　多くの国々同様，依存型の安全保障政策をとる日本にとって，その依存先のメカニズム（＝国連の集団安全保障制度あるいは米国による防衛）が実効的に機能することは重要である。そのため，「国連軍」「多国籍軍」への参加は，憲法問題，すなわち法的問題として扱われ，また政策問題，それも依存型の個別安全保障政策の問題としても扱われてきた。さらに，当該参加問題は，国際法上，個別安全保障に関わる自衛権の問題とは区別される，集団安全保障と憲章第7章に関わる問題であるにもかかわらず，近年，日本の安全保障政策上は，自国の安全保障と「連結」されたもの，もしくは「シームレス」なものとして位置づけられるようにもなっている。こうした複合的かつ錯綜した図式は，当該参加問題が，そもそも安全保障と法との整合・接合が多元的に求められる難しい問題であることを示しているといえよう。

　それだけに，当該問題の扱いには，慎重さと，それぞれの分野に対する深い理解が必要とされる。もちろん，「国連軍」「多国籍軍」に関する十分な理解も求められよう。安全保障への理解を欠く法的議論は，政治学者・安全保障論者から軽視され，また，浅はかな法的理解や都合のよい法解釈にもとづく政策論は，法学者から論外とされる。国連・多国籍軍の実体とは切り離された「国際[44]

協調」「国際貢献」による正当化は，政治的なレトリックにすぎないと批判されよう。

　日本の安全保障政策において，国連の集団安全保障制度をどのように位置づけるかという問題は，主として安全保障論・政策論の問題である。しかし，憲法および国際法との整合性を保つという視点を欠けば，こうした法と政治との複合的かつ錯綜的な関係性のなかに拘泥する。結果として，実効性を伴わない政策論へと帰着するのではないだろうか。法との適切な関係性を維持・模索することで，より現実妥当性のある安全保障政策論が発展することを期待してやまない。

注

1 ）　Security Council Official Records, Second Year, Special Supplement No.1, S/336 (30 April 1947), Article 14 (p. 3).

2 ）　いわゆる「朝鮮国連軍」を，憲章が想定した「国連軍」の実施事例とみなすことはできない。T. Lie, *In the Cause of Peace: Seven Years with the United Nations*, the Macmillan Company, 1954, pp. 333-334.

3 ）　この点，佐藤量介「国連安全保障理事会による『許可』をめぐる理論状況（ 1 ）（ 2 ・完）──権限委任アプローチと違法性阻却アプローチの批判的検討」『一橋法学』14巻 3 号，217-235頁，15巻 1 号，335-373頁を参照されたい。

4 ）　横大道聡「平和主義・国際貢献・集団的自衛権」『法律時報』86巻 5 号，2014年，46-47頁。

5 ）　芦部信喜『憲法学Ⅰ　憲法総論』有斐閣，1992年，255-261頁参照。

6 ）　法学協会編『註解日本国憲法（上）』有斐閣，1953年，213頁参照。ここでは，美濃部，宮沢，清宮などがあげられている。

7 ）　たとえば，佐々木惣一『改訂日本国憲法論』有斐閣，1952年，232-234頁。

8 ）　長谷部恭男『憲法〔第 6 版〕』新世社，2014年，58頁。

9 ）　木庭顕「日本国憲法 9 条 2 項前段に関するロマニストの小さな問題提起」『法律時報』87巻12号，2015年，54頁。

10）　芦部前掲書，278頁。

11）　佐藤功「自衛隊のいわゆる国連軍への参加と憲法第 9 条」清宮四郎・佐藤功編『続憲法演習』有斐閣，1967年，48-49頁。

12）　樋口陽一・佐藤幸治・中村睦男・浦部法穂『注解法律学全集 1 　憲法Ⅰ［前文・第 1条〜第20条］』青林書院，1994年，150頁，155-156頁。

13）　清宮四郎『憲法Ⅰ〔新版〕』有斐閣，1971年，110頁。同様の趣旨を述べるものとして，宮澤俊義『日本国憲法　法律学体系コメンタール編 1 』日本評論新社, 1955年, 163-168頁。

14）　清宮前掲書，112-113頁。

第 5 章　日本の安全保障政策における国連の集団安全保障制度の位置づけ

15)　同上，114頁。

16)　たとえば，横田耕一「日本国憲法と国際連合——『集団的安全保障』と『中立』を中心に」樋口陽一・野中俊彦編『憲法学の展望』有斐閣，1991年，425-445頁。

17)　横田喜三郎『戦争の放棄』国立書院，1947年，63頁。本書の論旨からして，ここで用いられている「戦争」の用語には武力行使も含まれると考えてよいだろう。

18)　横田喜三郎『朝鮮問題と日本の将来』勁草書房，1950年，188-205頁。横田前掲書，脚注17，77-78頁。

19)　高野雄一『高野雄一論文集 2　集団安全と自衛権』東信堂，1999年，289頁。高野雄一「憲法第 9 条——国際法的にみた戦争放棄」田中二郎編『日本国憲法体系 2　総論 II 』有斐閣，1965年，135頁。

20)　高野前掲書，脚注19，312頁。高野前掲論文，163-164頁。

21)　松井や最上も同様の立場と思われる。松井芳郎『国際法から世界を見る——市民のための国際法入門〔第 3 版〕東信堂，2011年，295-296頁。最上敏樹「良心的兵役拒否国の証のために」『世界』1990年11月号，23-34頁。

22)　その困難さにもかかわらず整理と紹介を試みたものとして，植木俊哉「 9 条と安全保障体制——国際法学の観点から」『ジュリスト』No.1260，2004年，82-91頁。

23)　安藤仁介「国際連合の活動と日本の対応——国際平和・安全の維持にかかわる実行を素材として」安藤仁介・中村道・位田隆一編『21世紀の国際機構——課題と展望』東信堂，2004年，232-233頁。

24)　村瀬信也「安全保障に関する国際法と日本法——集団的自衛権及び国際平和活動の文脈で」村瀬信也『国際法論集』信山社，2012年，259-260頁。

25)　浅田正彦「憲法 9 条と国際法——自衛権と武力行使をめぐって」『自由と正義』Vol.60，No.6，2009年，26-27頁。

26)　大沼保昭「護憲的改憲論」『ジュリスト』No.1260，2004年，153-154頁（傍点筆者）。

27)　同上，157頁。

28)　大沼の他にも「公共性」に言及するものとして，たとえば，浅田前掲論文，27頁，佐藤哲夫「国連による安全保障の70年と日本の対応」『法律時報』87巻12号，2015年，26頁。

29)　田畑茂二郎「集団的安全保障制度と第九条」清宮四郎・佐藤功編『憲法講義第 1 巻』有斐閣，1963年，251-252頁。

30)　本文書は1968（昭和43）年に外務省が作成した「国連協力法案関係文書」に収録されたもので，その後秘密指定が解除された。以下引用部分は，安保法制懇第 5 回会合（平成25年12月17日）内閣官房副長官補作成資料より抜粋。

31)　「安全保障の法的基盤の再構築に関する懇談会」報告書（平成26年 5 月15日），7 頁および脚注 7 （傍点筆者）。

32)　同上，8 頁および脚注 9 。

33)　同上，24頁（傍点筆者）。

34)　同上，10頁（傍点筆者）。

35)　この点，以下を参照されたい。松井芳郎「国連の集団安全保障体制と安倍内閣の集団的自衛権行使容認」森英樹編『集団的自衛権行使容認とその先にあるもの』日本評論社，

第Ⅱ部　国際社会への「貢献」とは何か

2015年，54-74頁。

36）　安保法制懇前掲報告書，22頁。

37）　集団的自衛権と国連の集団安全保障体制とを「対立・矛盾するものと位置づける傾向」を批判的に考察したものとして，森肇志「国際法における集団的自衛権の位置」『ジュリスト』No.1343，2007年，17-26頁。

38）　憲法は日本の安全保障方式について明記していないわけだが，憲法がいかなる形態の安全保障方式を採用したかについて憲法学者の見解が一致しているわけではなく，「非武装中立」と「集団安全保障方式」の関係についても曖昧な点があるとの指摘について，横田耕一前掲論文，425-445頁。

39）　本秀紀「軍事法制の展開と憲法9条2項の現在的意義」森英樹編『集団的自衛権行使容認とその先にあるもの』日本評論社，2015年，31-42頁。

40）　添谷芳秀『安全保障を問いなおす──「九条－安保体制」を越えて』NHK出版，2016年，144-160頁，189-206頁。

41）　たとえば，添谷前掲書がそうである。

42）　筆者の「法」に関する知識と理解からすると，篠田英朗が『集団的自衛権の思想史──憲法9条と日米安保』（風行社，2016年）において示した憲法および国際法の理解・解釈には，疑問を感じることも少なくない。細谷雄一『安保論争』（筑摩書房，2016年）における法理解・解釈への疑問は尚更のことである。

43）　藤田宙靖「覚書──集団的自衛権の行使容認を巡る違憲論議について」『自治研究』92巻2号，2016年，25頁。

44）　この点，佐藤量介「国連憲章第7章の措置によるグローバル・ジャスティス実現の道程」『世界法年報』34号，2015年，82-110頁を参照されたい。

第Ⅲ部───「両義性」をどうとらえるか

第6章 デュアルユースの政治論

科学研究と安全保障はいかに向きあうか

齊 藤 孝 祐

はじめに

2014年に防衛省が発表した防衛生産・技術基盤戦略は，防衛産業セクターの衰退が日本の安全保障に与える影響を懸念し，装備品の国際共同開発・生産体制への参画を加速させ，同時に国内の技術基盤を維持・強化することをめざすものであった。そこでは，デュアルユース技術の利用を積極的に進めるほか，そのために企業や大学等に資金を投下し，民生ベースの先進技術の把握・取り込みを行うことが示唆された。また，防衛省を含む省庁間連携を充実させることによって，安全保障を目的とした研究開発を推進することも重要な課題とされている。[1]

いわゆる防衛省の「競争的資金」として登場した安全保障技術研究推進制度は，このような取り組みが具体化されたものの１つであった。同制度は，「防衛装備品への適用面から着目される大学，独立行政法人の研究機関や企業等における独創的な研究を発掘し，将来有望である芽出し研究を育成するためのファンディング制度」である。それは基礎研究への投資を想定しながらその成果を防衛省の研究開発フェーズで活用することに加え，「デュアルユースとして委託先を通じて民生分野で活用されることを期待」するものであった。[2]

この制度が発表されたことによって，日本国内ではその賛否をめぐる議論が巻き起こった。とくに日本学術会議では，「安全保障と学術に関する検討委員会」を立ち上げ，日本の科学者コミュニティがいかなる態度を示すべきかについて討論を繰り返した。また，野党の一部から反対の声が上がっているほか，メディアの注目度も高く，賛否を問わず政府や大学の態度が注視されるとともに，明確に反対の論調をとる報道もなされている。

科学研究と安全保障の関係をめぐるこうした現状をスナップショット的にとらえるならば，戦後日本で展開されてきた「左右対立」の構図と一致するようにもみえるし，ある面では与野党間でこの問題が争点化されてきたことは間違いない。しかしそもそも，学術的営為を制度的に安全保障領域に取り込んでいこうとする態度は，本章でも論じるように，近年までそれほど積極的に政策化されてきたわけではなかった[3]。だとすれば，科学技術の軍事利用をめぐる政治対立は，今日に至るまでいかなるかたちで展開されてきたのか。また，そこで見落とされてきた論点は何だったのか。本章では，日本の安全保障政策をめぐってこれまで展開されてきた戦略的要請と反軍国主義規範の衝突という対立軸を本書の枠組みに従って二次元的にとらえ直し，論争の構造を明らかにする。

第 1 節　分析枠組み

(1) 戦略的要請と反軍国主義規範

国際政治の領域において，科学技術がしばしば国家のパワーの源泉の 1 つとして扱われ，それゆえに戦略的な意味合いを強く帯びた要素であることは論を俟たない[4]。仮に国家が安全保障上の利益を実現することに高い優先順位を置き，そのために必要な国内資源を集約しようとするならば，国内に存在する科学資源を積極的に利用する強い誘因をもつことになる。また，技術的成果は費用対効果から考えれば，一般的には用途が広がるほど大きな利益を得ることができる[5]。その領域は，科学的知見の発展はもとより，安全保障分野への適用や産業競争力の向上，あるいは財政効率化への波及効果なども含めて，複数の公共政策分野に広くまたがる[6]。

他方，科学技術の軍事利用には，別の観点から否定的な立場が表明されることがある。とくに戦後日本の安全保障政策の文脈では，しばしば平和国家としてのアイデンティティを背景とした規範の影響が重視されるが，科学技術と安全保障の関係をめぐる論争においてもそれは例外ではない。こうした議論を裏づけるかのように，近年の問題についても，デュアルユース技術の発展という現状を認めつつ，規範や歴史的経緯（太平洋戦争時の科学者動員への反省），あるいは憲法 9 条の理念に言及しながら科学研究と安全保障の接近に反対する論者

も存在する。[7]

　これらを論争の両極とするならば，その対立軸は日本の安全保障問題をめぐる一般的な左右対立の構図と重なってみえるものである。だがそもそも，この問題に関連するアクターの利害や信念のすべてが，こうした左右対立の論理に回収されるわけではない。とくに，しばしば問題となる学問の自由や健全な科学の発展への要請は，反軍国主義規範の論理的必然ではないし，逆に戦略的推進論がただちに自由の制約を意味するわけでもない。むしろそれは，安全保障政策をめぐる政治的立場にかかわらず，科学者コミュニティ独自の利益や信念によって構成される。[8] 一次元の二項対立では，それがあたかも左＝反軍国主義規範の遵守と右＝戦略的要請の充足の問題にすべて回収されるかのように表現されてしまうことになる。

（2）二次元への展開

　昨今の政策転換を，防衛産業のすそ野拡大をめざすものと理解するならば，多様化するアクターの論理をどのように切り分け，整理し直すかが重要な課題となる。この問題にアプローチするために，ここでは本書共通の枠組みに依拠しながら反軍国主義規範と戦略的要請の関係を二次元的にとらえ直し，理念系として次の4つの領域を設定することにしたい（図6-1）。まず，戦略的推進の論理（第4領域）では，安全保障の観点からいかにして国内の科学資源を活用し，戦略目標の実現をめざすかが課題となる。本章の問題において，科学的知識や国内研究機関，研究者などは，こうした目標を実現するために必要な要素としてとらえられる。これに対して，反軍事化の論理（第2領域）においては，日本国憲法や過去の歴史に根差す反軍国主義規範が前面に打ち出される。これらの規範的態度は，戦略的要請のいかんによらず，その平和主義志向ゆえに科学と安全保障を接近させるべきではない，との主張につながる。

　これら2つの領域は伝統的な左右対立の構図と重なるが，すでに述べたように，この問題をめぐって表明される論理のすべてが，戦略的要請または反軍国主義規範に由来するわけではない。とくに研究開発や生産を担うアクターは，これらのいずれの根拠にもよらず，独自の利益や信念を主張することがある。それには，学問の自由や歪曲の回避，個々の組織運営上の問題などが含まれ，

図6-1 科学研究の取り扱いをめぐる位相角

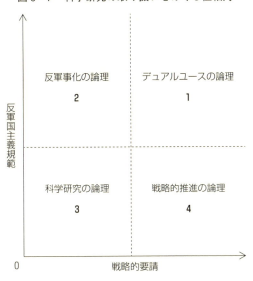

出所：筆者作成。

しばしばその実現のために活動することになる。本章ではこの領域に該当するアクターがほぼ研究者・大学と重なるため，便宜的にこれを「科学研究の論理」とラベリングしておく（第3領域）。[9]

最後に，上記3つの領域の要素に言及するのが，「知の利用論」とでもいうべき領域（第1領域）である。本章の文脈では，これを「デュアルユースの論理」と言い換えたほうがわかりやすい。科学研究の論理とは知の取り扱いという意味では角度を共有しつつ，用途ベースの議論の可否，あるいは科学知にどのような社会的意味を与えるかが問題となる点で，決定的に異なる意味合いをもつ。また，それは特定の科学知を「使わない」ことを前提にしている際には発生しえない領域である。その領域の性質を決定する過程において，反軍国主義規範と戦略的要請の影響が強く表れることになる。

もちろん，このようなかたちで論理の領域を切り分けることが，すなわち現実的にもそれぞれの主張が独立して存在していることを意味するわけではない。しかし，このような4つの領域を理念型として設定することで，戦略的要

第Ⅲ部 「両義性」をどうとらえるか

請と反軍国主義規範がそれぞれもたらす対立軸に加えて，一次元的な二項対立で左右両極の論理に吸収されがちであった議論＝領域の独自性をより明確に析出することが可能になる。以下ではこのような整理にもとづいて，戦後の争点を分析していく。

第 **2** 節　デュアルユース問題の萌芽

（1）原子力の平和利用と軍事化への懸念

　戦後，日本の学術研究基盤を再建することがめざされるなか，それと軍事的な活動をいかにして切り離すかという問題意識は早い段階から示されていた。このことは，1950年に日本学術会議から早々に「戦争を目的とする科学の研究には絶対従わない決意の表明（声明）」が出され，科学者の「戦争への関与」が否定されたことにもみてとれる[10]。

　国会でも，一般論として科学研究と安全保障の接近には否定的な論調がとられていた。たとえば1951年，戦後の学術・産業振興を図るべく，民間学術研究機関の助成に関する法案が提出された際，その重要性には与野党含めた賛意が示される一方，それが軍事化し，あるいは軍需産業に流れていくことには危惧が示された[11]。こうした懸念は，科学の戦争協力をめぐる「反省」にもとづいたものでもあった。日本共産党の渡部義通は，第二次世界大戦における科学研究と軍事の関係について，「科学者がその意思さえもある程度無視されて，戦争協力をせしめられた」こと，そして「科学の進歩どころではなくて，元も子もなくなるのだという非常に深刻な反省が，科学者によってなされた」ことを指摘し，日本学術会議の声明に理解を示している[12]。

　こうしたなか，科学技術のデュアルユース性が問題となっていく。それがまず強く顕現したのが，原子力分野であった。一方で，原子炉建造予算の編成に際しては，早々に軍事化への警戒論が提出された。社会党の小平忠は，原子炉は原子力研究を経て「戦力と結びつく危険性」があり，平和利用を前提とした原子力の国際管理が絶対に必要との立場をとっていた[13]。他方，経済審議庁長官の愛知揆一は原子力利用のあり方について，「私どもは一営利会社等の研究助成等に流用されたり，或いはこれが軍事上の目的に使われるというようなこと

は断然抑えて参るつもりでありまして，予算書の上にも特に平和的工業的利用という文字をはっきり出しましたのもその配意の一つ」と述べる[14]。

　このような主張は，必ずしも党派性を帯びたものではない。たとえば，共産党の須藤五郎は，当時の国際情勢に鑑みて原子力の軍事利用にまつわる国民の不安や危険を排除すべきとの立場をとりつつ，平和利用の観点からの原子力研究には賛意を示した[15]。同様に，自由党の田中啓一はエネルギーや産業政策の観点からは原子力研究を積極的に進めるべきとの立場をとりつつ，やはり原子力の軍事利用には忌避感を表明している[16]。原子力の平和利用によって公共政策上の便益が得られるかどうかは，与野党問わず検討すべきものであったが，同時にそこには，原子力の軍事利用は厳に慎むべきとの共通理解があったのである。かつ，政府も予算書への明文化を通じて，こうした態度に一定のコミットメントを示そうとしていた。つまりそこに，左右の対立軸に回収されるような大きな論争が発生していたわけではなかった。

　しかしそれとは別に，物理学者の藤岡由夫は，外国との関連で成果が軍事利用されていくことや，戦時中のような科学の統制，あるいは研究の秘密化への懸念が，科学者コミュニティのなかにあることを説明している[17]。こうした懸念は，実際に米国による濃縮ウランの提供が問題になった際に国会でも指摘された。社会党の成田知巳は，原子炉用濃縮ウランの配分を受けるには，「日米双務協定を結び，機密保持の制約を受けることが明らか」であると指摘し，これによって研究の自主性・公開性，民主性の原則が脅かされ，日本における「言論と学問の自由への大きなる制約（原文ママ）」が課されることへの懸念を示した[18]。学問の自由に代表される科学研究の論理は，当初から戦略的推進の論理に反対する立場と結びつくかたちで，争点の一角を形成していたのである。

（2）航空宇宙分野におけるデュアルユース問題

　原子力の問題は，単に科学研究と安全保障の関係をめぐる規範だけでなく，「被爆の記憶」に由来する反核意識といった，その技術がもつ特定の背景とも結びついていたのかもしれない[19]。では，そうではない分野はどうか。戦後の比較的早い段階で予算が拡大していった航空宇宙技術の研究は，ロケットやミサイル技術の急速な高度化に伴い，軍事化への懸念が同様に高まっていた分野で

第Ⅲ部　「両義性」をどうとらえるか

あった。たとえば，1955年には航空技術研究所（改称，統合を経てのちにJAXA）が設置されたが，その際には日本の科学者が納得しないままに軍事科学の研究が進められているという批判のもと，同研究所の設置について日本学術会議の十分な諮問を得ないまま予算が計上されたことに懸念が示された。[20]　社会党の矢島三義はこうした状況について，宇宙研究に莫大な費用が投じられることで他の基礎研究予算が圧迫され，その結果として「学者は研究費欲しさに，ロケットとかそういうものの研究に頭を突っ込んでいかざるを得なく」なると指摘し，「軍事科学が優先ということが出てくる可能性」が相当にあるとの立場をとった。[21]

　当時の中曽根康弘科学技術庁長官は，宇宙技術開発があくまでも平和目的であり，軍事的な秘密等を盛り込まずに自主，公開の下で運営されることを強調している。[22]　しかし，こうした非軍事志向を維持しながら政府が展開した議論として，ユーザーの切り分けによる整理が登場する。つまり，「誰が」宇宙研究に携わり，その成果をどのように使うのかという点が争われるようになったのである。航空宇宙分野の軍事化を批判する社会党の岡良一は，宇宙科学振興関係予算が富士精密や川崎航空機，新三菱に投じられていることを指摘したうえで，これらの企業が同時に防衛庁からの委託研究や試作を請け負い，ミサイルの研究に関与していることを問題視した。岡によれば，このような重なりは「いかに平和利用と言われても，一方ではミサイル研究と事実上同じもの」を意味する。[23]　また，岡の議論は企業の研究開発における軍民の線引きだけでなく，大学の役割にも及ぶ。そこでは1950年の日本学術会議声明が参照され，「宇宙科学振興に名をかり，また平和利用に名をかりながら，事実において大学の教授や大学の研究室が軍事的な目的のために利用される機会を与え，かつ，機会を広げていこうという政策になるならば」，宇宙科学振興にも疑義をもたねばならないとの姿勢が示された。そのうえで，政府の意思によって科学技術が軍事目的に転用されるならば，「それは明らかに憲法違反」であると述べた。[24]

　このような指摘に対して，中曽根は防衛庁の合憲性から議論を出発させる。すなわち，「防衛庁は違憲にあらずということで，防衛に関するある程度の自衛力の装備は合憲であるということから，その防衛力の研究も憲法の範囲内でやっている」という議論である。中曽根は，「世界が平和になって，科学技術

庁の仕事だけを富士精密も三菱も受けるというようになる時代が来れば，一番ありがたい」としつつも，現状ではやむをえないとの立場をとった[25]。さらに中曽根は，科学技術庁としては「宇宙科学技術の開発は純粋に平和の目的に限りまして，その点はよく注意をして進みたい」と述べ，「私に関する限りは，この宇宙科学技術というものは，平和の大筋を通すということを，あくまで責任を持って推進」すると答えている[26]。

　とはいえ，中曽根はあくまでも科学技術庁の立場から上記の答弁を行ったのであって，必ずしもあらゆる官庁が軍事利用に向かわないことを確約したわけではない。中曽根は国会において防衛庁によるロケット研究の軍事利用の可能性について問われた際，科学技術庁としては平和利用にかたく限定してロケットエンジンや燃料の研究に取り組んでいくと述べる一方，「防衛庁には防衛庁の」考え方があり，学会などで公表された論文を「防衛庁が利用するということはあり得るかもしれない」との見解を示した。「ちょうど空気を軍人が吸っても，あるいは民間人が吸っても，やはり同じ空気なんで，使いようによってどうにでもなるというわけで，空気を吸っちゃいかぬということは言えない」との立場である。ここで示された中曽根の主張は，学術的成果は可能な限り公開し，すべてを利用できるかたちにしたうえで，「それをどういうふうに利用するかということは，政治家が国民の意思によって」決めるべき，というものであった[27]。

　航空宇宙技術の文脈においてはもう1点，1960年代に生じたカッパロケット関連技術の輸出に際して，武器輸出の可否が政治論争化したことが影響している。カッパロケット自体は東京大学が研究していたものであり，武器として設計されたわけではなかったが，その技術がインドネシアやユーゴスラビアに輸出された際に，輸出意図に反して軍事転用される可能性が問題視され，国外における成果利用をいかに制限するかということが論点としてあがったのである[28]。社会党の田中武夫はこの問題について，ロケット技術の移転が「純学問的にはいい」としつつ，そのような学術的成果にもとづいた「商売をやる」，しかもそこに相手方の利用に何ら制限が設けられないことは問題であると述べた[29]。このような懸念に対して，科学技術庁長官を引き継いだ上原正吉は，武器輸出であればチェックが必要だが，日本の輸出品はCOCOMにもとづいて通商

第Ⅲ部　「両義性」をどうとらえるか

産業省が管理しており，いまのところはそれで十分ではないかと答えている。[30]

　この問題への対応自体は武器輸出三原則として整理され，ユーザーの性質によって輸出先をコントロールする（後に包括的に慎む）こととなるが，いずれにせよ，与野党を通じて航空宇宙分野の成果利用の問題について，科学技術を安全保障上の目的で利用していくことに強い反発があったことは確かである。しかしそこで政府は，一般科学研究における軍事化の意図はないとの立場を維持しつつ，それがその他のユーザーにどのようなかたちで使われるかはアプリオリに決まらない，との立場も打ち出すようになっていた。このことは，科学研究の成果が戦略的要請にもとづいて利用される「可能性」に対して，政府がコミットメントを後退させつつあったことを意味していた。[31]

第3節　軍事組織による活動との距離

(1) 極東研究開発局の資金問題

　原子力や航空宇宙分野でそれまでに問題となってきたのは，科学研究，あるいは民生目的の研究が軍事転用されることの是非だった。これに対して，米国陸軍の極東研究開発局による資金問題を通じて提起されたのは，軍事機関が助成元となる科学的行為は軍事利用とどのように関わるのか，という論点であった。1967年5月，日本物理学会が主催する半導体国際会議の実施に際して極東研究開発局から8,000ドルの補助金が拠出されたことが報道された。半導体国際会議実行委員会の事務局長を務めていた鳩山道夫は，これについて「会議の独立性を失わなければいいだろうと実行委員会で判断」し，同資金を「アメリカから招待した学者の旅費だけに使ったことでケジメをつけたつもり」だと述べている。[32]しかしこのことは，科学研究と軍事機関との関係についての論争を激化させた。

　物理学者の小野周はこの問題を，軍関係の機関からの資金を受け取ったこと，その受領手続きが不透明であったことの2点において憂慮すべきであったと整理しているが，[33]とくに野党が問題視したのは，日米安保を背景に「米国陸軍が金を出して」いることであった。[34]社会党の松本七郎は，こうした資金提供が「決して純粋にして自由な科学研究のための援助ではなく，米国陸軍の特殊の意図

と利用価値から出たものであることは明々白々」と主張した。[35] このような批判に対して，佐藤栄作首相は外国政府や軍からの資金提供には慎重であるべきとの認識を示しつつも，学問や研究の自由という立場から考えれば，結局はこのような問題へのスタンスは研究者の良識や自由な判断によって決まるものであり，政府がこれに積極的に干渉するような考えはないとの見解を繰り返している。[36] この問題に対する政府の立場は，学問の自由を守ることが重要であると同時に，その意味において「今日まで学者の自主性にまかして（原文ママ）」やってきたというものであった。[37]

　この議論の過程において，与野党ともに軍事組織からの資金提供にもとづく科学研究に否定的な態度を示していたのは確かである。しかしそこでは，結果として軍事利用が進み，科学研究の論理が脅かされていく「可能性」を問題視する野党の主張とは裏腹に，政府の立場は同じく科学研究の論理にもとづいて学問の自由の下で個々の判断を科学者自身にゆだねるものであった。そのような立場は，科学者コミュニティでもある程度やむをえないものと考えられていたようである。極東研究開発局の問題は，日本学術会議による1967年の「軍事目的の科学研究を行わない声明」に帰結した。[38] しかし朝永振一郎は国会において，資金の出どころに加えて「内容」の区別について言及しつつ，そのなかで研究費の管理についてはやはり研究者の良心に任せざるをえないと答弁している。[39] このような議論は，当該問題をめぐって科学者コミュニティ自体がどのようにふるまうのかということだけでなく，政治がいかなるかたちで科学研究の論理と向きあうのか，という問題へと展開していく。

（2）日米間協力の深化がどのような結果をもたらしうるか

　科学研究が安全保障と結びつくことを否定する態度は，基本的には左右双方に共有されており，それゆえにこの問題が戦略的要請の観点から議論されることは，少なくとも表向きにはほとんどなかった。そうしたなか，1980年代には対米武器技術供与をはじめとする日米間の安全保障技術協力の問題が議論に影響を与え始める。日本は1967年以降，武器輸出三原則（等）を掲げ，海外への武器や関連技術の移転を控える立場をとってきた。しかし，そのような態度は，1983年の対米武器技術供与に際して，早くも緩和されることとなる。対米武器

第Ⅲ部　「両義性」をどうとらえるか

技術供与の文脈で軍事を目的とした知の移転が懸念されるようになるなか，科学研究と安全保障の接近の問題も，このような文脈に引きつけられていったのである。

　たとえば民社党の三浦隆は対米武器技術供与をめぐる議論を背景に，基礎研究であるとしても，それは研究の仕方次第では「いつでもこれは軍事的なものに利用される色彩を持っている」ことを指摘したうえで，将来的に「軍学共同研究」が大きな論議を呼ぶことを見通し，文部省に対してこの問題についての検討を求めていた[40]。しかしそうした懸念のなかでも，大学などにおける研究が米国の軍事目的に沿って利用される可能性は，政府の立場からは否定されている。文部大臣の瀬戸山三男は，基礎科学の充実が重要課題であると前置きしつつ，それによって軍事面の研究をする，あるいは「軍学共同」研究を行うということはまったく考えていないとの見解を示していた[41]。

　安全保障面での対米協力拡大が科学研究との関係でさらに注目を集めるようになったのが，SDI研究への参加をめぐる問題であった。政府はSDIへの理解を示したうえで国内外の調整を進めていたが[42]，野党からは反対論が噴出しており，学術の軍事利用への懸念もそこに含まれた。たとえば，物理学者であり，公明党所属の参議院議員でもあった伏見康治は，SDIのような軍事研究に参加することによって，情報秘匿の問題が発生し，学問の自由が損なわれること，また，米国から軍事目的での日本の研究者への勧誘が発生することを懸念し，「政治的に何らかの意味で防護」する必要性を主張している[43]。つまり，政府が学問の自由のもとに研究者に判断を任せるだけでなく，結果に対してもコミットメントを示すよう求めているわけである。

　文部省や科学技術庁は，SDIと対米武器技術協力の関わりはなく，大学の研究者が軍事研究を行うことは考えられないと説明していたが[44]，共産党の山原健二郎は米国国防総省が「SDIなど新たな軍事戦略システムを開発する上で日本の高度な汎用技術に注目し，軍事転用をねらっていると思われる節」があると述べ，その該当技術には日本の民間企業はもとより，国の研究機関や大学でも研究が行われている分野が含まれると指摘している。このような危惧にもとづくならば，いかに軍事的な研究はしないといっても，「汎用技術の面からここが侵食をされていって，いわゆる軍事的研究に巻き込まれていく可能性が十分

にあるというふうに認識をせざるを得ない」ということになる。[45]

第**4**節 研究開発制度の強化と安全保障

（1）研究交流促進法案をめぐる論争

　科学研究と安全保障の関わり方をめぐる問題は，深化する日米間協力の影響を受けながら個々の事案を超え，より全般的な科学技術制度の立てつけに関する問題としてフレーミングされるようになっていった。この時期に論じられていたのが，研究交流促進法（研究開発力強化法の制定に伴い2008年に廃止）における軍事機関の研究者任用の問題であった。「誰が」研究に関与するのかという問題が引き続き俎上に載ったのである。同法案は，国と国以外の機関に所属する研究者間の交流を促すとともに，施設の共用を促進させることによって，科学技術に関する試験や研究開発を効率的に加速させることをめざしたものであった。その対象となる「研究公務員」の定義に防衛省の職員が含まれたことが（第2条第3項），結果的に軍と民間の技術開発の結びつきを促すのではないかとの懸念を呼んだ。[46]

　他方，少なくとも公には，研究交流促進法案をめぐる政府のねらいは，乏しい資源の効率的利用による科学技術の振興という点にあった。[47]こうした趣旨自体に疑問が投げかけられるわけではない。問題とされたのはあくまでも，「自衛官である研究者の行う研究の性格についてどう考えているか」という点であった。社会党の稲村稔夫は「自衛官の行う研究というものは，そもそもが平和目的の利用という範囲からはみ出すものにほかならない」との前提から出発し，「自衛官という身分と職責は，軍事目的あるいは軍事的応用に全く関係ない研究に従事することができない立場にあるはず」である，したがって，同法案にもとづいて外国との共同研究に自衛官が参加することは「必ず軍事目的と結びついている」のであり，SDIへの参加の布石ととられてもやむをえない，との議論を展開した。[48]さらにその懸念は，学問の自由の問題にも及んだ。自衛官の研究者とともに一般の研究者が共同研究に参加した場合，そこに軍事目的があるならば，軍事機密の影響を受けるのではないか，との危惧である。[49]

　こうした批判に対して中曽根首相は，研究交流促進法案の目的を「自衛官が

第Ⅲ部 「両義性」をどうとらえるか

参加する国際共同研究を含め，国として現在行うことができる国際共同研究を
さらに円滑化するため，法制上の隘路をなくすことを一つのねらいとするもの」
と説明し，自衛官の関与自体を否定しない。中曽根によれば，この目的を達成
するには，「科学技術を研究する国の公務員である自衛官を差別することが適
当であるとは思」われず，また，そこに憲法上の問題が生じるわけでもないの
である。また，同法案はこのような一般的な性格をもつものであり，SDI研究
のような特定の研究の推進を意図したものではない，とも説明された。なお，
防衛庁が関与する共同研究のなかで，非軍事研究というのは法律的に存在しえ
ないという批判が繰り返し提起されることとなるが，汎用技術分野においては
それが可能であり，また，防衛庁における他分野との共同基礎研究というもの
は必ずしも否定されるものではない，というのが政府の立場であった。

（2）日米科学技術協力協定への疑念

　科学研究に誰が関わり，その結果としてどのような用途の広がりをみせるの
かという問題は，対外的な研究開発制度のあり方の検討に際しても問われるこ
ととなった。科学技術協力協定は，過去の日米間協定を更新し，両国が互恵的
に科学技術研究を促進することをめざすものであったが，そこには，「国防上
の理由により秘密とされた情報及び機材がこの協定に基づく協力活動において
は取り扱われない」ことと同時に，「適用可能な国内法令（安全保障に関連する
ものを含む。）に合致した，情報の可能な限り広範な普及」を促すことが明記さ
れた。この背景には，1980年代に加熱した日米経済摩擦のもとで米国が安全保
障分野への技術還元を求めていたことがあり，日本国内では結果的に研究成果
が安全保障と結びつけられていくことへの警戒が強まっていた。

　並行して，「防衛目的のためにする特許権及び技術上の知識の交流を容易に
するための日本国政府とアメリカ合衆国政府との間の協定」（五六協定）の第3
条，秘密保持に係る条項を具体的な実施に移すことをめざして日米間の調整が
行われていたことも問題の政治化を促した。防衛庁は五六協定について，装備
品に占める先端技術の割合が拡大しているとの問題意識のもと，日米間でも防
衛技術の相互交流を加速させていく必要が認められるがゆえに，その一環とし
て「日米両国が保有する防衛の関連技術を最大限交換するという見地から，米

国の秘密特許資料を我が国に導入する問題についても現在日米間で調整をしておる，そのための具体的方策について協議をしている」と説明している。[55]

　これらは異なる対外協定ではあるが，共産党の吉井英勝はこれらにおける「安保条項」の導入や秘密特許化に反対の立場を示し，こうした動きが「日本の科学技術の公開性の大原則を根底から突き崩す」ことになるとの批判を展開した。[56] 同様に柴田睦夫は，科学技術協力協定に安保条項なるものが挿入されることで，自由な研究交流が阻害され，科学技術研究にも秘密保護という制約がかかることを懸念した。[57] 日本学術会議はこのころ，科学技術協力協定の改定によって科学者の研究・発表の自由や身分保障が実質的に制約されることへの懸念を声明のかたちで発していたが，[58] 佐藤昭夫はSDIへの参加や科学技術協力協定の安保条項が，日本の学術研究の軍事化を急速に進めようとするものであるとしたうえでこの声明を引き，「学者，研究者の総意に沿って安保条項を撤回すべき」と主張している。[59]

　こうした懸念に対して竹下登首相は，日本学術会議声明について十分承知しているとしつつ，学問の自由が尊重されるべきであることは当然と答えるにとどまっている。[60] 外務省は，科学技術協力協定については研究の自由等の諸原則が大切であるということは十分認識したうえで対米交渉に臨んでおり，懸念されるような内容が新協定に盛り込まれることはない旨を述べた。と同時に，ここで使われている安全保障という言葉が，日本の法制度を変えるような趣旨で用いられているわけではないとも明言している。[61]

　このように，科学研究と軍事組織とのつながりが発生することによって，野党は秘密化や軍事化を通じて学問の自由が阻害されうることを批判する一方，政府はそのような意図を否定し続けるという構図が依然として成立していた。ただしそこで，研究の効率化という観点から防衛庁も含む研究活動の円滑化が打ち出されるなど，政府による政策合理化の射程は広がりを見せ始めていた。科学研究の論理を侵害しないという前提のもと，しかし反軍国主義規範を標榜する立場からすれば許容できないかたちで，政府の追求する技術マネジメントのあり方にも変化が生じ始めていた。

第Ⅲ部 「両義性」をどうとらえるか

第 **5** 節 対立軸の変容とその反作用

　これまでにみてきたように，戦後長らく，科学研究と安全保障を接近させることへの消極的な態度は，与野党で共有されてきた。しかし，2000年代に入ると，政府のスタンスには変化が生じ始めた。防衛大綱に民生技術の活用が明示され[62]，宇宙基本法の制定に際してもそれまで「平和の目的に限る」とされていた宇宙利用について，「安全保障に資する」ことを目的とする文言が含まれるようになった[63]。

　民主党政権下の2011年にも，防衛省内で大学の技術利用に関する検討が行われており[64]，このような変化は政権の性質のみに起因するわけではない。戦略的要請という視点からみれば，むしろ国内外の環境変化がこれをよく説明する。そこには，産業のグローバル化や軍事技術の高度化に伴う装備品の価格高騰や先端技術へのアクセス確保の問題，また，それを実現するため必要な予算の縮小，さらにはその結果として生じる防衛産業技術基盤の縮小など，複数の要因が連鎖的に日本の防衛装備問題を悪化させているという事情があった。

　2013年に発表された国家安全保障戦略ではこうした背景のもと，「産官学の技術力を結集させて，安全保障分野においても有効に活用する」ことが明記され，一般的な研究開発の成果を安全保障に波及させようとする意図がより明確に示されるようになった[65]。冒頭で述べた防衛生産・技術基盤戦略，そしてその１つの帰結である安全保障技術研究推進制度は，こうした漸進的変化が，科学者コミュニティに対してより明確かつ直接的な接触を図るものとして，そしてそれゆえに政治的に先鋭化しやすいかたちで制度化されたもの，と位置づけることができる[66]。しかし，そこに生じている論争が，戦略的要請と反軍主義規範の間の二項対立のみによって成り立っているかといえば，そうではない。

　一方で，同制度への反対論は根強く，そこで憲法９条に言及されることも多い[67]。しかしそれだけでなく，野党の反対論では自由な研究や判断を阻害する環境的な背景として，近年の大学関連予算の削減がしばしば問題視されるなど，そこには科学研究の論理との強い紐帯がみられる[68]。また，日本学術会議の声明は，委員会での検討過程で浮上した憲法論や安全保障論，あるいは公共政策論

的な要素に触れず，科学研究の論理を前面に押し出したものとなった。そこでは，研究の公開性や自主性を重視し，防衛省の研究においてはそれを脅かす政府の介入を招くと判断された。そのうえで，大学等の研究機関は自らの管理責任を果たすべく，独自の審査制度を設けることが推奨され，それによって研究の自由を保護する姿勢を保とうとした。[69]

　他方，政府も必ずしもむき出しの戦略的推進論を打ち出しているわけではなく，あくまでもデュアルユースの論理に沿ったかたちで政策を展開している。その際，少なくともレトリックの上では，政府の立場は依然として科学研究の論理を尊重するものとなっており，安全保障技術研究推進制度においても，秘密性や研究内容への介入は明確に否定される。[70]反対論があくまでも科学研究の論理を尊重することに主眼を置くのであれば，その部分においては防衛省の立場とも一致しているようにもみえる。にもかかわらず生じている見解のずれは，結局のところ，各アクターの強調する利害や信念の差異はもちろんのこと，政府に対する信頼性の問題としても表明されることとなる。

おわりに

　科学研究と安全保障の関係をめぐるこうした経緯について，位相角の枠組みに沿ってどのような示唆を引き出しうるだろうか。1つには，実際の政策論争において，とくに昭和期には規範的な面で直接的な衝突が発生した局面はほとんどなく，戦略的にもデュアルユース技術の積極利用が必要との立場は浮上してこなかった。その意味では第2領域と第4領域の対立は，バーチャルなものだったとも理解できる。それが与党のスタンスに変化が訪れたことで初めて，2つの論理の対立が前景化し始め，戦後日本の安全保障政策一般にみられるような左右対立の構造に近づいていった。

　もう1つは，少なくとも現実の政治では，現在に至るまで，学問の自由を尊重する点では関連アクターの間にコンセンサスがあったが，それがいったい何を意味するのかという点では一致をみていなかったことである。政府は，軍事との関わり方は最終的には科学者自身の判断に依存するというかたちで，明確なコミットメントを示してこなかった。いわば，科学研究と安全保障の接近を

第Ⅲ部 「両義性」をどうとらえるか

許容する態度を，政府管轄の埒外におくことで留保しつつ，しかしその姿勢を学問の自由の保障に言及することで正当化した。その一方で，野党は反軍国主義規範の問題と学問の自由の問題を結びつけることで，科学研究と安全保障の接近を拒否する姿勢を主張し続けてきた。それはときに，安全保障への接近を当事者の個別判断ではなく，組織的ないし制度的にコントロールすべきであるとの議論にもつながった。そこには，科学研究の論理をいかにして与野党それぞれの文脈に結びつけるのかという，政治的行為が生じてきたのである。

本章の議論において，第1領域は左右の主張を調和させうる領域であると同時に，複数の利害や信念が集約されるがゆえに，これまで潜在化してきた論争を際立たせる場所でもあった。それぞれの領域から眺めた第1領域の課題は異なっている。第4領域からみれば，これまで学問の自由を保障するという建前を打ち出しつつも，それを保障するための制度的な議論にまで踏み込んできたわけではなく，それゆえになし崩し的な軍事化への懸念をつねに向けられることの問題が残されている。第2領域からみれば，学問の自由さえ保障されれば，政府によるデュアルユース技術の推進は許容できるのかという点はあらためて問われねばならず，そうでないとすれば，そこで戦略的要請の問題にどう向きあうかという議論に突き当たる。

もっとも，左右ともに第3領域の論理をそれぞれの立場を支えるためのレトリックとして用いているにすぎないのであれば，そこにはあくまでも第2領域と第4領域の伝統的な対立が存在するのみである。しかしそのような場合であってもなお，第3領域からみれば，第1領域との関わり方の問題を問われることになる。つまり，規範的反対か戦略的推進かに拠らず，科学技術の性質をアプリオリに二分できる現実はもはや存在しない，という情勢認識が支配的になるなか，科学技術は社会とどう向きあうのかという論点を改めて検討させられることとなろう（そもそも科学研究の論理は，軍事利用はもとより，民生利用を志向した研究活動にすら否定的な立場も潜在的に含んでおり，現実の論争はより複雑である）。換言すれば，第1領域の議論がもたらした価値の1つは，好むと好まざるとにかかわらず，科学研究の成果の「使い方」をめぐる論争を活性化させた点にある。結果的にどのような政策立案や制度設計につながるにせよ，避けては通れない議論の領域を顕在化させたのである。

第 **6** 章　デュアルユースの政治論

注

1）　防衛省「防衛生産・技術基盤戦略——防衛力と積極的平和主義を支える基盤の強化に向けて」2014年 6 月，11-13頁，http://www.mod.go.jp/atla/soubiseisaku/soubiseisakuseisan/2606honbun.pdf。

2）　防衛省「我が国の防衛と予算——平成27年度概算要求の概要」2014年 8 月，http://www.mod.go.jp/j/yosan/2015/gaisan.pdf。

3）　ただし，これを規範の直接的な影響とみるか，特定の規範構造下における利益追求の結果とみるかは議論の余地がある。畠山京子「国内規範と合理的選択の相克——武器輸出三原則を事例として」『国際政治』181号，2015年 9 月，115-128頁。文脈は異なるが，企業や大学のレピュテーションに対する意識の問題も指摘される。James Schoff, "Robotics Diplomacy and the US-Japan Alliance: Both the US and Japan Are Seeking Help from Private Industry to Advance High-Tech Innovation on Robotics," *The Diplomat*, March 15, 2016, http://thediplomat.com/2016/03/robotics-diplomacy-and-the-us-japan-alliance/.

4）　とくにリアリストの議論では古くからそうした意識が根強い。ハンス・J. モーゲンソー（原彬久監訳）『国際政治——権力と平和（上）』岩波書店，2013年，288-292頁。

5）　ただし，その結果として技術の根幹が成熟しにくくなるというトレードオフ関係も指摘される。清水洋『ジェネラル・パーパス・テクノロジーのイノベーション——半導体レーザーの技術進化の日米比較』有斐閣，2016年。

6）　日本でも戦後，装備品の国産化志向があり，国内の研究開発資源はそのための直接的な手段にもなりえたと考えることもできるだろう。Michael J. Green, *Arming Japan: Defense Production, Alliance Politics, and the Postwar Search for Autonomy*, Columbia University Press, 1995. また，財政効率化と軍事力のハイテク化との関係については，齊藤孝祐『軍備の政治学——制約のダイナミクスと米国の政策選択』白桃書房，2017年を参照。

7）　益川敏英『科学者は戦争で何をしたか』集英社，2015年。池内了『科学者と戦争』岩波書店，2016年。井野瀬久美恵「軍事研究と日本のアカデミズム——学術会議は何を『反省』してきたのか」『世界』No. 891，2017年 2 月，128-143頁などを参照。

8）　杉山滋郎『軍事研究の戦後史——科学者はどう向き合ってきたか』ミネルヴァ書房，2017年。同書では科学者コミュニティを中心とする軍事研究への態度の問題が克明に整理されている。

9）　この点は，ポランニーによる「科学の共和国」の議論からもヒントを得ている。Michael Polanyi, "The Republic of Science: Its Political and Economic Theory," *Minerva*, Vol.1, No.1, Autumn 1962, pp. 54-73.

10）　日本学術会議「戦争を目的とする科学の研究には絶対従わない決意の表明（声明）」第 6 回総会，1950年 4 月28日。

11）　矢島三義，第10回国会参議院文部委員会第39号，1951年 5 月26日。

12）　渡部義通，第10回国会衆議院文部委員会第31号，1951年 6 月 1 日。

13）　小平忠，第19回国会衆議院本会議第15号，1954年 3 月 4 日。

14）　愛知揆一，第19回国会参議院予算委員会第11号，1954年 3 月12日。

15）　須藤五郎，第19回国会参議院文部委員会第10号，1954年 3 月19日。

第III部 「両義性」をどうとらえるか

16) 田中啓一，第19回国会参議院文部委員会第10号，1954年3月19日。

17) 藤岡由夫，第19回国会参議院文部委員会第10号，1954年3月19日。

18) 成田知巳，第22回国会衆議院本会議第14号，1955年4月28日。

19) 日本の原子力問題に関してはさまざまな研究蓄積があるが，そこには当該分野に特有の規範意識や政策的文脈が存在していることが示唆されている。たとえば，山本昭宏『核エネルギー言説の戦後史 1945-1960——「被爆の記憶」と「原子力の夢」』人文書院，2012年。武田悠『日本の原子力外交——資源小国70年の苦闘』中央公論新社，2018年を参照。

20) 島恭彦，第22回国会参議院予算委員会第1号，1955年6月16日。

21) 矢島三義，第31回国会参議院内閣委員会第6号，1959年2月12日。

22) 中曽根康弘（科学技術庁長官），第32回国会衆議院科学技術振興対策特別委員会第4号，1959年8月11日。

23) 岡良一，第32回国会衆議院科学技術振興対策特別委員会第5号，1959年9月11日。

24) 同上。

25) 中曽根康弘，第32回国会衆議院科学技術振興対策特別委員会第5号，1959年9月11日。

26) 同上。

27) 中曽根康弘，第34回国会参議院内閣委員会第16号，1960年4月5日。

28) 結果的に，ユーゴスラビアは当該技術の軍事利用を当初から企図していたとの報道がなされている。『朝日新聞』（朝刊）2012年7月15日。

29) 田中武夫，第49回国会衆議院科学技術振興対策特別委員会第4号，1965年8月11日。

30) 上原正吉（科学技術庁長官），第49回国会衆議院科学技術振興対策特別委員会第4号，1965年8月11日。

31) 研究者コミュニティに，軍民の用途は切り分け可能との認識があったことには留意すべきである。天文学者の宮地政司はスプートニクショックについて，人工衛星打ち上げが地球観測を目的としたものであるとのソ連の見解を引き，純粋に学術研究の観点から推進されたものであり，「決して軍事の目的で上げてはおりません」との立場を示している。宮地政司，第27回国会衆議院科学技術振興対策特別委員会第3号，1957年11月9日。鈴木は日本の独自技術による宇宙開発をめぐる議論が当初，「軍事的野心のない科学者・技術者によるものであるから『平和利用』」というスタンスが当然視されていたことを指摘している。鈴木一人『宇宙開発と国際政治』岩波書店，2011年，181頁。

32) 『朝日新聞』（朝刊）1967年5月5日。

33) 小野周「半導体国際会議と米軍資金の問題について」『物性研究』8巻5号，1967年8月20日，316-319頁。

34) 亀田得治，第55回国会参議院予算委員会第8号，1967年5月8日。小柳勇，第55回国会参議院予算委員会第17号，1967年5月20日。

35) 松本七郎，第55回国会衆議院本会議第15号，1967年5月23日。

36) 佐藤栄作（内閣総理大臣），第55回国会参議院予算委員会第8号，1967年5月8日。佐藤栄作，第55回衆議院本会議第15号，1967年5月23日。

37) 剱木亨弘（文部大臣），第55回国会衆議院本会議第15号，1967年5月23日。

第 6 章　デュアルユースの政治論

38)　日本学術会議「軍事目的の科学研究を行わない声明」第49回総会，1967年10月20日。

39)　朝永振一郎（日本学術会議会長），第58回国会衆議院文教委員会第 9 号，1968年 4 月12日。

40)　三浦隆，第98回国会衆議院文教委員会第 2 号，1983年 3 月 2 日。

41)　瀬戸山三男（文部大臣），第98回国会衆議院文教委員会第 2 号，1983年 3 月 2 日。

42)　瀬川高央「日本のSDI研究参加をめぐる政策決定過程──1985-1987」『年報公共政策学』9 号，2015年，87-106頁。

43)　伏見康治，第104回国会参議院科学技術特別委員会第 4 号，1986年 4 月11日。

44)　内田勇夫（科学技術庁研究調整局長），第104回国会参議院科学技術特別委員会第 4 号，1986年 4 月11日。西澤良之（文部省学術国際局研究協力室長），第104回国会衆議院科学技術委員会第 8 号，1986年 4 月15日。

45)　山原健二郎，第104回国会衆議院科学技術委員会第 8 号，1986年 4 月15日。

46)　小澤克介，第104回国会衆議院科学技術委員会第10号，1986年 4 月18日。

47)　河野洋平（科学技術庁長官），第104回国会参議院本会議第13号，1986年 4 月25日。

48)　稲村稔夫，第104回国会参議院本会議第13号，1986年 4 月25日。

49)　同上。

50)　中曽根康弘（内閣総理大臣），第104回国会参議院本会議第13号，1986年 4 月25日。

51)　同上。

52)　河野洋平，第104回国会参議院科学技術特別委員会第 8 号，1986年 5 月12日。

53)　國谷実『日米科学技術摩擦をめぐって──ジャパン・アズ・ナンバーワンだった頃』実業公報社，2014年，26-59頁。

54)　岡本行夫（外務省北米局安全保障課長），第112回国会参議院科学技術特別委員会第 3 号，1988年 3 月30日。

55)　新関勝郎（防衛庁装備局管理課長），第112回国会参議院科学技術特別委員会第 3 号，1988年 3 月30日。

56)　吉井英勝，第112回国会参議院科学技術特別委員会第 3 号，1988年 3 月30日。

57)　柴田睦夫，第112回国会衆議院内閣委員会第 6 号，1988年 4 月19日。

58)　日本学術会議「国家間の科学技術協力と研究の自由について（声明）──日米科学技術協力協定の改定に当たって」第104回総会，1988年 4 月21日。

59)　佐藤昭夫，第112回国会参議院本会議第16号，1988年 5 月11日。

60)　竹下登（内閣総理大臣），第112回国会参議院本会議第16号，1988年 5 月11日。

61)　日向精義（外務省国際連合局科学課長），第112回国会衆議院内閣委員会第11号，1988年 5 月12日。

62)　「平成17年度以降に係る防衛計画の大綱」2004年12月10日閣議決定，9 頁。

63)　もっとも，これについても宇宙基本法成立時に初めて議論になったわけではなく，「一般化理論」──軍民問わず広く一般的に利用されている技術については自衛隊も利用可能──の登場とその発展的解釈（導入までに一般の利用が行われる蓋然性がきわめて高いケースでは自衛隊の利用が許容されるとの解釈）によって情報収集衛星の導入が決定されるなど，民生利用と軍事利用の境界は曖昧になってきていた。青木節子「適法な宇

第Ⅲ部 「両義性」をどうとらえるか

宙の軍事利用決定基準としての国会決議の有用性」総合政策学ワーキングペーパーシリーズ，No.68，2005年4月，http://www.space-library.com/0504Aoki_WP68.pdf。

64) 防衛省経理装備局技術計画官「先進技術推進センターの産官学協力防衛プロジェクトの取組み」第9回防衛生産・技術基盤研究会資料」2011年11月29日，http://www.mod.go.jp/j/approach/agenda/meeting/seisan/sonota/pdf/09/003.pdf。

65) 「国家安全保障戦略」2013年12月17日閣議決定，17頁。

66) 防衛省の省庁間連携については，たとえば内閣府が実施している「革新的研究開発推進プログラム（ImPACT）」や「戦略的イノベーション創造プログラム（SIP）」を通じて，民生技術を積極的に取り込んでいく意図を明示している。内閣府「科学技術イノベーション予算戦略会議（第4回）議事概要」2013年11月14日，「科学技術イノベーション予算戦略会議（第6回）議事概要」2014年6月26日。

67) 井上哲史，第189回国会参議院外交防衛委員会第20号，2015年6月9日。

68) 宮本徹，第192回国会衆議院財務金融委員会第7号，2016年11月2日。ただし，こうした争点は与野党対立の構図と必ずしもきれいに重なるわけではない。たとえば民進党の議員からは，大学と防衛省，あるいは防衛産業との距離を縮めていく努力をするほか，文部科学省も「もうちょっと積極的にデュアルユースにかじを切れるのではないか」との意見も出されている。津村啓介，第189回国会衆議院安全保障委員会第4号，2015年3月31日。

69) 日本学術会議「軍事的安全保障研究に関する声明」2017年3月24日，http://www.scj.go.jp/ja/info/kohyo/pdf/kohyo-23-s243.pdf。ただし，検討委員会の委員長を務めた杉田敦は，大学の自治との関係上，声明に強制力をもたせることはできないとする一方，「声明をよく読めば，できないと受け取るのが自然」とも述べている。オピニオン＆フォーラム『朝日新聞』（朝刊）2017年4月13日。

70) 防衛装備庁「平成30年度安全保障技術研究推進制度公募要領」2018年3月，11頁，http://www.mod.go.jp/atla/funding/koubo/h30/h30koubo_full.pdf。

第 **7** 章 武器輸出をめぐる論争の構図

アクター間にみられる対立関係と緊張関係

松 村 博 行

はじめに

　日本の安全保障に関わる左右対立の争点の1つに，武器輸出[1]の是非をめぐる問題がある。それは武器輸出三原則の緩和，あるいは堅持をめぐる議論として象徴的に立ち現れてきた。武器輸出三原則とは，1967年に佐藤栄作首相が国会答弁で表明した武器輸出三原則，および三木武夫内閣による「武器輸出に関する政府統一見解」（以下，統一見解）によって打ち立てられた[2]，武器輸出の許可基準に関する日本政府の方針であるが，法規上の位置づけは，経済産業大臣が主管する外国為替及び外国貿易法（外為法）とそれにもとづく政令（輸出貿易管理令，外国為替令）の運用指針にすぎない。

　しかし，「統一見解」が，日本が武器の輸出を自制する理由として「平和国家としての我が国の立場から，それによって国際紛争等を助長することを回避するため」と説明し[3]，また，1981年に参議院本会議で採択された「武器輸出問題等に関する決議」でも，「わが国は，日本国憲法の理念である平和国家としての立場をふまえ，武器輸出三原則並びに昭和51年政府統一方針（引用者注：「統一見解」のこと）にもとづいて，武器輸出について慎重に対処してきたところである」と明言するなど，行政府や立法府が，武器輸出三原則に「憲法の理念」あるいは「平和国家」の立場から演繹的に導かれた政策原理であるかのような理解を示してきたことも事実である。

　こうした背景から，これを平和国家としての「国是」ととらえたり[4]，憲法9条を根拠とする規範ととらえたりする議論が国会やマスメディア，論壇において長らく展開されており[5]，多くの国民が武器輸出三原則に政令の運用指針以上の重みを感じ，そしてそこに「平和国家」イメージを投影させ，「武器輸出を

127

第Ⅲ部 「両義性」をどうとらえるか

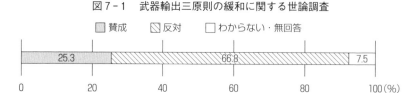

図7-1　武器輸出三原則の緩和に関する世論調査

注：設問は，「政府は，武器や関連技術の輸出を原則的に禁ずる武器輸出三原則を緩和する方向で見直しを進めています。あなたは武器輸出緩和に賛成ですか反対ですか？」(2014年2月21～22日実施：共同通信社)。
出所：『中日新聞』2014年2月24日をもとに筆者作成。

しない国家」というアイデンティティや規範に支持ないし共感を寄せたこともまた事実であろう[6]。

　実際に，こうした意識は世論調査にも表れている。図7-1は，防衛装備移転三原則の閣議決定の前に共同通信社により実施された世論調査の結果を示したものだが，これをみると，2014年においてもなお回答者の3分の2は武器輸出三原則の緩和には否定的な見解を有していたことがわかる[7]。

　他方，日本の安全保障を重視する立場からは，日本の安全保障環境が大きく変化した2000年代以降，武器の国際共同開発・生産への日本企業の参加，同盟国・友好国との防衛装備・技術協力の推進，そして国際社会に対する平和貢献，さらには日本の防衛力を支える防衛生産・技術基盤の維持・強化などの理由から，武器輸出三原則の緩和が繰り返し提起された。

　ところで，武器輸出をめぐる論争においては武器の開発や生産に携わる企業，その集合体としての防衛産業という，政治上の「左右」あるいは「保革」に回収しえない第3の立場が存在する。防衛産業はこれまで，自らの利益にもとづいて議論に関与してきた。実際に過去には武器輸出を積極的に唱道したこともあり，それが武器輸出をめぐる議論を輻輳させる契機ともなった。

　一見すると，武器輸出三原則をめぐる議論も，堅持と緩和をめぐる二項対立とみられがちだが，それでは防衛産業の利害はここでどのように表出されるのだろうか。それは，安全保障の観点から緩和を求める「右」の立場と異同がないものととらえてよいのだろうか。

　以上の問題関心から，本章は武器輸出をめぐる戦後の論争を，防衛産業がその対象として，あるいは参加者としていかに関与してきたのかという観点を軸

第7章　武器輸出をめぐる論争の構図

に振り返り，議論の構図や各アクターの選好を，位相角のモデルにならった二次元空間に定置するなかで明確化する。

　そして，最後に武器輸出において語られてこなかった論点を浮かび上がらせ，「左」と「右」の双方が検討すべき課題を提起する。

第 1 節　武器輸出の位相角

　前述のとおり，武器輸出をめぐる論争においては，憲法の平和主義に立脚する「左」の立場にも，日本の安全保障や日米同盟を重視する「右」の立場にも回収しえない，防衛産業の利益を重視する立場が存在する。もし，この構図を左右対立の一次元軸で表現しようとすると，防衛産業の立場は，軸の中央か，あるいは右よりのどこかに，所在なげに置かれる他はないだろう。しかし，これを第1章で示した二次元空間で示すと，図7-2のような表現が可能となる。

　縦軸の「平和国家の理念」は，憲法の平和主義，あるいはそれに由来する平和国家のアイデンティティを重視する度合いを示している。横軸の「戦略的要請」は，日本の安全保障を取り巻く外部環境への対応をどれだけ重視するのか，その度合いを示している。

　ここで構成された4つの領域は，おおむね以下のような立場や論理と符合する。まず第2領域は，左派，護憲派の立場である。ここでは，平和主義を擁護し，平和国家の理念を重視する立場から，武器の輸出は他国の紛争を激化させたり，あるいは日本が紛争に巻き込まれたりしかねないため，行うべきではないとの考え方が支持される。それゆえ，三木内閣による「統一見解」以降の武器輸出三原則と親和性をもつ。この領域を〈規範的反対論〉と名づけておく。

　次に第4領域は，右派，保守の立場で，ここでは戦略的要請を重視する観点から，武器輸出に肯定的な考え方が支配的となる。同盟国・友好国との防衛装備・技術協力や，対中抑止力強化をねらった東南アジアなどへの戦略的な武器輸出が唱道される。ここでは，この領域を〈安全保障の論理〉と名づける。

　安全保障問題をめぐる一般的な左右対立であれば，この両領域の間での論争という形態をとることが多いが，武器輸出では第3領域，つまり平和国家の理念にも，戦略的要請にも無関係な立場から武器輸出をとらえる視点がある。た

129

第Ⅲ部　「両義性」をどうとらえるか

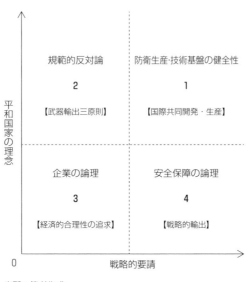

図7-2　武器輸出をめぐる位相角

出所：筆者作成。

とえば，1950年代から60年代にかけて，財界は最適生産規模や量産効果など経済合理性を追求する目的から東南アジア等への武器輸出の拡大を繰り返し提起した。そこで，この領域を〈企業の論理〉と名づける。

　最後は第1領域である。この領域は平和国家の理念を踏み越えることなく，戦略的要請に対応するという立場になる。冷戦期においては，この領域に位置づけられる議論はほぼ存在しなかったが，冷戦後には欧米で進む防衛産業のグローバル化，さらに日本を取り巻く安全保障環境の変化を受けて，日本の防衛力を下支えする生産力や技術力の土台を維持するという観点から武器輸出が論じられるケースが増加した。こうした土台は「防衛生産・技術基盤」と呼ばれ，2000年代以降，その健全性の維持が政策課題として浮上した。第1領域では，こうした〈防衛生産・技術基盤の健全性〉にもとづく武器輸出，とりわけ日本単独では開発できない武器の国際共同開発・生産が模索される。

　以上で示される議論の構図はあくまでも理念系であり，ここにすべての議論を正確に定置することは困難である。何より，実際の主張は複数の領域にまた

がる性格を有することが多く，また「平和国家の理念」についての理解は主観
に依存するため，「平和国家の理念」を表しつつも，内容がまったく異なる主
張もありえよう。そういった限界を受容しつつも，こうした4領域を構築する
ことで武器輸出をめぐる議論のダイナミズムや対立構造などがよりクリアに表
現できると考える。

　以下，武器輸出をめぐる論争を冷戦期，ポスト冷戦期に分けて振り返り，そ
こで示された立場の類型および論争の構図を，上記の位相角モデルにもとづい
て明らかにし，その特徴を確認する。

第2節　冷戦期の論争

　武器輸出をめぐる論争の構図を整理した先行研究はいくつか存在する。たと
えば相原三紀子は，武器輸出が批判的にみられた社会的背景として，①武器輸
出により紛争に巻き込まれるおそれ（紛争巻き込まれ論），②日本の武器が紛争
を激化させるおそれ，③武器輸出を契機とする軍国主義化や徴兵制復活のおそ
れ，の3点をあげる。[8] また，森本敏は武器輸出三原則が長期にわたり維持され
た理由として，①一般輸出の障害にならないかとの懸念，②軍国化への警戒感，
③紛争に巻き込まれないかという懸念，④ライバル出現という海外の懸念，⑤
産軍複合体形成という国内の懸念，の5点から説明している。[9]

　こうした批判論は，1970年代までにはほぼすべて出揃っていた。そして，今
日においても，こうした観点からの武器輸出批判や防衛産業への警戒論は一部
で根強く残っている。以下では，こうした批判論がどのような文脈で生まれた
のか確認する。

（1）防衛生産の復活

　第二次世界大戦後，日本はポツダム宣言によって武器の生産を禁じられてい
たため，1940年代においては武器輸出が議論される必要性はなかった。その転
機となったのは，いわゆる「朝鮮特需」である。朝鮮戦争を遂行するために米
軍が武器や弾薬類を日本企業に発注したことで，ここに武器の生産再開と同時
に武器輸出が生じた。つまり，戦後の防衛産業は米軍特需に応じるというかた

第Ⅲ部 「両義性」をどうとらえるか

ちで，「なしくずし的かつ他律的[10]」に再開された。

　防衛生産の再開に伴い，経済団体連合会（経団連，現在は日本経済団体連合会）は1952年に防衛生産委員会（現在は防衛産業委員会）を発足させた[11]。朝鮮特需が先細りするなか，防衛生産委員会は後継の需要を確保するために活動を始めた。その１つが海外への武器輸出であり，とりわけ東南アジアへの輸出の期待感は繰り返し表明された。特需が消滅した1955年以降，新たな市場として，米国からの軍事援助が増加した東南アジア（SEATO諸国）に強い関心をもった[12]。そこで，防衛生産委員会は，1955年頃から東南アジア諸国の軍装備などに関する情勢分析を進め，1956年には専門調査団を派遣するなど，具体的な輸出案件の検討を行った[13]。

　こうした海外市場の開拓の理由を，『防衛生産委員会十年史』では，「市場の拡大を追求するということは，いわば企業の本能的欲求とも称すべきもの」であり[14]，平時の国内需要の充足だけでは過剰設備や遊休人員を抱えることになる防衛産業にとって，海外に市場を求めることは「経済的なロスを緩和させる」ために望ましいと説明している[15]。つまり，ここでは戦略的要請に対応するものではなく，また当然に平和国家の理念への配慮もなく，ただ企業経営の論理が透徹されているのである。

　武器輸出を模索する財界に対し，この時期どのような批判が展開されたのだろうか。

　朝日新聞は，東南アジアへの輸出を模索する防衛産業のふるまいを「『死の商人』の役割を務めることだけはやめた方がよかろう」と窘めている[16]。また，国会では野党が武器輸出を厳しく批判した。日本社会党の藤田進議員は1956年参議院本会議において，朝鮮特需により活況を呈した日本の防衛産業は「死の商人」の役割を演じたと非難したうえで，憲法が定める平和主義，国際紛争に巻き込まれることを防ぐ，さらには紛争地域で恨みを買うことによる民生貿易へのダメージを避けるという観点から，今後，政府は武器輸出を認めるべきではないと政府に詰め寄った[17]。

　これに対し，鳩山一郎首相は「きわめて慎重に取り扱わなければならないと考えております」と答えたあと，「ただ広義の武器」については，「いずれの国に対しても差別することなく輸出する場合もあり得る」との考えを示してお

り，武器輸出に関する明確な指針は示していなかった。ただし，石橋湛山通商産業大臣の「そういうわずかばかりの武器の輸出によって，全体の貿易を破壊するようなことは，これは通産省としては絶対にいたしたくない」[19]との発言に象徴されるように，武器輸出によって国際紛争に巻き込まれ，それがより規模の大きい民生貿易に影響を及ぼすことは避けたいとする思惑は経済官庁にも存在した。

（2）武器輸出三原則および「統一見解」の成立

　安保改定後に発足した池田勇人内閣は，政情安定を優先し，国会で論争の原因となりうる武器輸出については極力控える方針をとったこともあり[20]，1960年代前半の武器輸出の件数は限定的で，国会の議論も低調だった[21]。だが，次の佐藤栄作政権期に武器輸出をめぐる議論が活発化した。ちょうどこの時期は，第三次防衛力整備計画（1967～71年）が策定されるタイミングであり，自衛隊の装備はそれまでの米国からの供与から，国産化へのシフトが見込まれていた。そのため，防衛産業は新たに国産化する武器の量産効果などを理由に武器の輸出促進を政府に訴えていた[22]。

　しかし，防衛産業が求めた東南アジアへの武器輸出について，読売新聞は，「ベトナム戦争への関与は絶対に避けねばならず，戦争放棄の憲法をもつ以上，他国の戦争に協力せぬことが，日本の道義的な義務である」[23]と主張，また朝日新聞も「国際平和を誠実に希求するというわが憲法に盛られた崇高な理想と武器輸出は決して調和せず，国家と国民の道義の問題として武器輸出は行うべきではない」とする主張を展開するなど[24]，国会だけでなくマスメディアも含めて武器輸出に批判的な風潮が大勢を占めた。

　国会において野党から武器輸出に対する姿勢を問われた佐藤首相は，①共産圏諸国，②国連決議による武器等の禁輸対象国，③国際紛争の当事国またはそのおそれのある国，に向けては武器輸出をしてはならないという見解を示した[25]。これがのちに武器輸出三原則と呼ばれる国会答弁となる。ここで提示された三原則は，実態としてはすでに通産省が輸出貿易管理令の運用方針として定めていたものを首相が再確認したものにすぎないが，それでも外為法の運用指針である輸出管理規定が政府の公式見解として首相によって国会で明確化され

133

第Ⅲ部 「両義性」をどうとらえるか

たことは，その後の武器輸出をめぐる議論に影響を与えた。

武器輸出三原則は，決して武器輸出を全面的に禁じたわけではなかったが，これ以降，武器輸出を求める声はトーンダウンし，防衛産業は三次防で拡大した自衛隊向けの生産と，何より，高度成長のなかで拡大する「本業」である民需部門の拡大に全力を投じていた[26]。

武器輸出をめぐる議論が再燃したのは1973年のオイルショック以降である。その背景として，①オイルマネーを手にした産油国からの武器供与の引き合い，②中東へのプラント輸出で，武器輸出と「抱き合わせ」で交渉を行う欧米勢への劣後，③70年代の不況脱出の契機，などが指摘できる。そのなかで，三菱商事の田部文一郎社長が「純粋な兵器ではまずいが，兵器に近いもので，輸出競争力があるものは出すべきではないか」と，武器輸出の緩和を求める発言がメディアで取り上げられた[27]。これに同調するように，日本航空宇宙工業会が，川崎重工業のC‐1輸送機，新明和工業のUS‐1救難飛行艇などの輸出を認めるよう，政府に具体的な働きかけを行った[28]。

こうした動きに通産省が理解を示したことに野党が反発し，野党は政府に対して武器の規定の広範化を求めたため国会は混乱し，結果的に三木内閣は事態収拾のため，野党の求めに応じるかたちで「統一見解」を提示した。そこでは，三原則対象地域への武器輸出を認めないことを再確認したうえで，新たに三原則対象地域以外についても，憲法その他法令の精神に則り輸出を慎むこと，そして武器製造関連設備についても武器の輸出に準じることの2点が追加された[29]。武器の定義については，懸案だった輸送機や救難飛行艇は「直接戦闘の用に供されるもの」ではないとの理由から武器に含まれなかった[30]。

その後，造船不況にあえぐ造船業界から三原則の緩和が求められたり，日本商工会議所の永野茂雄会頭が「頭脳の鍛錬」や資源の安定確保のために，武器輸出の積極化を求めたりと，散発的に武器輸出三原則の緩和を求める声はあがったものの，防衛産業としては，1967年にせよ，1976年にせよ，緩和論を唱えるたびに国会で野党の批判を浴びて，逆に規制が強化されたという皮肉な経験をふまえ，これ以降は表立って緩和要求を唱えることはなくなった。

三菱重工業の古賀繁一会長は，1976年に緩和論が興った際，「戦車を輸出してもたいしたもうけにもならないし，それによって"死の商人"などというイ

メージを与えるマイナス効果の方が大きい」と述べ，武器輸出に伴う「死の商人」というレッテルが，企業経営に悪影響を及ぼすことへの懸念を語り，武器輸出はその評判リスク（レピュテーション・リスク）に対して，さしたる経営上のメリットがないことを明らかにしている。[31]

また，防衛生産委員会の事務局長であった森川汎士は，1982年3月の日本経済新聞のインタビューにおいて次のように述べている。

> （武器輸出緩和を訴えない）もっと根源的な問題は日本の防衛産業は最初から輸出をあてにしていないという点。だから三原則が緩和されようが，より厳格な運用になろうが，実際の輸出にはほとんど関係はない。日本の防衛産業は57年度予算（案）で6,600億円足らずの自衛隊の防衛整備費だけで食べていけるような構造になっている。輸出しようと言ったって国際競争力もありません。武器輸出緩和論を唱える人は防衛産業に直接タッチしていない方が多い[32]

そもそも輸出が認められない環境で，国内需要にのみ特化し，成長を続けてきた防衛産業にとっては，着実に増加する防衛費を土台とした防衛庁需要だけで，経営が成り立っていたことも事実であろう。そうであれば，世間の反発を受けてまで武器輸出にあえて乗り出す必要はない，ということが合理的な経営判断になろう。

ここで，1980年までにみられた武器輸出をめぐる議論を整理しておこう。まず，武器輸出を求めるアクターは防衛産業にほぼ限定された。また，その理由は企業経営における経済合理性に由来するものが主であった。これは図7-2の〈企業の論理〉と一致する。さらに，こうした防衛産業の要求に対し，政府や自民党のなかで積極的に呼応する声はほとんどみられなかった。

そして，これに対する批判論は，その多くが「憲法の精神」にもとづく〈規範的反対論〉からのものであり，それは，他国の紛争に関与したり，紛争を激化させたりすることを避けるべきという主張と，武器輸出などにより防衛産業が肥大化することで，国内の軍事化の進行や，軍国主義への回帰を警戒する主張とに大別できる。後者は，死の商人論，軍産複合体論などとして展開された。

（3）対米武器技術供与の決定

1981年6月，ワインバーガー米国防長官とデラワー国防次官（技術開発担当）

は，訪米した大村襄治防衛庁長官に対して，日米間で双方向の武器技術交流を行うべきだとの期待を示した。米国は，相互防衛援助協定（MDA）にもとづく有償軍事援助や技術交換取り決めなどによって，「一方的」に日本に武器技術を供与してきたのに，日本からは武器輸出三原則により武器技術の移転が認められないことに不満を示したのである。

　当時は日米貿易摩擦が先鋭化しており，「武器技術の輸出を認めなければ日本製品の米市場からの締め出しも辞さない」との空気が米議会を中心に強まってきたこともあり，政府はこの問題の解決を急ぎたかったが[33]，武器輸出三原則とどう整合性をとるのか，議論は二転三転した。とりわけ，米国が紛争当事国となった場合にどうするのかという点で省庁間の足並みが揃わず，調整は最後まで難航した。最終的には中曽根康弘首相が，国内原則より「同盟の論理」を優先させることを決断し，対米武器技術供与は，武器輸出三原則の適用から除外されることとなった。

　これに対して，技術を保有する財界や防衛産業はどのように考えていたのか。稲山嘉寛経団連会長は，1982年12月23日の記者会見において，「向こうからはずいぶん技術をもらっている。協力してもいいと思う」と賛成の意向を述べるなど[34]，財界人はおおむね歓迎の意向を示していたが[35]，防衛生産委員会事務局長の森川は，「日米安保が基軸なので，米国の協力要請に応えるのがスジだ」としながらも，「技術を持っているのは民間企業なのですから，やはりコマーシャルベースで考えることになります。政府同士が決めたのだから，協力するのが当たり前だと米国に言われても困ります」との懸念を吐露している[36]。ここに，第3領域と第4領域の間で生じる緊張関係を垣間見ることができる。これについては，次節で改めて振り返る。

　このように，対米武器技術供与は，前項まででみてきた〈企業の論理〉とは一線を画すものである。まず，これについては米国が主導し，日本はあくまで受け身であった。最終的に日本政府がこれを受け入れたのは，日米同盟の効果的運用という〈安全保障の論理〉にもとづくものであった。ここに初めて第4領域からの武器輸出論が表出したのであった。もちろん，これにも〈規範的反対論〉から厳しい批判が展開されたが，ここでは日本の「対米従属」を批判する論理が前景化することとなる。

第 7 章　武器輸出をめぐる論争の構図

（4）ま と め

　さて，ここまで冷戦期の議論を振り返ったが，最後に論点として浮上しなかっ
た点について明らかにしておきたい。読売新聞の1981年 1 月12日の社説は，そ
れまでに提起された武器輸出三原則緩和論を整理し，それぞれの論拠を示して
いる。それによると，緩和論は，①量産効果論：自衛隊の装備品の価格が低下
することで日本の納税者が恩恵を受ける，②防衛産業育成論：量産を通じて防
衛産業が成長し，より高度な武器の生産が可能になることで，自衛力強化につ
ながる，③勢力均衡への貢献：日本の安全保障にとって重要な地域の安定に貢
献し平和を守る，④中東産石油確保の「武器」：中東産油国から石油を購入し
たり，石油プラントを受注したりする際の交換条件として求められていた武器
供与に対応する，という 4 つに集約される。そのうえで，「以上の論拠にはそ
れぞれ一定の説得力があり，緩和論議それ自体をタブー視する態度は，とるべ
きではないと思う」と主張する[37]。はたして実際には，タブーなくこうした論点
が国会などで冷静に議論されていたのだろうか。

　とりわけ，防衛産業について考えるとき，先にあげた①と②の論点は，本来
重要となるはずである。非武装論者は別として，日本の個別的自衛権を合憲と
考え，それにもとづく自衛力の保有が政策的に必要と考える立場に立てば，「自
衛隊が保有する武器をどのように入手するのか」，「それを支える防衛産業の規
模はどの程度が適切か」という政策課題を設定し，議論し，そして解を出すこ
とは重要であろう。その過程において武器輸出の必要性が論じられる可能性は
あるわけで，それを最初からタブーとして排除するのは議論の広がりを狭める
ことになる。もちろん，それは議論を重ねたうえで「武器輸出を慎む」とする
結論に到達することとは矛盾せず，平和国家の理念を優先する代わりに，自衛
隊装備の高価格化や一定の技術的劣後を受け入れる，という政策選択が広く
合意されることは，民主的な意思決定プロセスとしてむしろ望ましいだろう[38]。

　しかし，当時の国会の議論を振り返ると，こうしたプロセスを経て「武器輸
出を慎む」という解が出されたとは考えにくい。ここでは，観念論で武器輸出
の問題に決着をつけようとする傾向を強くもつ野党[39]に対し，国会での議論の収
拾を優先させ，現状維持を図る政府・与党，そして，安定的な国内需要への安
住を選択した防衛産業の三者が，まさに「思考停止」を起こした結果，「武器

137

第Ⅲ部 「両義性」をどうとらえるか

輸出を慎む」ことが合意されたと，みることもできよう。

　このような当時の風潮について，森本正崇は「『武器は輸出すべきではない』というイデオロギーに関して，与野党，立法府，行政府にある種の『同盟関係』があった姿が浮かび上がる。この『同盟関係』は武器輸出に限らず武器を忌避し，安全保障から忌避し，ひたすら経済復興・経済成長に邁進する日本の姿と重なる」と手厳しく批判する。[40]

第3節 ポスト冷戦期の論争

　武器輸出をめぐる議論は，1983年の対米武器技術供与の決定以降，しばし伏流する。その理由としては，着実に増加する防衛費を背景に，防衛産業は「自衛隊の防衛整備費だけで食べていけるような構造」となったことがあげられよう。

　しかし，装備品等購入費は1991年の1兆2,162億円をピークに減少が始まり，2000年には9,141億円，2010年には7,738億円にまで減少した。[41] こうした国内市場の縮小は「思考停止」の末の三者間合意の前提を掘り崩した。また，冷戦後に欧米では防衛産業の集約が進み，そこから国境を越えた防衛産業の統合や相互参入，そして武器の国際共同開発・生産の定着化といった，防衛産業のグローバル化が進展した。[42] さらには，核実験やミサイル発射を繰り返す北朝鮮，そして軍事的な影響力を拡大させる中国など，日本を取り巻く安全保障環境も大きく変化した。

　国内市場の縮小，海外で進む防衛生産のグローバル化，そして日本周辺の安全環境の変化という事態に直面するなかで，日本の防衛に必要な武器をいかに取得するのかという課題が，ここで改めて突き付けられた。このように，冷戦期とは状況が大きく変化した2000年代，「思考停止」状態はようやく動き出し，冷戦期には語られなかった論点が議論されるようになった。

（1）武器輸出三原則の相次ぐ例外化

　1983年の対米武器技術供与は，米国への武器技術の移転に限り，武器輸出三原則の例外とするという枠組みにおいて行われた。こうした例外化は，1990年

代以降，自衛隊のPKO等への参加に係る装備の海外持ち出しや，[43] 中国遺棄化学兵器処理事業に係る防護マスクや化学剤検知器等の移転など，個別の事例を容認する際に積み重ねられた。そして，こうしたいわば「実務的」な例外化に関して，論争が生じるようなことはなかった。

冷戦後，三原則の例外化が国会やマスメディアで初めて大きく取り上げられたのは，2004年の「弾道ミサイル防衛システム（MD）」に関わる米国との共同開発であった。これは，国際共同開発・生産への対応という観点から，初めて武器輸出三原則の例外化が行われた案件であった。

1999年から日本は米国とMDの共同研究に取り組んでいたが，これが開発・生産段階に移行すると，日本が生産を担当するノーズコーン，赤外線シーカー，キネティック弾頭，第2段ロケットモーターを米国に輸出する必要が生じ，これは従来の対米武器技術供与の枠組みでは許容されない事案となる。そこで小泉純一郎内閣は，米国とのMDの共同開発・生産は三原則の例外とする決定を行った。ただ，この時，連立与党の公明党も，最大野党の民主党も反対することはなく，むしろMDの共同開発・生産については例外化もやむなしとの認識を共有していた。[44]

その後，民主党への政権交代後，野田佳彦内閣において，「我が国の安全保障に資する防衛装備品等」については米国のみならず，米国以外の国々との国際共同開発・生産も包括的に例外化する決定を行った。[45] さらに，再び政権交代の後，安倍晋三内閣において，F-35に関わる部品製造や役務の提供に日本企業が参画することを例外化することが決定された。その理由について，菅官房長官は「わが国の防衛生産および技術基盤の維持・育成・高度化に資する」とし，これにより国内企業を育成する意義を強調した。[46]

こうした一連の例外化に，マスメディアはどのような反応をみせたのだろうか。まず，日本経済新聞は「世界では装備品の開発，生産を各国で分担し，コストを下げる動きが流れである。国際的協業に加われない日本は装備品価格が割高になる。防衛予算を効率的に使うには三木内閣の見解を見直さざるをえない。研究開発で欧米の防衛産業大手と交流できれば日本の装備品開発力も高まる。専守防衛の技術力を底上げするためにも武器の全面禁輸の限定的な緩和はやむを得まい」と国際共同開発・生産参加への理解を示しつつ，「防弾チョッキ，

第Ⅲ部 「両義性」をどうとらえるか

防毒マスクなどの輸出解禁は現実的としても，殺傷兵器や武器の製造設備の禁輸解除は国際的な反発を招こう。三原則の考え方は今後も堅持しなければならない」と許可される範囲については限定的であるべきとの立場を示している[47]。

　読売新聞は，防衛予算の減少傾向が続くなか，防衛生産から撤退する企業が相次いでいる事態への憂慮を示したうえで，「政府はこうした現実を直視し，防衛産業の衰退は国益を害すると認識すべきだ」と主張する。その後，「無論，すべての分野での現水準の維持は困難だとしても，『選択と集中』を図り，最低限の生産・技術基盤は確保すべきだ。そのためには，具体的な戦略や将来像を示すことが重要だろう」と，防衛産業に一定の整理，集約を求めている。上記２紙については，いずれも防衛産業を取り巻く環境の変化をふまえたうえで，「自衛隊が必要とする武器をいかに取得するのか」という視点から，防衛産業の維持・強化に言及している[48]。

　武器輸出に一貫して批判的な態度を示してきた朝日新聞においても，「IT技術の進歩や開発コストの急増により，軍事技術をとりまく環境は一変した。巨額の開発費が要る戦闘機などは，米国といえども単独開発は難しく，多数の国々が参加する共同開発・生産が主流になりつつある」という防衛生産を取り巻く状況の変化に一定の理解は示している。ただし，「三原則見直しでどれだけ調達コストが削減できるのか，それを具体的な数字やデータで比較衡量したのか，国民は何も知らされていない。コストが問題なら，冷戦思考が抜けない自衛隊の重厚長大な装備体系や，政府が手厚く保護する防衛産業のあり方に大ナタをふるうべきだ」と，議論の深みのない政策決定プロセスや，防衛産業の統合や再編など痛みを伴う改革なく三原則がなし崩し的に緩和されていくことについては厳しく批判する。

　これら以外にも，「いったん例外を認めれば歯止めがかからなくなる[49]」，「日本軍需産業の米軍需産業への従属的融合化傾向[50]」，あるいは「日本がアメリカの『死の商人』の下請け・協力者となることが強く懸念される[51]」，といった〈規範的反対論〉からの批判も散見されたが，自民党政権のみならず，民主党政権下でも武器輸出三原則の例外化が図られるなど，冷戦期とは異なり，国会やマスメディアにおいて，〈防衛生産・技術基盤の健全性〉に立脚した議論が展開されるようになった点は大きな変化である。こうした議論を経て，その目的か

ら実施される国際共同開発・生産とそれに伴う武器輸出については容認できるとする一定の合意が形成されたとみてよいだろう。

（2）防衛装備移転三原則の制定とその後

　2014年4月，安倍晋三内閣は武器輸出三原則に代わる新たな武器輸出管理の指針として防衛装備移転三原則を閣議決定した。新しい三原則は，①国際条約や国連安保理決議の義務に違反する国，紛争当事国へは移転しない，②平和貢献や日本の安全保障の強化に資する場合に限定し，厳格な審査のうえで移転が許可されうる，③原則として日本の同意のない目的外使用および第三国移転を認めない，という内容で，武器の輸出を原則として認めてこなかった従来方針から大きく転換した。[52]

　これについては，従来の三原則を時代背景に則した用語で再確認し，これまで蓄積されてきた例外化措置を集約，単一のパッケージのなかに再構築したものにすぎないとする見方がある一方で，「武器輸出の全面解禁がなされた」[53]といった評価や，「事実上の『憲法改正』ともいえる武器輸出解禁」[54]という見方も提起されるなど，[55]それまでの例外化の議論とは異なり，武器輸出が加速することへの懸念が論壇や一部マスメディアから提起された。

　新しい三原則に呼応するように，2010年代以降，武器輸出（防衛装備移転）に積極的な立場からは，日本の抑止力強化に資するため，あるいは同盟国や友好国との関係強化を行うため，防衛装備・技術協力の強化が提言されている。[56]こうした議論は，二義的にはともかく，防衛生産・技術基盤の維持・強化を主目的としているものではないので，図7-2でいうなら〈安全保障の論理〉にもとづくものといえよう。

　オーストラリアへの潜水艦輸出の「商談」は，まさにこうした論理に近似するものといえる。防衛装備移転三原則が制定されて間もない頃，オーストラリア海軍が2020年以降に導入する新型潜水艦の受注レースに，三菱重工業と川崎重工業が参入することとなった。ただし，武器輸出三原則のもと，海外への武器輸出の経験のない日本には，そのノウハウや制度がなかった。それでも安倍首相は「準同盟国」の輪を広げるべく，慎重論を押し切って進めようとした。[57]企業側は，機密の塊ともいえる潜水艦の輸出は技術流出のリスクが大きいと考

第Ⅲ部　「両義性」をどうとらえるか

えており，また導入の際に求められる現地生産に対応するノウハウも持ち合わせていなかったため，官邸の意気込みに対して終始消極的であったと伝えられている。[58]

　この事例は，第3領域と第4領域の利害の不一致を示すものである。〈安全保障の論理〉にもとづく武器輸出において生じる問題は，その主体となる企業が，どれだけそれに協力的になるのかという点である。防衛装備移転三原則が策定され，政府が防衛装備・技術協力に積極的に乗り出そうとしても，武器輸出に係る諸制度の未整備，ノウハウの不足，受け入れ国についての情報の不足など，企業の事業環境整備が十分行われていないなかでそれを行うのは，企業にとってリスクが大きすぎる。

　ただし，改善すべき課題についてはすでに有識者会議からの指摘などもあり，[59]やがて時間とともに関連各省の連携によって整備が進んでいくものと思われる。しかし，こうした行政の側で進められる制度整備だけでは解決しない課題がある。それがレピュテーション・リスクである。図7-1でみたように，一般の人々の間には武器輸出に対するマイナスのイメージがいまだに残っている。現在，日本の大手防衛企業の防需比率は，軒並み10％を下回る水準である。そうしたマイナーな部門のために，しかも確実に利益が見込まれるかどうかも不明瞭な武器輸出に乗り出すことは，〈企業の論理〉からみれば合理的ではなく，場合によっては株主からの反発も想定される。[60]先ほどあげた有識者会議の報告書でもレピュテーション・リスクへの言及はあるが，それを克服するための方策の提示までは行われていない。[61]

　政府や経済団体の積極的姿勢に対し，[62]大手防衛企業のなかに武器輸出に積極的に乗り出そうとする機運はその後もほとんどみられず，実際に防衛装備移転三原則の制定後，2017年末に至るまで完成品の輸出は1件もない。それは，供給過剰の国際市場において，そもそも日本に国際競争力をもつ「商品」が存在しないという理由もあろうが，「本格的に取り組めば，武器商人とのレッテルを貼られかねない」とする〈企業の論理〉にもとづく消極姿勢も理由の1つであろう。[63]

（3）ま と め

　日本を取り巻く安全保障環境の変化，あるいは防衛生産を取り巻くグローバル化の影響を受け，ポスト冷戦期の日本においては，かつてみられたような「思考停止」状況から脱し，いかなる武器輸出であれば許容できるのかという議論が展開されるようになった。その過程で，〈防衛生産・技術基盤の健全性〉に関わる国際共同開発・生産に関しては，与野党間でおおむね合意が図られ，さらに複数の大手マスメディアが肯定的な見解を表明していることが明らかになった。

　ここで，防衛生産・技術基盤の概念について少し整理をしておきたい。防衛生産・技術基盤とは防衛省・自衛隊の活動に必要な防衛装備品を開発・製造（購入）・運用・維持整備・改造・改修するための人的，物的，技術的基盤であり，[64] 戦前のような工廠（国営軍需工場）をもたない日本において，その機能・役割の大部分は防衛産業が担っている。とはいえ，その基盤の健全性を維持することが，すなわち防衛産業をありのままに保護することになるわけではない。

　2014年に防衛省から発表された「防衛生産・技術基盤戦略」において，[65] それまでの防衛装備の国産化方針に代わり，今後は防衛装備品の特性に応じて複数の取得方法を適切に組み合わせる方針が打ち出された。ここで提示された取得方法は，国内生産，国際共同開発・生産，ライセンス国産，民生品等の活用，そして輸入の5つである。つまり，「選択と集中」によって日本が今後も維持・強化すべき分野においては国産化を堅持しつつも，その他については種々の制約や条件に鑑みて柔軟に取得方法を決定することが，この「基盤戦略」において明確化されたのである。[66] ただし，これまでのところ，防衛省が選択と集中の方針を明確にして，防衛産業に集約や再編を促した形跡はない。

おわりに

　本章では，武器輸出をめぐる戦後の論争を，位相角のモデルにならった二次元空間に定置する作業を行いながら振り返ったが，そこで得られた示唆は，以下のとおりである。

　第1に，左右対立という単線的な図式では表現しきれない議論の構図が改め

第Ⅲ部 「両義性」をどうとらえるか

て明らかになった。それは護憲派，保守，そして防衛産業という三者がそれぞれ第2，第4，第3領域を占位しており，それぞれ固有の論理をもっているということである。

第2に，時期によって論争が生じた位置が異なるという点である。1980年代までは，主として第3領域で生じる武器輸出解禁論に対し，第2領域から批判が浴びせられるという構図であったのに対し，1990年代以降は，第3領域からの主張は，少なくとも表向きは消滅し，第4領域および第1領域に対する第2領域からの批判という構図に変化する。

第3に，第3領域と第4領域の間にある緊張関係である。第2領域の立場からみれば，この両者は武器輸出の緩和をめぐって共闘関係にあるとみられるかもしれないが，しかし，対米武器技術供与やオーストラリアへの潜水艦輸出事例でみられたように，〈企業の論理〉と〈安全保障の論理〉とがつねに利害を一致させるわけではない。

第4に，平和国家の理念を踏み越えず，戦略的要請に対応するという第1領域に関わる議論のベースが，2000年代以降に興隆したことである。主要政党，あるいはマスメディアにおいて，防衛生産・技術基盤の維持という観点から，国際共同開発・生産に伴う武器輸出を容認するという合意が生まれた。

最後に，第1章の図1-10にならい，第3領域が他のすべての領域と位相角を近似させるということの意味を確認しておきたい。

第3領域は〈企業の論理〉であり，この論理にもとづく武器輸出は「死の商人」と厳しく批判されたことは第2節で確認したとおりである。しかし，非武装論を除くどのような立場であっても，〈企業の論理〉，つまり防衛産業の経済合理性を無視した議論は非現実的である，ということになるだろう。

第2領域は，防衛産業に対し懐疑的ないしは批判的な論調が主流となるが，自衛隊を合憲と受け入れるのであれば，やはり「日本の安全保障に必要となる軍事技術を，国際共同開発・生産を行わずに，どのように獲得するのか」という政策課題に答えなければならない。もちろん，すべて輸入する，あるいはすべて国内で開発するという選択肢もあろうが，それならばその際のコストとリスクを提示しなければならない。これが，「護憲派」が見落としがちな視点である。

第4領域は，戦略的な観点から武器輸出を推進する立場になるが，知的財産権の保護，あるいは武器輸出に関わることのレピュテーション・リスクという〈企業の論理〉を慮らない政策目標では，企業の協力を得られない可能性が高い。これが，保守の立場が見落としがちな視点である。

そして第1領域は防衛生産・技術基盤の維持という点で，〈企業の論理〉と近似する立場となるが，しかし，それはあくまでも防衛政策全体のみならず，財政政策や産業政策も含む幅広い公共政策の文脈にもとづいてその最適解が導出されるべき性質のものであり，その観点から防衛産業の「身を切る改革」を求める立場にもなる。この点で，単なる防衛産業の保護とは異なるのである。

注
1）　近年では，その実態に即して防衛装備移転と呼称する用例が広まりつつあるが，いまだ人口に膾炙したとはいえない。また，本章では一般の人々がもつ「印象」に関する議論を展開するため，巷間より広く認識されている「武器輸出」の語をあえて用いる。そしてここには「武器技術の移転」も含める。防衛省の報告書等の引用，あるいは発言者の引用等の場合は，この限りではない。
2）　佐藤首相が表明した武器輸出三原則と三木内閣の「政府統一見解」を総称して，行政上の用語では「武器輸出三原則等」と称されているが，本章では新聞等メディアの用語に合わせ，「政府統一見解」を含め武器輸出三原則と呼称する。
3）　外務省「武器輸出三原則等」，http://www.mofa.go.jp/mofaj/gaiko/arms/mine/sanngen.html。
4）　たとえば，共産党の畠山和夫衆議院議員は，2017年4月19日の衆議院経済産業委員会で，武器輸出禁止は非核三原則とともに国是とされてきたとの認識を示している。第193回国会衆議院経済産業委員会議事録第9号，29頁。
5）　武器輸出三原則を中心に，国会における武器輸出管理の議論を網羅的に取りまとめた労作として，森本正崇『武器輸出三原則』信山社，2011年がある。
6）　武器輸出三原則にみる反軍国主義規範についての先行研究として，畠山京子「国内規範と合理的選択の相克——武器輸出三原則を事例として」『国際政治』181号，2015年9月，115-128頁がある。
7）　筆者は，武器輸出を一くくりにするのではなく，武器の性質（殺傷性の高低など）や対象国，目的などによっては，人々のイメージや評価が変わる可能性があることを実験的な意識調査によって明らかにした。松村博行「日本における武器輸出に対する否定的態度の特徴——試行的意識調査の結果に基づいて」『立命館国際地域研究』45号，2017年3月，63-79頁。
8）　相原三紀子「武器輸出三原則——その背景と課題」『外交時報』No.1340，1997年，120頁。
9）　森本敏編『武器輸出三原則はどうして見直されたのか』海竜社，2014年，67頁。ただし，

第Ⅲ部 「両義性」をどうとらえるか

本書は座談会参加者が匿名で語るという形式をとっているため，発言者が誰なのかは不明。

10) 金垣茂「健全な防衛産業の構築にむけて」『正論』特別増刊号3，1982年，71頁。

11) 1951年，経団連が中心となり，日米経済協力を推進する「日米経済提携懇談会」が発足，後にこれが「経済協力懇談会」と改組されたが，防衛生産委員会はこの懇談会に設けられた3つの委員会のなかの1つという位置づけであった。富山和夫『日本の防衛産業』東洋経済新報社，1979年，29頁。

12) 経団連防衛生産委員会『防衛生産委員会十年史』防衛生産委員会，1964年，182-183頁。

13) ただし，相手国の対外支払能力の不足，日本の防衛産業の乏しい競争力，さらに，武器輸出に係る関連省庁との「甚だ面倒な折衝」という阻害要因などから，弾薬などを除き，この時期東南アジアへの輸出は実際にはほとんど成功しなかった。

14) 経団連防衛生産委員会前掲書，151頁。

15) 同上，198-199頁。

16) 『朝日新聞』1956年4月22日。

17) 第24回国会参議院会議録第41号，600-601頁。

18) 同上，601頁。

19) 同上。

20) 村上薫『日本防衛の新構想』サイマル出版会，1973年，207頁。

21) 森本正崇前掲書，275-276頁。

22) 『朝日新聞』1967年4月27日。

23) 『読売新聞』1965年6月30日。

24) 『朝日新聞』1967年4月23日。

25) 第55回国会衆議院決算委員会議録第5号，10頁。

26) 永松恵一『日本の防衛産業』教育社，1979年，81-82頁。

27) 『読売新聞』1975年11月6日。

28) 坂井昭夫『日本の軍拡経済』青木書店，1988年，275頁。

29) 1978年4月にはここに武器製造技術も追加される。

30) しかし，その後もこの種の航空機が輸出されることはなかった。坂井前掲書，276頁。

31) 『読売新聞』1976年2月7日。

32) 『日本経済新聞』1982年3月22日。

33) 『日本経済新聞』1982年4月29日。

34) 『毎日新聞』1982年12月24日。

35) 李娜兀「日本の対米軍事協力メカニズム——「武器輸出三原則」の解釈を中心に」『法学政治学論究』66号，2005年，123-124頁。

36) 『日本経済新聞』1982年3月22日。

37) 『読売新聞』1981年1月12日。

38) 読売新聞の社説も，①三原則の緩和は平和国家の理念に陰りが生じ，海外での日本のイメージが悪化する，②第三世界の紛争を激化させる，というデメリットを提示したうえで，結論として「世界平和と繁栄のために，日本は，むしろ三原則を外交上の強みと

して生かし，通常兵器輸出の制限を世界に向かって呼びかけるべき」だと主張している。

39) 『読売新聞』1976年2月9日。

40) 森本正崇前掲書，383頁。

41) 『防衛白書』各年版。

42) 佐藤丙午「技術開発と安全保障貿易管理——オープン・マーケット・アプローチと輸出管理」『国際政治』179号，2015年，16-29頁。

43) 外為法には輸出についての定義がなく，そこでは関税法で定義される「輸出」と同義と考えられてきた。それは，経済的対価を伴う一般的な貿易に加え，日本から貨物を国外に送り出す行為はすべて外為法上の「輸出」の扱いとなる。森本正崇前掲書，8頁。

44) 『朝日新聞』2004年1月5日。

45) さらにこのとき，「平和貢献を目的とする武器輸出」も例外化の対象となった。ここでは，ヘルメット，防弾チョッキ，重機，巡視艇など殺傷性の低いものに限り認められた。

46) 『日本経済新聞』2013年3月1日。ここでは，F35を導入予定のイスラエルが紛争当事国であることが，紛争当事国への移転を禁じた三原則に抵触するという点が問題とされた。

47) 『日本経済新聞』2009年6月21日。

48) 『読売新聞』2010年1月27日。

49) 金子豊弘「改憲・武器輸出・宇宙軍事利用の旗振り役としての日本経団連」『前衛』2007年5月号，107頁。

50) 足立浩「日米軍需産業間交流と『融合化』傾向——『日米技術フォーラム』を中心に」『KEIZAI』2008年6月号。

51) 平澤歩「ミサイル防衛——日米軍事産業の補完的一体化」『KEIZAI』2007年7月号，83頁。

52) 防衛省「防衛装備移転三原則について」，http://www.mod.go.jp/j/press/news/2014/04/01a.html。

53) 佐藤丙午「現実的で穏健な緩和措置としての新原則」『KOMEI』2014年5月号，51頁。

54) 池内了・青井未帆・杉原浩司編『亡国の武器輸出——防衛装備移転三原則は何をもたらすか』合同出版，2017年，35-36頁。

55) 古賀茂明「悪魔の成長戦略——民意が変質させられる前に」『世界』883号，2016年6月，124頁。

56) 森本敏前掲編，352-355頁など。

57) 『日本経済新聞』2015年3月2日。

58) 望月衣塑子『武器輸出と日本企業』KADOKAWA，2016年，72-94頁。

59) 防衛装備・技術移転に係る諸課題に関する検討会「『防衛装備・技術移転に係る諸課題に関する検討会』報告書」2015年9月，http://www.mod.go.jp/atla/soubiseisaku/soubiseisakugijutu/kenntou.pdf。

60) 桜林美佐「防衛装備移転三原則と装備品産業の動向——国際市場から見た日本製品の位置づけに関する考察」『CISTEC journal』No.157，2015年5月，59頁。

61) 防衛装備・技術移転に係る諸課題に関する検討会前掲書，3頁。

第Ⅲ部　「両義性」をどうとらえるか

62)　2015年に経団連が発表した「防衛産業政策の実行に向けた提言」では，防衛装備品の海外移転を国家戦略として推進すべきだと提起されている（http://www.keidanren.or.jp/policy/2015/080_honbun.html）。

63)　『日本経済新聞』2017年10月20日。

64)　防衛産業・技術基盤研究会「防衛産業・技術基盤の維持・育成に関する基本的方向——21世紀における基盤の構築に向けて」2000年11月，6－7頁，http://www.mod.go.jp/j/approach/agenda/meeting/bo-san/houkoku/tyukan.pdf。

65)　防衛省「防衛生産・技術基盤戦略——防衛力と積極的平和主義を支える基盤の強化に向けて」2014年6月。

66)　「防衛生産・技術基盤戦略」が制定されるまでの過程およびその内容については，松村博行「防衛生産・技術基盤の改革と外部技術へのアクセス」『社会情報研究』15号，2016年を参照のこと。

第IV部──軍事と非軍事の「境界」

第8章 開発協力大綱をめぐる言説

非軍事目的の他国軍への支援に焦点を合わせて

山 口 航

はじめに

2016年時点で，日本の政府開発援助（ODA）実績は，支出純額ベースで100億ドル以上にのぼる。これは，経済協力開発機構（OECD）開発援助委員会（DAC）加盟国のなかで，米国，ドイツ，英国に次ぐ第4位である。[1] 今日，政府の歳出が税収を上回り財政の健全化が叫ばれている。それでも，図8-1のとおり，日本が開発協力をやめるべきであると考える人は少数派であり，その実施自体にはコンセンサスがある。[2]

だが，2015年2月10日に閣議決定された開発協力大綱をめぐり，援助の方針に関する意見の対立が明らかになった。とくに，大綱で他国軍への非軍事目的の支援に言及されたことに関して，賛否が分かれたのである。たとえば，読売新聞は，大綱が閣議決定された翌日に「開発協力大綱　戦略的ODAで国益追求せよ」との社説で肯定的な意見を表明した。[4] 他方，同日の朝日新聞の社説は，「開発協力大綱　外交の変質を恐れる」とのタイトルで，大綱の「最大の変化は他国軍への支援を一部解禁したことである」との認識を示しつつ，他国軍への支援を批判した。[5]

議論が分かれた背景には，後述のように，援助の目的に対する考え方の違いがある。開発協力大綱を支持する立場には，主に国際環境に対応するという目的を強調し他国軍への支援を認める議論がみられる。他方，反対論には，日本の平和主義を堅持するという目的を重視し他国軍への支援を認めない傾向がある。つまり，図8-2に示したとおり，開発協力大綱に関しては，その賛否をめぐる二項対立の単純な構図があるように一見思われる。

しかしながら，本章で明らかにするように，開発協力大綱に賛成か反対かと

第 8 章 開発協力大綱をめぐる言説

図 8-1 開発協力のあり方

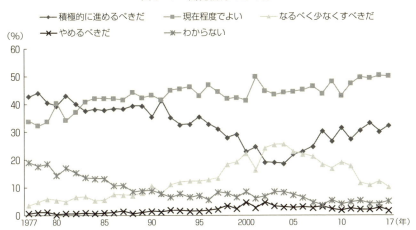

出所:「外交に関する世論調査」より筆者作成。3)

図 8-2 開発協力大綱をめぐる二項対立?

出所:筆者作成。

いう二項対立の構図では,援助の目的についての多様な考え方が捨象されているため,十分に説明できない立場が出てきてしまう。そもそも,それぞれの主張の根底にある国際環境の視点と平和主義の観点は,論理的に考えて相互に排他的ではなく,開発協力大綱をめぐる議論を単一の軸に収束させることは困難である。

そこで本章は,他国軍への支援に焦点を合わせて開発協力大綱をめぐる言説

151

第IV部　軍事と非軍事の「境界」

を分析することによって，二項対立ではなく位相角を提示し，援助政策をめぐる議論を整理しつつとらえ直すことをめざす。以下，**第1節**において，ODAの原則に関する流れをふまえながら開発協力大綱の内容を瞥見する。**第2節**で，開発協力大綱に他国軍への支援が盛り込まれたことに関する言説を考察し，上記の二項対立では十分に説明できない立場があることを日本政府を例にとって論じる。そのうえで，**第3節**にて，議論の見取り図としての位相角を提示する。

第1節　開発協力大綱の策定

（1）ODAの原則

1970年代から，日本の援助が軍事的用途に充てられることのないよう，国会で決議がなされてきた。たとえば，衆議院外務委員会では，1978年に「対外経済協力に関する件」として，「今後とも軍事的用途に充てられる或いは国際紛争を助長する如き対外経済協力は行わないよう万全の措置を講ずること」が決議されている[6]。さらに，1981年にも「経済協力に関する件」として，「軍事施設等軍事的用途に充てられる経済・技術協力は行わないこと」，「紛争当事国に対する経済・技術協力については，その紛争を助長するがごときものは行わないこと」が決議された[7]。稲田十一は「日本のODAの確固たる『規範』の一つとして，軍事的要素との関連を極力排除する点があげられる」と論じている[8]。

このような動きを受けて，1991年4月には，海部俊樹首相が参議院予算委員会においてODA四指針を表明する。ODA四指針とは，以下の4点に十分注意を払うというものである[9]。第1に「開発途上国はみずからの経済社会開発のために自国の資金，人材，その他の資源を適正かつ優先的に配分し活用することが望まれるという観点から，被援助国における軍事支出の動向」，第2に「国際社会における核兵器等の大量破壊兵器及びミサイルの不拡散努力を強化するという観点から，被援助国におけるこれらの兵器の開発製造等の動向」，第3に「国際紛争を助長しないという観点から，被援助国の武器輸出入の動向」，そして第4に「被援助国の民主化の促進及び市場志向型経済導入の努力並びに基本的人権及び自由の保障状況」である。この四指針をめぐっては，被援助国は当惑・懸念を表明したり理解・評価したりと反応が分かれたが，援助各国は

おおむね好意的な反応を示した。[10]

ODA四指針は，翌1992年に閣議決定されたODA大綱にも，以下のとおり盛り込まれることとなった。[11] ODA大綱とは，日本の援助政策の方向性を示してきた文書である。

（1）環境と開発を両立させる。
（2）軍事的用途及び国際紛争助長への使用を回避する。
（3）国際平和と安定を維持・強化するとともに，開発途上国はその国内資源を自国の経済社会開発のために適正かつ優先的に配分すべきであるとの観点から，開発途上国の軍事支出，大量破壊兵器・ミサイルの開発・製造，武器の輸出入等の動向に十分注意を払う。
（4）開発途上国における民主化の促進，市場指向型経済導入の努力並びに基本的人権及び自由の保障状況に十分注意を払う。

このように，日本の援助の軍事的な使用を認めない姿勢を政府は明確にした。たとえば，1994年には，ガンビアで軍事クーデターが発生したことを受け，ODA大綱の「軍事的用途及び国際紛争助長への使用を回避する」との第2原則にのっとり，同国への援助が見直されている。[12] ODA大綱の原則は，機械的な適用は回避しつつも，途上国の政治的側面と援助実施とをリンクさせているという意味で，政治的コンディショナリティの一形態と見なすことができる。[13]

このODA大綱の四原則の趣旨は，2003年にODA大綱が改定された際も踏襲された。そこでは，「援助実施の原則」として「軍事的用途及び国際紛争助長への使用を回避する」ことがうたわれた。[14]

（2）開発協力大綱

2015年にODA大綱がふたたび改定され，援助の理念や原則などの大方針を定めた開発協力大綱が策定されることとなった。そこでは，開発協力というODAより広い概念が採用され，OECDのDACの定めに縛られずに援助を実施する姿勢が示された。1989年から90年まで外務省経済協力局開発協力課長を務めた小島誠二は，「元々ODAというのは，DACにおいて，加盟国からの援助報告を取りまとめるに当たり共通の基準が必要として作成されたものである。このような『DAC統計作成基準としてのODA』がこれまで『政策としてのODA』

第Ⅳ部　軍事と非軍事の「境界」

を規定するような面があったことは否めない」と指摘する[15]。

　開発協力大綱では，従来の表現を残したうえで，「民生目的，災害救助等非軍事目的の開発協力に相手国の軍又は軍籍を有する者が関係する場合には，その実質的意義に着目し，個別具体的に検討する」との一文が追加された[16]。その前年には，ODA大綱見直しに関する有識者懇談会（座長：薬師寺泰蔵慶應義塾大学名誉教授）が，「現代では軍隊の非戦闘分野での活動も広がっており，民生目的，災害救助等の非軍事目的の支援であれば，軍が関係しているがゆえに一律に排除すべきではな」いと提言しており[17]，開発協力大綱はこの議論に沿ったものである。折しも第二次安倍晋三政権は，国際協調主義にもとづく「積極的平和主義（proactive contribution to peace）」を掲げ，集団的自衛権の行使容認や武器輸出三原則の見直しに着手していた。ある外務省幹部は，安倍政権の外交・安全保障政策にとって，開発協力大綱はそれらに並ぶ「３本目の矢」と位置づけている[18]。

　また，開発協力大綱には，ODA大綱に盛り込まれなかった「国益」との表現が明記された。そこでは，国際協力を通じて「我が国の平和と安全の維持，更なる繁栄の実現，安定性及び透明性が高く見通しがつきやすい国際環境の実現，普遍的価値に基づく国際秩序の維持・擁護といった国益の確保に貢献する」と言及されている[19]。開発協力大綱は2013年12月17日に閣議決定された国家安全保障戦略をふまえており，その国益の表現も「ODAの積極的・戦略的活用」をうたった同戦略と整合的である[20]。

　国益への考慮は，脆弱な島嶼国などへの援助に垣間みえる。従来は，OECDのDACの定めに従い，「１人当たりの国民総所得１万2,745ドル以下」のODA対象国に援助を実施してきた。だが，開発協力大綱では，DACの基準を上回った「ODA卒業国」に対しても，支援の道を開いた。このねらいについて，外務省幹部は「国連で計14票を持つカリブ共同体は一致した行動を取ることが多く，日本が支援する効果は高い」と語っている[21]。

　国益を重視する流れは以前からもあったが，国益という表現がこれまでのODA大綱に盛り込まれることはなかった。たとえば，2003年のODA大綱改定の際，国益という言葉を入れるか否かが議論の俎上に載ったが，激論になり合意を得られなかったという[22]。ただし，2003年のODA大綱では日本の利益や「国

154

民の利益」に言及されており，事実上国益を重視する姿勢を看取できる。日本の対外援助は，明確には定式化されていなかったが，自国の利益が考慮されてきたとの指摘もある。[23]

（3）援助政策の多様化

開発協力大綱が策定された背景には，今日の援助政策の手段や対象がより多様化しているという事情がある。欧州では，欧州連合（EU）や北大西洋条約機構（NATO）を通じて，安全保障，政治，社会的な支援をシームレスかつ総合的に行う，「包括的アプローチ（Comprehensive Approach）」が打ち出された。米国でも，外交（Diplomacy）・防衛（Defense）・開発（Development）が政府横断的に取り組む，いわゆる「３Ｄ」アプローチが実践され，対外政策のより効率的・効果的な遂行がめざされている。[24]

日本でも近年，防衛省・自衛隊による能力構築支援や，国連平和維持活動（PKO）など，他の政策や多様なアクターとの連携も模索されている。国家安全保障戦略においては，「我が国がとるべき国家安全保障上の戦略的アプローチ」の１つとして，「PKOとODA事業との連携の推進，ODAと能力構築支援を更に戦略的に活用を図る」ことが明記された。[25]これを受け，防衛白書でも「わが国の防衛の基本方針」として「能力構築支援については，政府開発援助（ODA: Official Development Assistance）を含む外交政策との調整を十分に図りつつ推進するとともに，対象国及び支援内容を拡充していく」と述べられている。[26]

たとえば，南スーダン共和国の首都ジュバ市ナバリ地区では，自衛隊施設部隊とODA事業の連携がみられた。自衛隊施設部隊が，「草の根・人間の安全保障無償資金協力」によって調達された資材を使用して，国連南スーダン共和国ミッションの下で舗装工事を実施した。[27]さらに，タイでは，コブラ・ゴールドと呼ばれる多国間共同訓練において，自衛隊とODAの連携した活動が実施された。自衛隊医療チームが現地で医療提供などを実施し，これと連携して，外務省が「草の根・人間の安全保障無償資金協力」により保健施設を供与することを決定するなど，その取り組みは広がっている。[28]

ただし，木場紗綾と安富淳は，「現行の制度では能力構築支援による人材育成の対象は軍に限定されており，外務省は，軍と文民の混成チームに対して

第Ⅳ部　軍事と非軍事の「境界」

ODAを供与することにはまだまだ消極的である」と指摘する。少なくとも現時点では，「ODAによる外務省から文民組織への（civilian to civilian）援助か，能力構築支援による防衛省・自衛隊から軍組織への（military to military）支援しか現実的ではないのである」。このように，多様な事業やアクターとの連携が模索されているものの，実際には課題も多い。

第2節　開発協力大綱をめぐる議論

（1）賛 成 派

　以上のような流れを背景として開発協力大綱が策定されたが，賛否が分かれることとなった。読売新聞は，冒頭の社説で非軍事目的の他国軍への支援を認め，開発協力大綱の策定に賛成の意を示した。「ODAで重視すべきは，支援の対象機関ではなく，その目的のはずだ。軍隊が重要な民生活動を担っている場合は，一律に排除するのは適切ではない」と指摘している。そして，「途上国が本当に必要とする支援の実情を吟味し，前向きに対応することが相手国との信頼関係を築き，日本への評価につながる」として，開発協力大綱が日本の国益に資すると論じた。また，2014年10月30日の「新ODA大綱案 平和目的の軍支援は進めたい」との社説では，開発協力大綱の原案について，「原案は重点課題として，『自由，民主主義，基本的人権の尊重，法の支配』などの普遍的価値にもとづく支援を明示した。中国を念頭に，東南アジア諸国などとの連携を強化するのは適切である」と主張していた。さらに，「平和構築支援としての途上国の海上保安や治安維持，テロ対策の能力強化など」は，「日本の海上交通路（シーレーン）の安全確保につながり，国益に資する」と述べている。すなわち，国際環境の整備が，日本の安全保障上の利益につながるとの議論である。

　同様に，2015年2月11日の日本経済新聞も，援助の軍事転用を禁止する措置が必要であると指摘しつつも，開発協力大綱に肯定的な社説を掲載した。そのタイトルは「国際環境の変化が促すODAの改革」であり，「大規模なテロや災害，組織犯罪などが国境を越えて広がり，途上国の発展にとっても深刻な火種になっている。こうした国際環境の現実を考えると，改定の方向性は妥当といえ

るだろう」と表明した[32]。産経新聞の2014年6月29日の社説も，有識者懇談会の報告書が「軍事的用途の回避」原則の緩和を提言したことを肯定的にとらえている。「日本を取り巻く国際環境が厳しさを増す中で，ODAにも戦略性が求められるようになっている。政府は時代の要請に応じた報告書の方向性を，年内に策定する新大綱に生かしてほしい」と主張していた[33]。

　また，荒木光弥国際開発ジャーナル社主幹は「開発途上国は軍事政権も多く，軍籍を持ちながらテクノクラートとして働く人たちがたくさんいます。軍籍という基準だけで排除してしまうのはよくないでしょう」と述べている[34]。さらに，国際協力機構 (JICA) 理事長の田中明彦は，「つまり大綱が述べている『国益』は，短期的直接的なものというより，長期的環境的なものである。これは，『情けは人のためならず』ということわざや『恩おくり』という言葉に表されるような普遍的な人間関係の常識を反映している」と指摘した[35]。

　これらの意見は，国際的な安全保障環境や国外における事情など，広い意味での国際環境を念頭に置き，開発協力大綱の方向性を支持していることがわかる。

（2）反 対 派

　他方，朝日新聞は，開発協力大綱について「他国軍支援が拡大する恐れはぬぐえない」と，懸念を冒頭の社説で表明した[36]。さらに，2015年1月9日の社説でも，「政府がこれまでODAを他国軍に一切使わなかったのは，1992年の最初のODA大綱で記した『軍事的用途及び国際紛争助長への使用を回避する』との原則を03年の改定時にも維持し，厳しく運用してきたからだ」と主張し，「他国軍に提供した物資・技術は，その国の使い方次第で軍事転用されるおそれもある」と指摘した[37]。

　他国軍への支援に否定的な意見の根底には，戦後日本の「平和主義 (pacifism)[38]」の存在があると説明できよう。朝日新聞もたびたび平和主義の観点から論陣を張っている。たとえば，「武器輸出三原則の撤廃，そして集団的自衛権の行使容認に向けた動き。安倍政権は『積極的平和主義』の名のもと，戦後日本が堅持してきた『平和国家』としての外交政策を次々と変えようとしている。今回のODA改革も，その文脈にある。性急に結論を出すのは危うい」との社説を

第IV部　軍事と非軍事の「境界」

2014年6月29日に掲載していた。さらに、「日本に好ましい国際環境を構築するといっても、過度の国益重視は平和国家としてのソフトパワーを弱める懸念がある」とも述べている。[39]　読売新聞の社説が、開発協力大綱にもとづく援助が日本の評判を高めると論じたのとは、反対の主張である。

　他にも、平和主義の観点から開発協力大綱への批判が展開された。毎日新聞の社説は、2015年1月18日に「民生用に供与した物資や技術が軍事転用されるのを防ぐ歯止めはない。ODAの非軍事・平和主義の理念が骨抜きになりかねない」と指摘した。[40]　さらに、国際ボランティアセンターなどの市民グループも、ODA大綱の改正が議論されているときに、「ODA大綱4原則における『非軍事主義』理念の堅持を求める市民声明――四原則緩和は、日本の平和理念を崩壊させる」を出している。[41]

　このような意見の背景には、短期的な自国の利益偏重に対する批判がある。たとえば、国際協力NGOセンター（JANIC）理事長の大橋正明は、「……貧困の解消によって世界に平和と安定をもたらし、日本の平和につなげる、という長期的な視野に基づいた『国益』であるなら賛成だ。しかし、今回の大綱が指している『国益』とは、日本が経済的に利益を得るという短絡的な意味に過ぎないのではないか。目先の経済的利益を重視するあまり世界の貧困削減をおろそかにすると、かえって長期的な国益を損ねることを懸念している」と主張した。[42]　ここでは国益という用語が主として、短期的、直接的な日本にとっての経済的利益という文脈で用いられ、批判されている。

（3）二項対立で説明しきれない立場

　以上のように、読売新聞に代表される立場は、主に国際環境という観点から他国軍への支援を認め、開発協力大綱を支持していることがわかる。他方、朝日新聞などの立場は、平和主義の理念を強調し大綱を批判している。開発協力大綱をめぐっては、このような二項対立があるように一見思われる。

　しかしながら、これらの主張は論理的に相互に排他的ではなく、1つの対立軸に単純化してとらえることには無理がある。国際環境に配慮して他国軍への支援を認めるか、平和主義の立場から認めないかという対立軸では、うまく説明できない立場が出てきてしまうのである。

第**8**章　開発協力大綱をめぐる言説

　二項対立の図式では十分に説明できない立場の最たる例として，日本政府のそれを取り上げよう。開発協力大綱では，グローバル化や相互依存の深化など，国際社会が変化するなかにあって，「平和で安定し，繁栄した国際社会の構築は，我が国の国益とますます分かちがたく結びつくようになってきており，我が国が，国際協調主義に基づく積極的平和主義の立場から，開発途上国を含む国際社会と協力して，世界が抱える課題の解決に取り組んでいくことは我が国の国益の確保にとって不可欠となっている」との認識が明らかにされている[43]。また，外務省国際協力局長として開発協力大綱策定に携わった石兼公博は，新大綱の考えを「……開発協力により，開発途上国の貧困を削減し，成長を促進することで，結果的に日本にとって望ましい国際環境ができる，そのことは国益であるという従来からの考え方だ。短期的視点だけでなく，中長期的な視点で考えてほしい」と説明している[44]。すなわち，開発協力大綱において，国際環境の変化を念頭に置くことと平和主義は相反するとは考えられておらず，両者の観点が共に示されていることがわかる。

　このような日本政府の立場は，他国軍への支援をめぐる議論を通じても明らかになった。開発協力大綱で他国軍への支援に言及されたことについて，朝日新聞は2015年1月9日，「ODA，他国軍支援解禁」と報じ，「日本がODAを始めてから60年あまり，軍への支出を一切してこなかっただけに，大きな転換となる」とした[45]。また，ジャパン・タイムズ紙も「紛争を助長する援助」と開発協力大綱が従来のODA政策からの転換であるとして批判的な社説を掲載した[46]。

　だが，上記の見解と日本政府の立場は異なる。ジャパン・タイムズ紙の社説に対して，外務省の岡庭健外務副報道官（兼国際協力局審議官）は，反論投稿「新しい開発協力大綱は方針を維持している」を同紙に寄せた。そこで，「新大綱は非軍事的協力による世界の平和と繁栄への貢献という方針を維持しており，これはODAの60年を通じて，日本が堅持してきたものである。旧大綱下と同様に，日本は，開発協力の軍事的用途及び国際紛争助長への使用の回避の原則を維持している」と反論した[47]。

　策定された開発協力大綱について，岸田文雄外相も記者会見で，以下のとおり明言している。

第Ⅳ部　軍事と非軍事の「境界」

　まず，新大綱におきましても引き続いて軍事的用途および国際紛争助長への使用の回
避の原則，この原則は定めております。開発協力により軍事目的の支援を行うこと，
これは今後もありません。同原則に抵触するために出来なかったことが，この新大綱
によって出来るようになる，こういったことは無いということは確認しておきたいと
思います。……そして，これまでも民政目的あるいは災害救助等，非軍事目的の活動
であれば，軍あるいは軍人に対する協力も行ってきました。これは実績として存在い
たします。近年，紛争後の復旧とか復興，さらには災害救助等，非軍事目的の活動に
おいても軍が重要な役割を果たすようになっていることをふまえて，新大綱では，こ
れまで十分明確でなかった軍，軍人に対する非軍事目的の協力に関する方針，これを
改めて明確化したというのが実態であります。[48)]

　さらに，高杉優弘外務省国際協力局政策課長は，「これまでも，例えばセネ
ガルで，軍のもとにある病院がありまして，産科の建物があるのですが，そち
らへの支援を実施した経緯があります」と，相手国の軍や軍籍を有する者が関
係する場合でも，従来から非軍事目的の支援を実施していたと説明した。[49)]
　このように，政府は，開発協力大綱は従来の方針の変更ではないとしており，
方針の転換であると主張する立場と，そもそも見解の相違がある。従来の方針
からの転換ではないため，これまでの平和主義を毀損することはないというの
が，日本政府の立場である。

第 3 節　開発協力大綱における位相角

　以上より，開発協力大綱をめぐる議論において，国際環境を重視し他国軍へ
の支援を認めるか平和主義からそれを認めないかという直線的な対立軸は，成
立していないことがわかる。むしろ，国際環境を重視するか否か，および平和
主義を強調するか否かという，2つの別の軸に分ける方が妥当である。
　このように考えると，開発協力大綱をめぐっては，図 8-3 のとおり位相角
を描き 4 つの理念型を導くことができる。
　第 2 領域は，援助政策において国際環境を強調せず，かつ平和主義の要素を
強調する立場である。他国軍への支援が日本の平和主義を傷つけるとしてそれ
を認めない立場を，ここでは「反軍主義」と呼ぼう。朝日新聞などの議論はこ
の領域にあてはまる。

160

第 8 章　開発協力大綱をめぐる言説

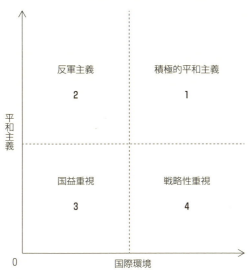

図 8-3　開発協力大綱をめぐる位相角

出所：筆者作成。

　第 4 領域は，国際環境を強調し，かつ平和主義の要素を前面に出すことはない立場である。国際的な安全保障環境に戦略的に適応するためという，いわば「戦略性」の観点から，非軍事目的の他国軍への支援の有用性を認める。読売新聞などの議論が典型例である。
　ただし，朝日新聞などが国際的な安全保障環境への配慮を完全に否定しているわけではないことには留意が必要である。また，読売新聞も「平和目的の軍支援は進めたい」との社説を掲載するなど，平和主義の観点を等閑視しているわけではない。したがって，それぞれの要素を偏重するか無視するかではなく，相対的にどちらにより重きを置いているかどうかである。
　冒頭で述べたとおり，開発協力大綱をめぐっては以上の 2 つの立場が対立したように，一見思われる。しかしながら，必ずしもこれらに収斂しない立場の存在が，位相角によって視覚的に認識できる。すなわち，第 1 領域と第 3 領域である。
　前者は，国際環境と平和主義の要素を両方強調する立場であり，国際協調主

161

第Ⅳ部　軍事と非軍事の「境界」

義にもとづく「積極的平和主義」を掲げる日本政府が好例である。国家安全保障戦略では，「……我が国は，今後の安全保障環境の下で，平和国家としての歩みを引き続き堅持し，また，国際政治経済の主要プレーヤーとして，国際協調主義に基づく積極的平和主義の立場から，我が国の安全及びアジア太平洋地域の平和と安定を実現しつつ，国際社会の平和と安定及び繁栄の確保にこれまで以上に積極的に寄与していく」と，国際環境と平和主義両方の観点が盛り込まれている。また，内閣官房の政府広報では，「積極的平和主義は，国民の生命を守りつつ，世界の平和と安定のために積極的に取り組んでいくこと」と端的に説明されている。

　第3領域は，国際環境も平和主義の要素も強調せず，援助政策の主眼は日本のためになるか否かであるという，「国益」重視の立場である。開発協力大綱に批判的な立場は，いわば狭義の国益を重視するこの領域に大綱が属するとの認識にもとづいている。また，第3領域の考え方を敷衍すると，そもそも援助が日本の国益に資することはないとなれば，開発協力が不要であるという結論に辿り着くことにもなる。だが，冒頭で述べたように，援助の実施自体を否定する立場は今日少数派である。

　第1領域と第3領域の立場は，一見正反対であるように思われる。だが，実は，第1領域も，国際的な貢献が長期的にみると日本のためになる，つまりいわば広義の国益につながるという議論である。したがって，より直接的かより間接的かの違いこそあれ，援助が自国の利益に資するべしという観点においては，2つの領域の議論がトレードオフではなく密接に関連していることがわかる。

　さらに，これは，第2領域と第4領域にもあてはまる。前者は開発協力大綱にもとづく援助が日本の国益にかなうとし，後者は長期的な国益を損ねる懸念があるなどと論じた。すなわち，第2領域も第4領域も，援助が日本のためになるか否かという共通の観点に実は立っているのである。完全に利他的な援助を求める声は，今日大きいとはいえない。このように考えると，位相角に現れる4つの立場においては，援助が長期的に日本のためになることに一定程度コンセンサスがある。本書の**第1章**で示されたとおり，第3領域は他のすべての領域と位相角を共有している。そのため，それぞれの立場の議論を架橋する可

第8章　開発協力大綱をめぐる言説

能性を第3領域は秘めているのである。

おわりに

　位相角を通じて開発協力大綱をめぐる言説をとらえ直したことによって，3
つのことが浮き彫りとなる。

　第1に，開発協力大綱をめぐる議論の齟齬である。位相角にもとづいて考え
ると，国際環境を重視し他国軍への支援を認め大綱に肯定的だった立場は，主
に第1領域と第4領域の視点から賛成したといえる。他方，平和主義の観点か
ら開発協力大綱に否定的だった立場は，政府の軸足が主として第3領域と第4
領域にあると批判した。すなわち，そもそも対象とする領域に齟齬があるため
に，双方の議論が必ずしもかみ合っていなかったのである。

　第2に，開発協力大綱の包括性である。開発協力大綱は，国際的な安全保障
環境を偏重し第1領域と第4領域だけをその主眼としたわけでも，平和主義を
軽視し第3領域と第4領域のみを援助の目的としたわけでもない。注目すべき
は，大綱はこれらの要素すべてを排除していないということである。開発協力
大綱においては「我が国の平和と安全の維持，更なる繁栄の実現，安定性及び
透明性が高く見通しがつきやすい国際環境の実現，普遍的価値に基づく国際秩
序の維持・擁護」といった多様な目的が例示されているのである。

　たしかに，開発協力大綱に対する賛成派，反対派それぞれの主張は，大綱の
一側面をとらえている。だが，もとより援助の目的は単一ではない。大綱の要
諦は，いずれかの側面だけを強調することにあるのではなく，むしろ多様な議
論を包含していることにあるのである。開発協力をめぐる議論を単純な二項対
立でとらえると，開発協力大綱の方針の包括性を見落とすこととなってしまう。

　そして，第3に，異なる立場の対話の可能性である。位相角のモデルが示唆
するとおり，開発協力大綱に賛成の立場にも反対の立場にも，実は共通の議論
の前提があることがわかる。すなわち，援助が長期的に日本のためになるとい
う目的に関しては，一定のコンセンサスを確認できるのである。意見の対立が
生じているのは，主に，開発協力大綱にうたわれている援助がその目的を達成
するのに適切な手段であるか否かをめぐってである。建設的な議論に必要なの

は，まず，その共通の土台を認識することであろう。そのうえで，他国軍への支援が平和主義を損なうかどうかという具体的な論点に移ることが重要である。

注
1 ） 外務省「ODA実績」，https://www.mofa.go.jp/mofaj/gaiko/oda/shiryo/jisseki.html（2018年 4 月 2 日，2018年 5 月30日アクセス）。
2 ） 「開発協力」とは「開発途上地域の開発を主たる目的とする政府及び政府関係機関による国際協力活動」と定義されている。外務省「開発協力大綱」2015年11月 2 日，http://www.mofa.go.jp/mofaj/gaiko/oda/seisaku/taikou_201502.html（2018年 2 月26日アクセス）。
3 ） 「現状程度でよい」は，1980年 5 月調査まで「普通程度でよい」となっている。「なるべく少なくすべきだ」は，1982年 6 月調査まで「なるべく少ないほうがよい」となっている。内閣府「外交に関する世論調査」，http://survey.gov-online.go.jp/h28/h28-gaiko/ 2 - 2 .html（2018年 2 月26日アクセス）。
4 ） 『読売新聞』2015年 2 月11日。
5 ） 『朝日新聞』2015年 2 月11日。
6 ） 第84回国会衆議院外務委員会議録第11号，1978年 4 月 5 日。
7 ） 第94回国会衆議院外務委員会議録第 6 号，1981年 3 月30日。
8 ） 稲田十一「ODA政策にみる戦後日本外交の『規範』――『アジア』と『内政不介入』」長谷川雄一編『日本外交のアイデンティティ』南窓社，2004年，97-103頁。
9 ） 第120回国会参議院予算委員会議録第18号，1991年 4 月10日。
10） 外務省経済協力局調査計画課「『 4 指針』の適用（アジア諸国を中心として）」1992年 7 月 2 日，外務省開示文書2016-00242。
11） 外務省「政府開発援助大綱（旧ODA大綱）」1992年 6 月30日，http://www.mofa.go.jp/mofaj/gaiko/oda/seisaku/taikou/sei_1_1.html（2018年 2 月26日アクセス）。
12） 外務省「我が国の対ガンビア援助見直しについて」1994年 8 月 2 日，外務省開示文書2016-00242。
13） 下村恭民・中川淳司・齋藤淳『ODA大綱の政治経済学――運用と援助理念』有斐閣，1999年， 1 -48頁。
14） 第 3 原則は「テロや大量破壊兵器の拡散を防止するなど国際平和と安定を維持・強化するとともに，開発途上国はその国内資源を自国の経済社会開発のために適正かつ優先的に配分すべきであるとの観点から，開発途上国の軍事支出，大量破壊兵器・ミサイルの開発・製造，武器の輸出入などの動向に十分注意を払う」に，第 4 原則は「開発途上国における民主化の促進，市場経済導入の努力並びに基本的人権及び自由の保障状況に十分注意を払う」にそれぞれ表現が変更された。外務省「政府開発援助（ODA）大綱」2003年 8 月29日，http://www.mofa.go.jp/mofaj/gaiko/oda/seisaku/taikou.html（2018年 2 月26日アクセス）。
15） 小島誠二「開発協力大綱を読む――規範文書としてのODA大綱，政策文書としての開

発協力大綱」2016年4月27日，https://www.kasumigasekikai.or.jp/16-04-27-1/（2018年7月20日アクセス）。

16）　外務省「開発協力大綱」。

17）　ODA大綱見直しに関する有識者懇談会「ODA大綱見直しに関する有識者懇談会報告書」2014年6月，http://www.mofa.go.jp/mofaj/gaiko/oda/files/000071302.pdf（2018年2月26日アクセス）。

18）　『朝日新聞』2015年1月9日。

19）　外務省「開発協力大綱」。

20）　国家安全保障戦略では，国益が次のとおり定義されている。「我が国の国益とは，まず，我が国自身の主権・独立を維持し，領域を保全し，我が国国民の生命・身体・財産の安全を確保することであり，豊かな文化と伝統を継承しつつ，自由と民主主義を基調とする我が国の平和と安全を維持し，その存立を全うすることである。また，経済発展を通じて我が国と我が国国民の更なる繁栄を実現し，我が国の平和と安全をより強固なものとすることである。そのためには，海洋国家として，特にアジア太平洋地域において，自由な交易と競争を通じて経済発展を実現する自由貿易体制を強化し，安定性及び透明性が高く，見通しがつきやすい国際環境を実現していくことが不可欠である。さらに，自由，民主主義，基本的人権の尊重，法の支配といった普遍的価値やルールに基づく国際秩序を維持・擁護することも，同様に我が国にとっての国益である」。内閣官房「国家安全保障戦略について」2013年12月17日，http://www.cas.go.jp/jp/siryou/131217anzenhoshou/nss-j.pdf（2018年7月8日アクセス）。

21）　『読売新聞』2015年2月11日。

22）　平野克己「開発協力大綱をどう捉えるべきか」『アジ研ポリシー・ブリーフ』62号，2015年6月，http://www.ide.go.jp/library/Japanese/Publish/Download/PolicyBrief/Ajiken/pdf/062.pdf（2018年7月8日アクセス）。

23）　プルネンドラ・ジェイン「日本の対外援助政策と国益」『国際問題』637号，2014年12月，15-25頁。

24）　福島安紀子・西田一平太「『対外援助協力』という視点（2）――欧米の対外援助協力の潮流」2014年7月10日，https://www.tkfd.or.jp/research/foreignaid/a00770（2018年6月24日アクセス）。

25）　内閣官房「国家安全保障戦略について」。

26）　防衛省『平成28年版 防衛白書』，http://www.clearing.mod.go.jp/hakusho_data/2016/html/n2213000.html（2018年2月26日アクセス）。

27）　外務省「南スーダンにおけるODA事業と自衛隊の活動との連携」2013年2月1日，http://www.mofa.go.jp/mofaj/press/release/25/2/0201_03.html（2018年5月10日アクセス）。

28）　防衛省『平成26年版 防衛白書』，http://www.clearing.mod.go.jp/hakusho_data/2014/html/nc027000.html（2018年5月13日アクセス）。

29）　木場紗綾・安富淳「防衛省・自衛隊による能力構築支援の課題――『パシフィック・パートナーシップ』における米軍の経験から学ぶ」『国際協力論集』24巻1号，2016年7月，109-110頁。

第Ⅳ部　軍事と非軍事の「境界」

30）　『読売新聞』2015年2月11日。

31）　『読売新聞』2014年10月30日。

32）　『日本経済新聞』2015年2月11日。

33）　『産経新聞』2014年6月29日。

34）　荒木光弥・定松栄一・西田一平太「開発協力大綱の理念と課題」『外交』31号，2015年5月，41頁。

35）　田中明彦「開発協力が生み出す国力と国益」『外交』31号，2015年5月，12-21頁。

36）　『朝日新聞』2015年2月11日。

37）　『朝日新聞』2015年1月9日。

38）　Akitoshi Miyashita, "Where Do Norms Come From? Foundations of Japan's Postwar Pacifism," *International Relations of the Asia-Pacific* 7 , No.1,　January 2007, pp.99-120.

39）　『朝日新聞』2014年6月29日。

40）　『毎日新聞』2015年1月18日。なお，上記の社説は「他国軍が支援物資や機材をどう使うか把握するのは難しい。軍事転用されなくても，他国軍がその分浮いた予算を他に回すことができれば，軍事力の強化につながるという問題もある」とも述べている。このような指摘に対しては，反論がなされるなど議論も熱を帯びた。たとえば，日本貿易振興機構（JETRO）の平野克己は「『軍に資金を出せば軍事目的に援用されるのを止められない』という指摘があちこちでなされているが，これは『援助のファンジビリティ』といわれる問題で，もともとは，本来途上国政府が負わなくてはならない民生費用を援助が賄えば，その分が軍事支出等に向かうという議論だ。だから，軍にさえ出さなければ心配ないというわけではそもそもないのである」としている（平野「開発協力大綱をどう捉えるべきか」）。貧困対策などのために援助を実施したとしても，被援助国は従来の貧困対策費に援助分を上乗せするのではなく，援助により浮いた資金を軍事支出など他の予算に転用してしまうため，結果的に貧困対策費が増えない可能性がある。これがファンジビリティ（流用可能性）と呼ばれる問題である（世界銀行（小浜裕久・冨田陽子訳）『有効な援助——ファンジビリティと援助政策』東洋経済新報社，2000年）。小島誠二は，そもそもODA四指針はこの問題を考慮に入れていたと回想している（山口航・中谷直司・阿部亮子・西村真彦編「小島誠二インタビュー」『同志社アメリカ研究』52号，2016年3月，66頁）。このように，ファンジビリティは援助政策において長らく議論されてきたものであり，開発協力大綱に特有の問題ではないといえる。

41）　国際ボランティアセンターほか「ODA大綱四原則における『非軍事主義』理念の堅持を求める市民声明——四原則緩和は，日本の平和理念を崩壊させる」2014年4月21日，http://www.ngo-jvc.net/jp/projects/advocacy-statement/data/20140509-oda-2.pdf（2018年3月28日アクセス）。

42）　大橋正明「経済偏重では長期的国益を損なう」『国際開発ジャーナル』2015年2月号，28頁。

43）　外務省「開発協力大綱」。

44）　石兼公博「強みを国際的に主張していきたい——新しい次元に立った『開発協力大綱』」『国際開発ジャーナル』2015年2月号，24頁。

第 **8** 章　開発協力大綱をめぐる言説

45）　『朝日新聞』2015年 1 月 9 日。

46）　"Aid that could foment conflict," *The Japan Times*, February 19, 2015, https://www.japantimes. co.jp/opinion/2015/02/19/editorials/aid-foment-conflict/（2018年 5 月 3 日アクセス）。

47）　外務省「 2 月20日付ジャパン・タイムズ紙社説「紛争を助長する援助」に対する岡庭外務副報道官の反論投稿の同紙への掲載」2015年 3 月 9 日，http://www.mofa.go.jp/mofaj/ic/ap_m/page 3 _001121.html（2018年 5 月 3 日アクセス）。

48）　外務省「岸田外務大臣会見記録」2015年 2 月10日，http://www.mofa.go.jp/mofaj/press/kaiken/kaiken 4 _000183.html（2018年 7 月 8 日アクセス）。

49）　外務省「開発協力大綱案に関する公聴会」2014年11月23日，https://www.mofa.go.jp/mofaj/gaiko/oda/files/000071285.pdf（2018年 7 月 7 日アクセス）。

50）　内閣官房「国家安全保障戦略について」。

51）　内閣官房「『積極的平和主義』日本の安全保障の基本理念です。」https://www.cas.go.jp/jp/siryou/131217anzenhoshou/kiji2.pdf（2018年 2 月 2 日アクセス）。

第9章　大規模災害における自衛隊の役割

調整と協働のあり方

上 野 友 也

はじめに

　日本では，自衛隊をめぐる党派間の政治的対立が，自衛隊の災害派遣をめぐる対立も生み出してきた。右派は自衛隊が合憲であると強調し，自衛隊の災害派遣を積極的に推進しようとする一方，左派は自衛隊が違憲であると主張し，自衛隊の災害派遣に対して消極的な立場をとってきた。そのような政治的対立のなかで，自衛隊は，伊勢湾台風や阪神・淡路大震災における災害派遣で実績を積み上げ，国民の多くも自衛隊の災害派遣を評価するようになってきた。

　2011年3月に東日本大震災が発災し，防衛省・自衛隊が7道県知事の要請に応じて，災害派遣を決定し，最大で約10万7,000人の自衛官が救援活動に従事した。[1] 自衛隊の現員は約26万6,000人であることから，およそ4割の自衛官が救援活動に派遣されていたことになる。[2] 東日本大震災に対する自衛隊の災害派遣は，人命救助活動，輸送支援活動，生活支援活動など多岐にわたり，地方自治体の災害対応を支援し，被災者の生活を守るうえで不可欠な活動であった。このような自衛隊の活躍に対して，国民の多くが評価するだけでなく，自衛隊の災害派遣をめぐる政治的対立は影を潜めることになった。

　自衛隊の災害派遣をめぐる政治的対立に代わって問題となってきたのが，自衛隊の災害対応能力の限界に関する実質的問題である。中央防災会議防災検討推進会議の下で，南海トラフ巨大地震対策検討ワーキンググループにおいて，南海トラフ地震の被害予測が見直された。最も被害が大きくなるケースで死者が約32万人，負傷者が約62万人，要救助者が約34万人と予測されている。[3] この人的被害は，東日本大震災をはるかに凌ぐものである。それゆえ，自衛隊の現員数を考慮すると，自衛隊の応援が期待できないことが容易に想定される。防

第9章　大規模災害における自衛隊の役割

図9-1　旧来のイデオロギー対立と自衛隊の災害対応

出所：筆者作成。

衛省は，南海トラフ対策ワーキンググループ会合において，南海トラフ地震に対する自衛隊の災害派遣には限界があり，国家規模での災害対応態勢の再構築が必要であると述べている[4]。

南海トラフ地震においても，依然として自衛隊の災害派遣は不可欠であるが，それだけでは十分な災害対応を望むことはできない。そこで注目されるのは，民間組織による災害対応である。阪神・淡路大震災では，行政による災害対応の限界が指摘され，被災地内外のボランティアによる支援が脚光を浴びた。東日本大震災では，全国のボランティアが被災地を支援するだけでなく，国内外での人道支援や難民支援で実績を積んだNPO・NGOが，行政にはできないきめ細やかな被災者支援を実施した。また，国内有数の企業が，被災地に義援金と物資を提供するだけでなく，ボランティアとして社員を派遣し，被災者支援に貢献した。このように民間組織による災害対応能力が拡大するにつれ，南海トラフ地震などの大規模災害においても，その活躍は期待されるようになっている。

これからの大規模災害における自衛隊の役割を考えるときに，これまでのイデオロギー対立にもとづく議論に依拠すれば，自衛隊の役割を拡大するべきか，縮小するべきかという単純な二項対立の議論に陥ってしまう（図9-1）。

今日では，災害対応における民間組織の役割が拡大しており，自衛隊の役割を考える方法として，旧来の政治的対立を超えた新しい分析視角として位相角を用いることにしたい。

これまでのイデオロギー対立を反映した自衛隊の役割に関する対立軸を横軸にとり，災害対応において自衛隊の役割に積極的な立場を，横軸の原点から遠い位置とし，災害対応において自衛隊の役割に消極的な立場を，横軸の原点に近い位置に置くことにする。災害対応における民間組織の活躍という新たな事

169

第Ⅳ部 軍事と非軍事の「境界」

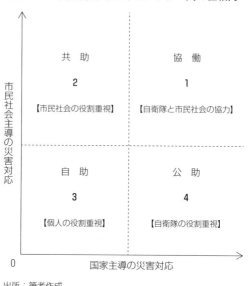

図9-2 災害対応をめぐるアクター間の位相角

出所：筆者作成。

態を受けて，市民社会の役割に関する対立軸を縦軸にとる。災害対応において民間組織の役割に積極的な立場を縦軸の原点から遠い位置とし，災害対応において民間組織の役割に消極的な立場を，縦軸の原点に近い場所に置くとする。これを4つの領域に整理すると，図9-2になる。はじめに，原点から近い第3領域から説明していこう。

第3領域は，自助である。これは，災害対応における個人の役割を強調する立場である。災害において自分の生命と財産を守るのは，自分自身である。このような個人による災害対応能力を超える場合に，民間組織（第2領域）や自衛隊（第4領域）による救援が必要になってくる。

第2領域は，共助である。これは，災害対応において民間組織の役割を強調する立場である。これは，従来の左派と親和性があるともいえる。災害で被災した人たちを支援するために，近隣の住人，自治会・町内会，自主防災組織，水防団，消防団だけでなく，ボランティア，NGO・NPO，社会福祉協議会，企業・業界団体などの民間の力を生かすことを強調する立場である。

第9章　大規模災害における自衛隊の役割

　第4領域は，公助である。公助というのは，政府，地方自治体（災害対策本部，警察，消防など），自衛隊などによる多様な公的支援が含まれるが，本章では，災害対応における自衛隊の役割を考察しているので，自衛隊の役割を強調する立場であるとする。これは，従来の右派の見解と親和性があると考えられる。東日本大震災における自衛隊の対応が評価されることになり，この立場の人々は増えていると思われる。

　第1領域は，協働である。国家主導であり市民社会主導でもある災害対応に必要なことは，両者の調整と協働である。自衛隊や民間組織が個別に対応すれば，支援に重複や空白が生じてしまい，公平で効果的な支援を実施することができない。両者の調整と協働を通じて，適切な被災者支援が実現できるのである。また，協働の場を提供して，自衛隊と民間組織をつなぐ役割を果たすのが，地方自治体の災害対策本部である。自衛隊，地方自治体，民間組織の調整と協働が，本章のテーマになる。

　本章では，第1に，自衛隊の災害派遣の概要について説明する。第2に，自衛隊の災害派遣をめぐる政治的論争を取り上げることにより，これまでの政治的議論が大規模災害における自衛隊の役割について十分な議論を提供できていないことを明らかにする。第3に，大規模災害における自衛隊の役割について考えるために，東日本大震災における自衛隊と地方自治体・民間組織との調整と協働の事例を検討する。最後に，自然災害における民軍関係に関する国際的な議論を紹介し，大規模災害に対処するための自衛隊と地方自治体・民間組織との間の調整と協働のあり方について論じる。大規模災害において自衛隊の活動は不可欠であるが，地方自治体・民間組織の災害対応能力の回復に伴って，自衛隊の災害対応任務をすみやかに地方自治体・民間組織に移管していく必要性について述べることにする。

　本章は，筆者が阪神・淡路大震災記念人と防災未来センターに所属していたころの東日本大震災での現地支援や検証作業から得られた知見などにもとづき執筆しており，初動・応急期における宮城県での自衛隊の活動が考察の中心となる。それゆえ，予防期，復旧・復興期の対応，原子力災害派遣は，防災・減災上重要な活動であるが，本章の考察の対象としない。[5]

第Ⅳ部 軍事と非軍事の「境界」

第1節 自衛隊の災害派遣における任務と原則

　自衛隊の災害派遣の手続きは，自衛隊法83条に定められている。自然災害に際して，人命または財産の保護のために必要がある場合には，都道府県知事が防衛大臣等に自衛隊の部隊等の派遣を要請できる。その要請を受けて，防衛大臣等は「事態やむをえない場合」に救援のための部隊等を派遣することができる。

　自衛隊の災害派遣の任務は，防衛省防災業務計画に掲げられている。それによれば，自衛隊の救援活動は，災害の状況，他の救援機関の活動状況，都道府県知事などの要請内容，部隊の人員と装備によって異なるものとされるが，12項目が一般的な任務としてあげられている。それらは，①被害状況の把握，②避難の援助，③避難者等の捜索救助，④水防活動，⑤消防活動，⑥道路または水路の啓開，⑦応急医療，救護および防疫，⑧人員および物資の緊急輸送，⑨炊飯および給水，⑩物資の無償貸付または譲与，⑪危険物の保安および除去，⑫その他，臨機の必要に対し，自衛隊の能力で対処可能な活動，である。

第2節 自衛隊の災害派遣をめぐる論争

（1）自衛隊の災害派遣に対するイデオロギー対立

　自衛隊の合憲性をめぐる政治的対立は，自衛隊の災害派遣をめぐる政治的対立と連動してきた。右派は，自衛隊の災害派遣を積極的に活用し，自衛隊を災害対応の中心に置こうとする一方，左派は，自衛隊の災害派遣には否定的であり，自衛隊抜きでの災害対応を追求してきた。このようなイデオロギーによる主張は，大規模災害時における自衛隊の役割を的確に説明するものではない。

　本章では，災害対応の主導的役割は，自衛隊ではなく地方自治体の災害対策本部が担うべきであると主張する一方，大規模災害時には自衛隊の災害対応能力が必要になることから，自衛隊の災害派遣を否定する立場もとらない。後述するように，そのような自衛隊の災害派遣は限定的に行われるべきであり，自衛隊が災害派遣された場合でも，地方自治体や民間組織と対等な立場で調整し

172

協働することが求められる。以下，2000年の東京都総合防災訓練「ビッグレスキュー東京2000 首都を救え」を事例として，自衛隊の災害派遣に対するイデオロギーの対立を考察することにする。[6]

「ビッグレスキュー東京2000」は，2000年9月3日午前7時に東京都区部でM7.2，震度6の大規模地震が起き，首相官邸が機能不全に陥ったという想定で実施された。訓練に参加したのは，自衛隊員約7,000人，警察約3,000人，消防約2,400人，海上保安庁約300人，その他の機関約3,800人，東京都約1,000人，市民約7,000人にのぼった。[7] 1999年の東京都総合防災訓練では，自衛隊員の参加は545人にすぎず，「ビッグレスキュー東京2000」が，いかに特殊な防災訓練であったのかがわかる。[8] また，これまでは自衛隊が地方自治体に協力するという形式を採用してきたが，「ビッグレスキュー東京2000」では，森喜朗首相が緊急対策本部長となり，内閣安全保障・危機管理室が中心となって全面的に支援したという。緊急災害対策本部の設置場所は，①総理官邸，②国土庁，③防衛庁（中央指揮所）という順位を無視して，自衛隊の新中央指揮所（市ヶ谷）に設置された。統合幕僚議長が統裁官となって陸海空の三自衛隊統合防災実働演習を指揮し，都の防災参事であった志方俊之（元陸自北部方面隊総監）をはじめとする自衛官が都庁の防災センターに詰めたという。[9]

篠崎会場では，ほとんどの参加者が自衛隊員によって占められており，自衛隊員の活動がすべての会場もあった。広域応援訓練，航空統制訓練，被害状況調査訓練なども，自衛隊が主体であり，消防，警察，海上保安庁は脇役に追いやられていたという。また，会場には，防災訓練とは関係がない戦闘訓練，実弾訓練，射撃訓練などの展示パネルも置かれていた。[10] このことからわかるように，「ビッグレスキュー東京2000」は，自衛隊を中心とする防災訓練という色彩が濃厚なものであった。

そのため，市民団体や労働組合が中心となって，「ビッグレスキュー東京2000」に対する抗議運動を展開した。[11] 総合防災訓練の当日には，9・3三軍統合演習の中止を求める連絡会，東京平和委員会，東京労連，全労連，自由法曹団，日本共産党都議団などが訓練に抗議した。また，全学連，反戦青年委員会が主催して，「『防災訓練』に名を借りた今日版国家総動員体制の確立・強化反対！　9・3自衛隊『治安出動』演習粉砕！　労働者・学生統一集会」を開い

第Ⅳ部　軍事と非軍事の「境界」

ている。また，日教組も「9・3総合防災訓練に反対する日教組東京四単組集会」を開催し，「ビッグレスキュー東京2000」に抗議している。

　「ビッグレスキュー東京2000」は，自衛隊を中心とする総合訓練であり，災害対策の基本に即しているとは思われない。災害対応を主導するのは，地方自治体の災害対策本部であり，自衛隊，消防，警察などの実働部隊は，災害対策本部や現地で連絡や調整を行うことになっている。一方，大規模災害において自衛隊の機動力を活用できずに，多くの犠牲者を出すような事態は回避しなければならず，自衛隊の災害派遣や防災訓練を全面的に否定することはできない。右派が主張するように自衛隊を災害対応の中心に置くのではなく，左派が主張するように自衛隊抜きでの災害対応も追求できない。多くの人命を救助するためには，災害対応における自衛隊の役割を限定しつつも，自衛隊と地方自治体・民間組織がどのような調整や協働をするべきなのかを検討する必要がある。

（2）災害派遣に特化した自衛隊の組織改編

　このような自衛隊の災害派遣や防災訓練に対する批判の一方で，自衛隊に代わる災害対応の新たな構想も提案されている。評論家の前田哲夫は，雑誌『世界』のなかで，自衛隊を最小限度の防衛力を有する国土警備隊と，災害対応に特化した災害救助隊に改組し，災害対応の一元化のための構想を明らかにしている。これは，自衛隊の規模を縮減し，その一部を災害対応にあたらせる組織改編論の1つである。その構想は，具体的には，以下のとおりである。第1に，災害救助隊は，災害時には損害限定，人命救助，生活維持に対応し，平常時には防災教育や備蓄管理などのその他の任務を行う。第2に，災害救助隊の責任者は，閣僚をもってあて，災害発生時には警察，消防，赤十字，市町村，自衛隊の部隊をあわせて指揮できる。第3に，各県に置かれる地域センターでは，基幹要員，旧自衛隊要員の他，ボランティアが主力となり，職業的能力に応じた活動を提供する。ボランティアは，1年間，総括本部作成のカリキュラムによる訓練を受ける。[12]

　前田提案には，いくつかの問題点がある。第1に，災害対応は，原則として地方自治体の役割であって，政府の役割ではない。災害派遣が地域に適合したかたちで行われるためには，そのような権限は地方自治体に委ねたほうが効果

的である。たとえば，小規模な洪水や火災は，政府の救助機関が介入するより
は，地元の地理に精通した地方自治体が対応するのが効果的であろう。第2に，
災害対応の責任者は，実働部隊である災害救助隊の長ではなく，地方自治体の
首長である。地方自治体の首長を責任者とする災害対策本部が，消防，警察，
自衛隊などの実働部隊の調整の場となる。災害救助は，災害対応の一部であっ
て全体ではない。全体を統括するのが，災害対策本部の役割である。最後に，
災害救助隊の責任者（政府の閣僚）が，地方自治体，赤十字をあわせて指揮す
ることができるとされているが，それは，地方自治，住民自治の観点からすれ
ば非常に問題がある。また，政府の指揮下に置かれる地方センターが，ボラン
ティアの活動に関与することも同様に問題であろう。そのようなことを容認す
れば，地方自治体や民間組織が政府の下請けに位置づけられることになるから
である。

　前田提案は，自衛隊を災害救助隊に再編することで，政府が地方自治体や民
間組織などを統合して，効果的に災害対応を進めようとするものである。しか
し，政府が災害対応のための広範な権限を得るとすれば，災害対応と称して指
揮権を行使し，地方自治体や民間組織を管理下に置くことが可能になってしま
う。そのような事態を回避するためには，地方自治体や民間組織の自主性を最
大限尊重しなければならない。結論でも述べるように，政府が地方自治体や民
間組織などを糾合するのではなく，災害対応に関与する多様な組織が対等な立
場に立って調整し協働する方法を考えることが肝要である。

　憲法学者の水島朝穂は，雑誌『世界』において，自衛隊における軍隊の機能
を漸次縮減し，災害救助組織への質的な転換を長期的課題として提起している。
そのうえで，消防（レスキュー）を中心とする本格的な救助組織である常設の
救助専門組織の設立を求めている[13]。しかし，そのような組織が，災害対応の全
体において，どのような位置づけになるのか明確ではない。上述したように，
救助は災害対応の一部を構成するだけで，災害対応の全体を統括するのは，地
方自治体の災害対策本部である。大規模災害においては，消防，警察，自衛隊
などの実働部隊の他，政府，地方自治体，社会福祉事務所，ボランティア，
NPO・NGO，企業などの非常に多くのステークホルダーが参入してくること
から，地方自治体の災害対策本部を中心とした調整と協働の機能を強化する必

第IV部　軍事と非軍事の「境界」

要がある。

（3）位相角による新たな視座──旧来の政治的対立にもとづく分析を超えて

　自衛隊の災害派遣をめぐっては，右派が自衛隊に災害対応の主導的な役割を
与えようとする一方，左派は自衛隊の災害派遣には否定的な立場をとってきた。
自衛隊の災害派遣に否定的な立場のなかには，自衛隊を災害救助隊に改組する
ことで，災害対応を図ろうとする構想も提案されている。

　このような政治的対立にもとづく見解や構想は，災害対応における民間組織
の役割が拡大しているという新たな傾向をつかまえることができていない。今
日では，国家主導の災害対応と市民社会主導の災害対応の２つの新たな基軸が
生まれており，それに応じた新たな分析が必要となってきている。それを表し
たのが，災害対応におけるアクター間の位相角（図9-2）であった。図で表さ
れているように，国家主導の災害対応は，市民社会主導の災害対応と対峙する
ものではない。国家も市民社会も災害対応のために協力する新たなかたちが求
められている。しかし，この場合でも，国家が市民社会を主導するのではなく，
国家や市民社会が対等な立場で協働することが必要である。

　以下，第3節において，東日本大震災を事例として自衛隊と民間組織がどの
ように協働したのかを考察する。第4節と第5節では，国際的基準を用いて自
衛隊と民間組織との協働のあり方について論じていく。

第 3 節　自衛隊と地方自治体・民間組織との調整と協働──東日本大震災の生活支援活動

　以下，東日本大震災の生活支援活動における自衛隊と地方自治体・民間組織
の調整と協働の事例をあげることにしたい。

　東日本大震災における自衛隊の生活支援活動は，給水支援32,985t（最大約200
か所），給食支援5,005,484食（最大約100か所），入浴支援1,092,585名（最大約35か所）
等に及び，震災直後の被災者の生活にとって不可欠な支援となった。[14]その後，
自衛隊による生活支援は，地方自治体，NGO・NPO，ボランティアなどに移
管されることになった。以下，自衛隊とNPO・NGOやボランティアとの協働
が進められた事例として，避難所等での給食支援と応急仮設住宅の入居者支援

第9章 大規模災害における自衛隊の役割

を中心に考察する。

（1）被災者支援に向けた官民協働の組織化

　宮城県庁で随時開催されていた政府現地対策本部会議では，2011年3月13日以降，アドラジャパンやジャパン・プラットフォームの代表者が出席し，避難所等でのNPO・NGOやボランティアの活動状況を報告し，政府現地対策本部とNPO・NGOとの連携が進められた。3月下旬には，政府現地対策本部，宮城県，自衛隊，NPO・宮城県社会福祉協議会との間で打ち合わせがもたれ，被災地に関する情報共有が図られるようになった。それまでの災害対応では，自衛隊とNPO・NGOやボランティアとの連携は控え目なものであったが，東日本大震災において両者の協力関係は大きく前進した。[15]

　2011年4月4日，宮城県庁内で被災者支援4者連絡会議の第1回会合が開催された。これは，宮城県（災害対策本部事務局,保健福祉部），宮城県災害ボランティアセンター（東日本大震災支援全国ネットワーク宮城担当ほか），自衛隊（東北方面総監幕僚副長ほか），政府現地対策本部（事務局長補佐ほか）から構成され，人と防災未来センター等もオブザーバーとして参加した。4者連絡会議は，地方自治体や民間組織が保有する資源や情報を共有し，組織間の連携と協力を通じて被災者支援を促進するために設置された。[16] 4者連絡会議は，7月12日までに20回の会合を開催し，それ以降は宮城県主体の被災者支援調整会議に引き継がれた。[17]

　被災者支援4者連絡協会議は，南三陸町，気仙沼市，石巻市において，市町の災害対策本部職員，災害ボランティアセンター，自衛隊から構成される3者連絡会議を設置し，これを定期的に開催することで合意した。[18] 3者連絡会議は，石巻市では4月4日に事前打ち合わせを開催し，南三陸町では4月8日，気仙沼市では4月9日に第1回会議が開催された。[19] これらの市町では，3者連絡会議が定期的に行われることになった。当初，これらの会議において情報共有と調整が図られたのは，避難所等における給食支援であった。

（2）給食支援における自衛隊とNPO・NGOとの連携

　被災者支援4者連絡会議では，被災地での炊き出しにおける地方自治体，民

177

間組織，自衛隊との情報共有と連携が問題となり，３者連絡会議が中心となって，以下の調整が行われることになった。①市町は，避難所の設置状況と避難者数，NPO・NGOに運営を移行できる避難所の情報を提供する。②災害ボランティアセンターは，炊き出し支援を検討している地域についての情報を提供し，炊き出し状況（実施地区，配食者数，回数，配食数）を報告する。③自衛隊は，炊き出し状況（同上）を報告し，炊き出しを必要とする避難所の状況と避難者数を報告する。このようにして，地方自治体，NPO・NGO，自衛隊の情報共有を進め，地方自治体と自衛隊が市民団体による炊き出しを支援することになった。[20]

　石巻市では，当初，自衛隊が炊き出しの主力であったが，３月中旬以降にボランティアやNPO・NGOが被災地での炊き出しを実施するようになった。自衛隊とNPO・NGOは独自に給食活動を行っていたが，４月４日の第１回３者連絡会議以降，自衛隊とNPO・NGOが情報共有を図り，相互に補完する態勢を構築することになった。石巻市で活動する主要なNPO・NGOは，ジェンとピースボートなどであったが，炊き出しにおける自衛隊との調整はピースボートが一元的に行った。[21]

　４月11日の第２回連絡会議では，自衛隊とピースボートから炊き出し状況が説明され，相互に情報共有が図られた。双方とも，自衛隊が主食（ご飯と味噌汁）を提供し，ボランティアが副食を提供することが望ましいという点で認識を一致させていた。また，自衛隊とボランティアが支援する箇所が重ならないように調整する一方，両者が支援していた石巻市の湊小学校と鹿妻小学校では，自衛隊が主食を提供し，ボランティアが副食を提供した。[22]このように給食支援における自衛隊とNPO・NGOとの連携が図られる一方，応急仮設住宅の建設に伴い，生活支援活動の重点は入居者支援に移行していった。

（3）応急仮設住宅の入居者支援をめぐる連携

　被災者支援４者連絡会議では，４月下旬頃から応急仮設住宅の入居者に対する支援のあり方について議論された。宮城県倉庫にある支援物資を入居者に「スターターパック」として配布することが可能かどうか，県，自衛隊，NPO・NGOの間で調整された。すでに日本赤十字社は，仮設住宅入居者に対して，

洗濯機，冷蔵庫，テレビ，炊飯器，電子レンジ，電気ポットの家電6点セットを提供し，IKEAなどが寝具や台所用品を供与することになっていた。それ以外の衛生用品，清掃・洗濯用品，救急用品等を宮城県倉庫から応急仮設住宅の入居者に提供できるかどうかが問題となった。

しかし，宮城県の倉庫管理は十分ではなかったために，宮城県が自衛隊に対して集積所における混載物資の仕分けを依頼した。これにより，宮城県が応急仮設住宅に提供できる物資が一覧として示され，スターターパックの支援物資が確定した。一般社団法人パーソナルサポートセンターが仙台市，アドラが山元町，亘理町，東松島市，ワールドビジョンが気仙沼市と南三陸町，ジェンが石巻市，ピースボートが女川町の仮設住宅入居者にスターターパックを配布し，それ以外の市町では宮城県が配布することになった。[23] このようにして，県，自衛隊，NPO・NGOの連携によって支援物資が有効に活用されることになった。

東日本大震災では，自衛隊が給食支援等の民生支援を実施して成果をあげただけでなく，自衛隊とNPO・NGOやボランティアが協働して被災者の生活支援を実施した。とくに，宮城県庁に設置された被災者支援4者連絡会議と，被災市町に設立された3者連絡会議は，地方自治体，自衛隊，民間組織が連携する枠組みを提供した点で，今後の大規模災害においても継承されるべき制度である。2013年6月に公布された改正災害対策基本法では，国と地方自治体は，ボランティアによる防災活動が災害時において果たす重要性に鑑み，その自主性を尊重しつつ，ボランティアとの連携に努めなければならないものとされた。今後の大規模災害に備えるために，自衛隊は，地方自治体だけでなく，NPO・NGOやボランティア等との連携を深めていく必要がある。

第4節　自衛隊と地方自治体・民間組織との調整と協働——国際的基準をふまえて

それでは，今後，南海トラフ地震などの大規模災害において，自衛隊と地方自治体・民間組織はどのような関係を構築すればよいのであろうか。ここからは，両者の調整と協働のあり方について考えるために，自然災害における民軍関係に関する国際的基準と自衛隊の派遣三原則について取り上げたい。[24]

（1）オスロ指針

　自然災害や人為的事故における民軍関係については，1994年のオスロ国際会議において主要国，国連機関，赤十字国際委員会（ICRC）と国際赤十字・赤新月社連盟（IFRC）が「災害救援における外国の軍隊と民間防衛の資源の使用に関する指針」（以下，オスロ指針）を策定している。オスロ指針は，武力紛争に適用される「緊急事態における国連の人道支援活動を支援するための軍隊と民間防衛の資源の活用に関する指針」（以下，MCDA指針[25]）が2003年に作成されたことを受けて，2006年に改定された[26]。オスロ指針は，国連機関が外国軍の資源や装備を用いて，自然災害における人道支援を実施する場合の指針であるが，日本国内における自衛隊の活動に関しても示唆があるはずである。

（2）オスロ指針における六原則

　オスロ指針では，国連機関が外国軍の資源や装備を用いて，自然災害の応急対応をする場合の原則を6つあげている[27]。オスロ指針に示された6原則のなかで，軍隊が国内において災害対応をする場合にも関連する原則は，以下の3つである。①最終手段。軍隊の資源や装備は，地方自治体・民間組織に代替手段がない場合に，最終手段として用いられる。②機能や役割の区別。軍隊と地方自治体・民間組織の機能や役割を明確にするために，軍隊は直接的支援を差し控える。直接的支援とは，被災者に対する財やサービスの対面での提供であり，軍隊は，援助物資や地方自治体・民間組織の職員の輸送といった間接的支援や，道路の修繕，空域の管理，発電といったインフラストラクチャーの支援を中心に担う。③期間と規模の限定。軍隊の資源や装備を被災者支援に用いる場合には，期間と規模を明確に限定し，撤退の目安をあらかじめ立てる。

（3）『自然災害対応における外国軍隊の資源や装備の効果』（ストックホルム国際平和研究所）

　このようにオスロ指針にもとづいて，自然災害や人為的事故に対する軍隊の任務は制約されることになる。しかし，軍隊の任務は，こうした規範だけでなく効果の観点からも制約されることになる。なぜなら，軍隊が地方自治体・民間組織に比べて効果的な活動ができないのであれば，軍隊の資源や装備を動員する必然性はないからである。

第9章　大規模災害における自衛隊の役割

　軍隊の資源や装備の効果に関しては，ストックホルム国際平和研究所（SIPRI）の調査報告書『自然災害対応における外国軍隊の資源や装備の効果』（以下，SIPRI報告書）を参考にする[28]。これは，４つの大規模災害の現地調査にもとづいて作成された報告書であり，オスロ指針をふまえながら，軍隊と地方自治体・民間組織の活動の効果を評価したものである。SIPRI報告書は，軍隊の資源と装備の効果を高めるための６つの要素をあげている。軍隊が国内において災害対応をする場合にも関連する要素を３つあげておきたい[29]。

　第１は，迅速性（timeliness）である。軍隊を迅速に被災地に派遣し，現場での救援活動を素早く行う必要がある[30]。軍隊の展開が遅れれば，地方自治体・民間組織が被災者のニーズを充足してしまうこともある。

　第２は，適切性（appropriateness）である。軍隊は，被災地のニーズに即した任務を行う必要があるだけでなく，地方自治体・民間組織との役割を整理する必要もある[31]。オスロ指針では，軍隊は被災者に対する直接的支援は控え，間接的支援とインフラストラクチャーの支援を行うべきとされている[32]。たとえば，被災者に対する給水といった直接的支援は，地方自治体（水道局）が日常的業務として実践する一方，軍隊の一般的な業務ではないので，地方自治体（水道局）のほうが効果的に対応できることが多い。他方，輸送や補給や通信といった間接的支援や，道路や橋などの建設・整備といったインフラストラクチャーの支援は，それぞれ輸送・需品・通信部隊や工兵部隊の任務にも該当し，軍隊の能力を活用できる分野である。

　第３は，調整（coordination）である。軍隊は，地方自治体・民間組織と業務の重複や空白がなくなるように，定期的に情報を共有する必要がある。軍隊が提供する資源や装備が，すでに地方自治体・民間組織によって用いられていることもある。また，地方自治体・民間組織が必要としている資源や装備を軍隊が保持していたとしても，両者の間に情報の伝達がなければ，それらが活用されないことになってしまう[33]。

（4）自衛隊の派遣三原則

　これまで自然災害対応における軍隊の役割に関する国際的基準について説明してきたが，自衛隊にも災害派遣に関する原則がある。自衛隊の災害対応任務

181

第Ⅳ部　軍事と非軍事の「境界」

は，防衛大臣が事態やむをえない場合であると判断したときに実施されるものであり，事態が収束した場合には部隊が撤収されることになっている。事態やむをえない場合とは，以下の3つの原則に従って判断される。第1は公共性であり，公共の秩序を維持するために，人命または財産を社会的に保護する必要があること。第2は緊急性であり，差し迫った必要性があること。第3は非代替性であり，自衛隊の部隊が派遣される以外に適切な手段がないことである。[34]

第5節　大規模災害における自衛隊と地方自治体・民間組織との調整と連携

　南海トラフ地震などの大規模災害では，自衛隊の災害対応能力をはるかに超える被災が予想される。それゆえ，東日本大震災でも実践されたように，自衛隊と地方自治体・民間組織の調整と協働が一層求められる。以下，南海トラフ地震などの大規模災害に対処するための自衛隊と地方自治体・民間組織の関係のあり方について述べる。

（1）自衛隊の災害派遣の基準

　南海トラフ地震などの大規模災害における自衛隊の災害派遣は，地方自治体・民間組織などの災害対応能力を超える場合に実施されるべきであろう。これは，オスロ指針（最終手段）や自衛隊の派遣三原則（非代替性）にも規定されている。自衛隊の災害派遣は，それゆえ，地方自治体・民間組織の災害対応能力が回復する前に，機動力を用いて迅速に行わなければならない。この点についても，自衛隊の派遣原則（緊急性），SIPRI報告書（迅速性）にあげられている。南海トラフ地震では，広範囲の地域が被災することが予想されているため，自衛隊は，地方自治体・民間組織による災害対応が立ち後れている地域を優先的に支援することが必要である。このように自衛隊の災害派遣は迅速性が必要になるが，自衛隊法に規定されているように都道府県知事の要請にもとづかなければならない。

（2）自衛隊と地方自治体・民間組織との役割分担

　自衛隊の災害派遣においては，地方自治体・民間組織と競合する可能性の高

い被災者への直接的支援よりも，輸送や補修，通信などといった間接的支援や，道路や橋などの建設・整備といったインフラストラクチャーの支援が求められる。これは，オスロ指針（機能と役割の区別）やSIPRI報告書（適切性）でも指摘されていたところである。しかし，南海トラフ地震などの大規模災害では，被災者の規模も膨大にのぼるため，応急期における自衛隊の直接的支援は不可欠である。直接的支援である人命救助活動では，今後とも消防や警察との調整と連携を通じて，被災者の救助活動を展開するべきである。また，直接的支援である生活支援活動では，東日本大震災の事例でもみたように，被災者に対する支援に競合や空白が出ないように，自衛隊と地方自治体・民間組織との緊密な調整が求められる。また，復旧期における間接的支援やインフラストラクチャー再建の場合でも，自衛隊は，民業を圧迫しないように業界団体と調整する必要がある。

（3）自衛隊と地方自治体・民間組織との調整と協働

　南海トラフ地震などの大規模災害に際して自衛隊が派遣される場合には，災害対応業務の調整を図るために，定期的な会合を開催し，情報を共有する必要がある。調整の必要性は，SIPRI報告書（調整）においても説かれていた点である。自衛隊が人命救助活動を実施する場合には，東日本大震災でも実施されたように，災害対策本部における消防と警察との調整だけでなく，現場での緊密な調整も必要である。東日本大震災では，生活支援活動のために政府現地災害対策本部に被災者支援4者連絡会議が設置され，市町には3者連絡会議が置かれることになった。南海トラフ地震などの大規模災害に際しても，このような連絡会議をすみやかに設置し，被災地の情報を共有し，自衛隊と地方自治体・民間組織との間で，資源や装備，知見や経験を活用できるようにするべきである。

（4）自衛隊の撤収と地方自治体・民間組織への業務移管

　自衛隊が災害派遣される場合には，その期間と規模を限定する必要がある。自衛隊の派遣に関する原則にもあるように，自衛隊の災害派遣は，防衛大臣が事態やむをえない場合であると判断したときに実施されるものであり，事態が

収束した場合には部隊が撤収されることになっている。この点は，オスロ指針（期間と規模の限定）にも掲げられていた。東日本大震災での生活支援活動では，当初，自衛隊が中心となって被災者に給食を提供していたが，行政機能が回復し，企業やNPO・NGOやボランティアの活動が活発になるにつれて，生活支援活動を移管していった。南海トラフ地震などの大規模災害においては，自衛隊が被災地から撤退するまでに多くの時間がかかることが予測されるが，地方自治体・民間組織の災害対応能力の回復に応じて，災害対応業務を移管していく必要がある。

（5）民間組織の自主性

自衛隊が災害派遣された場合であっても，民間組織の自主性は尊重されなければならない。東日本大震災を受けて災害対策基本法が改正されて，国や地方自治体がNPO・NGOやボランティアなどの民間組織の自主性を尊重しつつ，連携に努めることが規定されることになった。民間組織は，自衛隊や地方自治体の下請けをしているわけではない。東日本大震災の事例でもみられたように，南海トラフ地震などの大規模災害においても，自衛隊，地方自治体，NPO・NGO，ボランティア，企業が対等な関係に立って協働し，災害対応に従事しなければならない。

おわりに

日本では，自衛隊の災害派遣をめぐる党派間の対立があり，自衛隊の災害派遣に積極的か消極的かという二項対立の問題に還元されがちであった。しかし，阪神・淡路大震災や東日本大震災でみられたように，民間組織による被災者支援が拡大し，これまでの政治的対立に根ざした分析視角では，これからの大規模災害における自衛隊の役割を把握するのに十分ではなくなってきた。

本章では，災害対応をめぐるアクター間の位相角を分析視角として用いることにより，国家主導の災害対応と市民社会主導の災害対応が対立するものではなく，両者の調整と協働を通じて両立しうるものであることを主張してきた。本章でも事例を通じて明らかにしてきたように，このような調整と協働は，東

日本大震災における被災者の生活支援において実践されていた。

　今後，南海トラフ地震などの大規模災害においても，自衛隊は地方自治体・民間組織と災害対応のための調整と協働をする必要がある。その際には，自衛隊は，国際的基準や派遣三原則にもとづいて，地方自治体・民間組織の自主性を尊重しつつ，地方自治体・民間組織の災害対応能力の回復に応じて，早期に災害対応業務を移管することが求められる。

　最後に，位相角の分析手法を用いることの意義について考えてみたい。位相角の分析手法によれば，政治的イデオロギーによる対立軸を脱構築し，現在の安全保障環境にみられる2つの新たな対立軸を提示することによって，4つの領域を確定する。4つの領域が単純な2×2のマトリックスではないのは，原点を起点とする位相角と原点から領域までの距離に意味があるからである。本章では，位相角の分析手法を用いることによって，原初的な状況である自助から，共助あるいは公助を経て，発展的な状況である協働へとつながる連関を示すことができた。

　一方，協働においては，市民社会が主導する共助と国家が主導する公助の間での線引きが問題となる。位相角の分析手法では，その線引きをどのようにするのかまでは議論できず，オスロ原則などの国際的指針を利用することになった。これは，日本において自衛隊の災害派遣における具体的な活動のあり方について議論が深まっておらず，議論の対立軸も明確ではないことから起きている。むしろこのことからわかるように，位相角の分析手法の強みとは，特定の課題に対する対抗軸を設定しなおすことによって，これまでみえてこなかった学者や実務家の主張や態度を一層鮮明に浮き立たせることにあったといえよう。

＊本章は，下記の2論文を修正し，加筆したものである。「国際人道支援における自衛隊と民軍関係」『国際安全保障』38巻4号，2011年3月，76-89頁。「東日本大震災の災害対応——自衛隊・企業・市民組織との協働に向けて」『国際安全保障』41巻2号，2013年9月，31-44頁。

注
1）　災害派遣の自衛官数には，即応予備自衛官と予備自衛官も含まれる。防衛省『平成24

第Ⅳ部　軍事と非軍事の「境界」

　　　年版　防衛白書』佐伯印刷，2012年，206頁。
２）　2011年3月31日時点での自衛官，即応予備自衛官，予備自衛官の現員の総数である。
　　　朝雲新聞社編集局『防衛ハンドブック2012（平成24年版）』朝雲新聞社，2012年，157頁，
　　　159-160頁。
３）　中央防災会議防災対策推進検討会議・南海トラフ巨大地震対策検討ワーキンググルー
　　　プ「南海トラフ巨大地震の被害想定について（第一次報告）」2012年8月29日，21頁。
　　　要救助者には，揺れによる建物被害に伴う要救助者と津波被害に伴う要救助者を含む。
４）　防衛省運用企画局事態対処課「南海トラフ地震への対応における課題」南海トラフ巨
　　　大地震対策検討ワーキンググループ第6回会合資料，2012年8月。
５）　東日本大震災における自衛隊の役割については，次の文献が包括的に考察している。
　　　吉崎知典「大規模災害における軍事組織の役割——日本の視点」『平成23年度安全保障
　　　国際シンポジウム報告書』防衛省防衛研究所，71-87頁。
６）　「ビッグレスキュー東京2000」に関しては，次の文献を参考にした。久慈力『防災と
　　　いう名の石原慎太郎流軍事演習——「ビッグレスキュー東京2000」の深謀』あけび書房，
　　　2001年。石原慎太郎「あえて『俗論』を駁す！」『諸君！』32巻11号，2000年，26-33頁。
　　　田村重信「東京都総合防災訓練と自衛隊」『自由民主』572号，2000年，94-99頁。竹腰
　　　将弘「軍事演習中心の都『防災訓練』を問う」『前衛』731号，2000年，161-163頁。出
　　　原昌志「周辺事態法が動き出した——許すな！自衛隊治安出動・戦時防災訓練」『飛礫
　　　——労働者の総合誌』29巻，2001年，75-85頁。横山茂彦「はっきりした都知事の狙い
　　　と矛盾」『金曜日』8巻33号，2000年，14-15頁。藤井治夫「その実態は自衛隊の周辺事
　　　態想定演習だ！」『金曜日』8巻32号，2000年，20-21頁。
７）　田村重信「東京都総合防災訓練と自衛隊」『自由民主』572号，2000年，94頁。
８）　久慈前掲書，15頁。
９）　出原前掲論文，76頁。
10）　久慈前掲書，48頁。
11）　同上，41-42頁。
12）　前田哲男「自衛隊防災別組織論」『世界』608号，97-99頁。前田哲男・立花紘毅「兵
　　　庫県南部地震からの報告　対談，自衛隊の“救出活動”と憲法の問題をめぐって」『金曜日』
　　　3巻9号，1995年，54頁。
13）　水島朝穂「どのような災害救助組織を考えるか——自衛隊活用論への議論」『世界』
　　　606号，1995年，50-51頁。水島朝穂「史上最大の災害派遣——自衛隊をどう変えるか」『世
　　　界』819号，2011年，122頁。サンダーバードと法を考える会『きみはサンダーバードを知っ
　　　ているか——もう一つの地球のまもり方』日本評論社，1992年，64-65頁。
14）　防衛省『平成24年版　防衛白書』佐伯印刷，2012年，207頁。
15）　東日本大震災以前の自然災害における自衛隊とNPO・NGOやボランティアの連携に
　　　ついては，次の文献を参考のこと。中村太・小柳順一「自衛隊と災害NPOのパートナー
　　　シップ——アメリカの災害救援をてがかりに」『防衛研究所紀要』5巻3号，2003年3月，
　　　5-9頁。
16）　被災者支援4者連絡会議，第1回配付資料，2011年4月4日。この第1回会議には，

筆者も，人と防災未来センター研究員としてオブザーバー参加した。

17) 内閣府（防災）「緊急災害現地対策本部について」東日本大震災における応急対策に関する検討会第6回会合資料，2011年10月27日。宮城県「東日本大震災——宮城県の6か月間の災害対応とその検証」2012年3月，653-654頁。

18) 被災者支援4者連絡会議，第1回配付資料，2011年4月4日。

19) 被災者支援4者連絡会議，第3回配付資料，2011年4月11日。

20) 被災者支援4者連絡会議，第1回配付資料，2011年4月4日。

21) 政府現地対策本部「石巻市現地調査（ボランティア関連）（2011年4月11日）」政府現地対策本部会議資料，2011年4月12日。

22) 被災者支援3者連絡会議（石巻市）「第2回被災者支援3者連絡会議（石巻市）（2011年4月11日）」政府現地対策本部会議資料，2011年4月12日。

23) 被災者支援4者連絡会議，第12回配付資料，2011年5月2日。

24) 赤星聖・渡部正樹「自然災害時の救援活動における民軍調整と『国際スタンダード』」『国際公共政策研究』19巻1号，83-97頁。この論文では，自然災害における民軍調整の国際的指針として，オスロ指針とそれを補完するAPC-MADROガイドラインをあげ，それを2013年のフィリピン・台風30号（Haiyan）と東日本大震災に適用して，民軍調整のあり方について検討している。

25) Inter-Agency Standing Committee (IASC), *Guidelines on the Use of Military and Civil Defense Assets to Support United Nations Humanitarian Activities in Complex Emergencies*, March 2003.

26) Inter-Agency Standing Committee (IASC), *Guidelines on the Use of Foreign Military and Civil Defence Assets in Disaster Relief "Oslo Guidelines,"* November 2006.

27) *Ibid.*, para 32.

28) Stockholm International Peace Research Institute (SIPRI), *The Effectiveness of Foreign Military Assets in Natural Disaster Response*, 2008.

29) 他の3つの要素は，能率性（efficiency），被災国の受入能力（absorptive capacity），費用（cost）である。軍隊の費用対効果に関しては，人道支援機関よりも一般に低いといわれる。*Ibid.*, pp. 31-47.

30) *Ibid.*, pp. 32-34.

31) *Ibid.*, pp. 34-37.

32) Inter-Agency Standing Committee (IASC), *Guidelines on the Use of Foreign Military and Civil Defence Assets in Disaster Relief "Oslo Guidelines,"* November 2006, para 1, 32.

33) SIPRI, *The Effectiveness of Foreign Military Assets*, pp. 40-43.

34) 田村重信・髙橋憲一・島田和久編『日本の防災法制〔第2版〕』内外出版，2012年，161頁。

結びに代えて

　本書は，日本の外交・安全保障をめぐる「右」vs.「左」，「保守」vs.「革新」，「現実主義」vs.「理想主義」といった硬直的な二項対立の思考枠組みを批判的に再検討することで，この問題をめぐる積年の論争に新たな地平をひらこうとする試みであった。

　本書の分析概念は「位相角（phase angle）」であった。ここで，あらためて，簡単に位相角の概念に触れておきたい。本書は二項対立の図式にもとづく従来の言説空間を一次元的な空間ととらえる。左右の極から互いに紐を引っ張りあうような空間である。そこから，個別のイシューごとに対立的な2つの要素を抽出し，それぞれを縦軸と横軸として展開することで，新たに二次元の空間を創り出す。それは，単なる分類ではない。縦軸と横軸の共通の出発点を0度と設定し，そこから放射線状に4つの領域へと広がっていく角度を示すことで，①4つの領域からなる位相の共通点や相違点を可視化するとともに，②領域間の論争を架橋し，調整することを可能とする視座を提供する。このような動的分析を可能とする概念を，本書では位相角と呼んだ。われわれは，位相角という概念を通じて，①個別の外交・安全保障問題における自らの立場を相対化し，また，②とりうる政策的選択肢の幅に関するイメージを読者に提供できるよう試みた。とはいえ，われわれの試みは成功したのであろうか。以下，各章で明らかとなった位相角の意義を一瞥したうえで，今後の課題を考えてみたい。

本書の意義──位相角を通じて明らかになったこと

　まず，川名晋史（第2章「基地問題の『解法』」）は，日本の米軍基地をめぐる議論について，縦軸に「政治適応（内部環境）」，横軸に「戦略適応（外部環境）」を設定する。そのうえで，「基地の再編・調整」に関心を寄せる第1領域，「基地の削減・撤退」を目標に掲げる第2領域，適応の「副産物」として基地をとらえる第3領域，「基地の維持・強化」を志向する第4領域，という4つの領域を示した。基地をめぐる左右の対立は主に「基地の削減・撤退」の第2領域

と「基地の維持・強化」の第4領域の対立である。それぞれが掲げる政策目標は，その前提となる理論的根拠が大きく異なっているため，互いを両立させるのは容易ではない。しかし川名は，位相角の概念を用いることで，政策目標が可変的である第1領域と第3領域を可視化し，それによって，従来の硬直的な対立や緊張を緩和・解消する契機を見出そうとした。とりわけ第3領域は，「分析の重心が事象の『帰結』（なぜそうなるのか，あるいは，なぜそうならなければならないのか）にではなく，その『過程』（なぜ，いかにしてそうなったのか）に置かれているため，他のすべての領域に対して包摂的であり，そこから提示されるいずれの結論とも共存しうる」と主張している。

　古賀慶（**第3章**「靖國問題の認識構造」）は，縦軸に「歴史断絶性」，横軸に「神道文化性」を設定した。歴史断絶性とは「1945年に終焉した太平洋戦争を境に日本が政治的あるいは社会的に断絶された否かを問うもの」であり，神道文化性とは「靖國神社の神社神道は日本文化と親和性が高いか否かを問うもの」である。古賀は，この2つの軸をもとに，第1領域として象徴としての靖國の維持を志向する「象徴靖國派」，第2領域として国家と靖國の関係を断絶しなければならないとする「最小国家派」，第3領域として追悼施設の設立を重視する「追悼重視派」，第4領域として国家と靖國の関係を強化しなければならないと考える「靖國肯定派」に分類した。靖國神社をめぐる二項対立は，主として第2領域の「最小国家派」と第4領域の「靖國肯定派」の間で生じている。この点，古賀は位相角という分析概念を通じて，第3領域の「追悼重視派」を浮かび上がらせた。そして，第2領域も第4領域も追悼という行為そのものについては異を唱えていないことから，第3領域が二項対立の図式を超える機会を提供しうると主張した。その他，靖國に参拝することは必ずしも靖國の肯定にはつながらないということ，日本の歴史認識にはコンセンサスが得られていないことなど，重要な点を浮き彫りにしている。

　中村長史（**第4章**「未完の九条＝憲章構想」）は，国際政治学の観点から，集団安全保障への日本の参加／協力をめぐる議論について，縦軸に「専守防衛」，横軸に「国際貢献」を設定する。そのうえで，第1領域を憲法9条にもとづく専守防衛と国連憲章にもとづく国際貢献の双方を高いレベルで自覚的に追及する「九条＝憲章構想」，第2領域を非軍事的な国際貢献をすべきとする「非軍

事貢献主義」，第3領域を国際貢献はうたっているものの，実際は米国の意向に反応しているだけの「理念なき反応主義」，第4領域を軍事的な国際貢献をすべきと説く「軍事貢献主義」とに分類した。中村は，位相角という概念を通じて，第2領域の「非軍事貢献主義」と第4領域の「軍事貢献主義」の二項対立を超えることを可能とする潜在的な論点，すなわち第1領域の「九条＝憲章構想」が立ち現れたと指摘する。この第1領域は，時の政権に厳しい批判を加えることの多い論者によって断続的・断片的に提起されてきたものだが，政府が位置する第3領域の延長線上にある。中村は，第1領域と第3領域が実は専守防衛と国際貢献の双方を重視する思考様式を共有していることを示しつつも，それが米国の意向を重視しているからなのか，あるいは国連憲章の理念を重視しているからなのかという点で大きく異なっていると指摘する。

　佐藤量介（第5章「日本の安全保障政策における国連の集団安全保障制度の位置づけ」）は，国際法学の観点から，集団安全保障への日本の参加／協力をめぐる議論について検討した。佐藤は，憲法の「9条重視度」を縦軸に，憲法の「前文重視度」を横軸に設定したうえで，第1領域を従来の政府見解および現政府・安保法制懇が唱える「合憲解釈による貢献」，第2領域を左派・護憲勢力が主張する「9条原理に則った貢献」，第3領域を法軽視の立場が考える「政策・戦略優先の貢献」，第4領域を右派・自民党がめざす「9条改正による貢献」の4領域を示す。そして，位相角の概念を用いることで，第1領域の「合憲解釈による貢献」に位置すると自認する現政権・安保法制懇が，本質的には第3領域の法を軽視する立場に位置づけられるということを浮き彫りにした。また，現政権・安保法制懇は，従来の政府見解と憲法学の通説を批判し，合憲解釈の内容を変更することで集団的自衛権の行使容認という法的議論を展開しているが，その目的は「米軍への協力強化＝米軍による日本防衛の強化」という政治的動機にあると喝破する。

　齊藤孝祐（第6章「デュアルユースの政治論」）は，主として政治学の視点から，縦軸に「反軍国主義規範」，横軸に「戦略的要請」を設定して，科学研究と安全保障をめぐる議論を検討した。齊藤は，上記の対立軸をもとに，両軸の影響が強く表れる「デュアルユースの論理」を第1領域，反軍国主義規範を強くもつ「反軍事化の論理」を第2領域，独自の利益や信念をもって研究開発や生産

を担うアクターの「科学研究の論理」を第3領域，国内の科学資源を活用して戦略目標の実現をめざす「戦略的推進の論理」を第4領域として，それぞれを分類する。そして，位相角の概念を通じて，第2領域の「反軍事化の論理」と第4領域の「戦略的推進の論理」との対立の構図が前景化するなかで見落とされていた重要な議論の領域，すなわち第1領域の「デュアルユースの論理」が担っている役割を浮き彫りにした。言い換えれば，位相角により，「科学研究の成果の『使い方』をめぐる論争を活性化」させることの重要性を齊藤は主張している。また，関連するアクターの間に，学問の自由を尊重するという点でコンセンサスがあるものの，そのコンセンサスの具体的な内容については意見の一致がみられないことを指摘している。

　松村博行（第7章「武器輸出をめぐる論争の構図」）は，経済学の視点をふまえ，武器輸出の是非をめぐる問題を考察している。松村は，「平和国家の理念」を縦軸，「戦略的要請」を横軸に設定する。そこから，平和国家の理念を踏み越えることなく，且つ，戦略的要請に対応するために国際共同開発・生産を試みる「防衛生産・技術基盤の健全性」を第1領域，武器輸出三原則と親和性をもつ「規範的反対論」を第2領域，平和国家の理念と戦略的要請に無関係で経済合理性の追求を試みる「企業の論理」を第3領域，同盟国や友好国との防衛装備・技術協力などを重視して「戦略的輸出」を唱道する「安全保障の論理」を第4領域に分類する。松村は，位相角の概念を用いることで，第2領域の「規範的反対論」と第4領域の「安全保障の論理」の二項対立の議論だけでなく，第3領域の「企業の論理」と第4領域の「安全保障の論理」の間に緊張関係があることをあらためて明らかにした。また，時期によって論争が生じた領域が異なるという点も明らかにした。すなわち，1980年代までは第2領域と第3領域の間で論争が起こった。しかし，1990年代以降になると，第1・第4領域と第2領域の間で論争が生じており，2000年代以降では第1領域に関わる議論が興隆している。その他，第2領域の「護憲派」は武器輸入と自国開発に伴うコストとリスクを提示しなければならないこと，加えて，第4領域はレピュテーション・リスクをふまえない政策目標は企業の協力を得ることは困難であることなどを指摘している。

　山口航（第8章「開発協力大綱をめぐる言説」）は，2015年に閣議決定された開

発協力大綱をめぐる意見の対立について，「平和主義」の強調を縦軸に，「国際環境」の重視を横軸に設定した。そのうえで，第1領域として両軸を重視する「積極的平和主義」，第2領域として他国軍への支援は日本の平和主義を傷つけると考える「反軍主義」，第3領域として両軸を重視せずに援助が日本のためになるかどうかを考える「国益重視」，第4領域として他国軍への支援の有用性を認める「戦略性重視」を設定した。山口は，位相角の分析概念を通じて，第2領域の「反軍主義」と第4領域の「戦略性重視」は対立関係にあるものの，前者は援助が国益に適うことを認めており，後者は日本のソフトパワーが弱まる危険性を認識していることから，両者は援助が日本のためになるのかどうかを重視しているという点で共通の前提に立っていることを指摘した。また，位相角を用いることで，4つの領域が日本のために援助をすべきであるという目的を共有しており，したがって，「対立が生じているのは，主に，開発協力大綱にうたわれている援助がその目的を達成するのに適切な手段であるか否かをめぐってである」という重要な点を浮かび上がらせている。

最後に，上野友也（第9章「大規模災害における自衛隊の役割」）は，自衛隊の災害派遣をめぐる議論について検討した。自衛隊の災害派遣をめぐっては，自衛隊は災害対応の主導的な役割を担うべきとする「右派」と，自衛隊の災害派遣には批判的な「左派」との対立があった。しかしながら，災害において民間組織の役割が拡大していることから，上野は縦軸に「市民社会主導の災害対応」，横軸に「国家主導の災害対応」を設定した。そして，自衛隊と市民社会の協力を唱道する「協働」を第1領域，市民社会の役割重視にもとづく「共助」を第2領域，災害における個人の役割を強調する「自助」を第3領域，自衛隊の役割を重視する「公助」を第4領域とするマトリックスを描いた。その結果，位相角という概念により，市民社会主導の災害対応と国家主導の災害対応は，両者の調整と協調を通じて両立可能であることを示した。具体的には，「自衛隊は，国際的基準や派遣三原則にもとづいて，地方自治体・民間組織の自主性を尊重しつつ，地方自治体・民間組織の災害対応能力の回復に応じて，早期に災害対応義務を移管することが求められる」と主張している。

本書の課題──位相角のさらなる概念化のために

このように，本書の各章は位相角という概念を通じて，日本が直面する安全保障や外交の問題について，二項対立の図式のみではとらえることのできない議論や論点を浮き彫りにしている。その意味で，序文で述べたように，思考の相対化と活性化を読者にもたらすとともに，さまざまな「現実」を示すことができたといえよう。あらためて序文で用いた言葉を使えば，「可能性の束」を浮き彫りにすることができたといえるだろう。

だが，本書の内容に問題がないわけではない。たとえば，各章が取り上げたイシューをめぐる問題を解決するためには，どのような政策を立案しなければならないのか，加えて，どのような制度を設計しなければならないのか，これらの点を十分に示しているとは言い難い。とはいえ，これは想定内の問題である。なぜなら本書の目的は，あくまで「可能性の束」を示すことにあったからだ。

最も問われるべきは，位相角という分析概念そのものに課題が内在していないかどうか，である。この点，本書が自覚する課題をあげておきたい。それは，第3領域は何を基準に設定されるのか，という点である。第3領域は，第1章で述べられていたように，第1領域・第2領域・第4領域のすべてを横断することが可能であるため，位相角の概念の中核を担っているといってよい。また，第1領域と第3領域が共有する要素をもっていることは，位相角の概念において重要な点である。しかしながら，これらのことは，第3領域の内容いかんによっては，位相角を用いた分析，あるいはそれが導くストーリーが大きく異なる可能性があることを意味している。この点に関して，観察者あるいは研究者が第1領域と第3領域の共有する要素を設定することに意識するあまり，縦軸と横軸が恣意的に設定されるという危険性をはらむのである。

このように，本書『安全保障の位相角』にはいくつか将来的な課題が見出されるものの，読者に対して，思考の相対化と活性化を促すとともに，さまざまな「現実」を提示することに成功している。

*

冷戦時代，日本の外交・安全保障をめぐる議論には，「右」vs.「左」というイデオロギー対立が色濃く反映されていた。それが終わって30年ほどの月日が流れている。にもかかわらず，日本の外交・安全保障に関する議論は，いまもなお単純な二項対立の図式のもとで行われることが多く，その様相はまるで思考停止ともいうべき状況である。

どうしたらそのような状況を変えられるか。こうした問題意識のなかで，プロジェクト「戦後日本外交の再検討」が立ち上がった。その成果として生まれたのが本書である（テキスト・レベルのものとしては，2018年4月に『日本外交の論点』を法律文化社から公刊している）。

われわれは，2015年11月を皮切りに2018年6月まで，計6回の研究会を重ねた。会場を提供してくださった諸大学に感謝を申し上げる。また，日本平和学会の2017年度春季研究大会（於：北海道大学）と秋季研究集会（於：香川大学）の分科会「軍縮・安全保障」，日本国際政治学会の2017年度研究大会（於：神戸国際会議場）の分科会「平和研究」にて報告を行った。報告の機会を提供してくださった諸学会と，討論者として貴重なコメントをくださった遠藤誠治先生（成蹊大学），櫻井公人先生（立教大学），村山裕三先生（同志社大学）に厚く御礼を申し上げる。

本書を執筆しているのは，30代と40代の比較的若い研究者たちである。そのため，位相角という分析概念はもとより，個別の論点の構成や枠組みの適用においていまだ不十分な点があるかもしれない。本書は，この研究プロジェクトの現時点での到達地点を示す，いわば「中間報告」として位置づけられるものであり，読者からの批判とコメントを待ちたい。なお，位相角という分析概念は，社会科学のさまざまな分野に応用可能であろう。われわれは，まずそれを外交・安全保障分野にてテストした。

最後に，法律文化社の上田哲平氏に一番の感謝を申し上げる。本研究プロジェクトは，編者の佐藤が上田氏からメールをもらったことに始まる。2015年7月の頃であった。上田氏の要望は，比較的若い世代の研究者のみで，「現実主義vs.理想主義」という図式の意義と限界を問題提起の出発点とするような，国際政治分野の本を検討してほしい，というものであった。佐藤は力量不足のため，川名に助けを求めた。川名と佐藤は（財）平和・安全保障研究所を通じて知り

合い，川名が米軍基地を，佐藤が核兵器を研究テーマとして取り扱っているた
めか，右／左，保守／革新，現実主義／理想主義といった二項対立の図式を超
えて日本の外交や安全保障を論じたい，との共通認識をもっていた。この共通
認識のもとで，当時，上田氏と編者の3人はメールでやりとりするとともに，
梅田で複数回直接会ってミーティングを行った。本書の，そして既刊『日本外
交の論点』の構想は，こうして固まっていった。「手間と時間と親切」（夏目漱石）
をかけてくれた上田さんに，執筆者一同，心から謝意を表したい。

2018年11月

佐 藤 史 郎

索　引

【あ 行】

安全保障技術研究推進制度 …………………… 106
安全保障の論理 ……………………… 129, 130
安保法制 ………………………………………… 78
安保法制懇 ……………………………………… 77
安保理 …………………………………………… 78
位相角 ……………………………………… i, 6
慰霊 ……………………………………………… 39
A級戦犯 ………………………………………… 40
NPO・NGO …………………………………… 169
MCDA指針 …………………………………… 180
遠藤乾 ………………………………………… iii
遠藤誠治 ……………………………………… iii
ODA大綱 ……………………………………… 153
ODA四指針 …………………………………… 152
沖縄 …………………………………………… 14
押村高 ………………………………………… iv
オスロ指針 …………………………………… 180

【か 行】

外適応 ………………………………………… 15
開発援助委員会（DAC） …………………… 150
開発協力大綱 ………………………………… 150
科学技術協力協定 …………………………… 118
科学研究の論理 ……………………………… 109
学問の自由 …………………………………… 108
閣僚の靖国神社参拝問題に関する懇談会 …… 48
可能性の束 …………………………………… iv
企業の論理 …………………………………… 130
北岡伸一 ……………………………………… iii
基地経済 ……………………………………… 19
基地社会 ……………………………………… 18
基地問題 ……………………………………… 14
機能主義的アプローチ ……………………… 19
規範的反対論 ………………………… 129, 130
逆張り ………………………………………… 4

9条改正による貢献 …………………………… 78
九条＝憲章構想 …………………………… 59, 66
9条原理に則った貢献 ………………………… 78
共助 …………………………………………… 170
協働 …………………………………………… 170
強力なPKO …………………………………… 61
許可 …………………………………………… 78
極東研究開発局 ……………………………… 114
軍事貢献主義 ……………………………… 65, 66
経済協力開発機構（OECD） ………………… 150
研究交流促進法 ……………………………… 117
顕彰 …………………………………………… 36
憲法解釈 ……………………………………… 79
憲法9条 ……………………………………… 78
公共性 ………………………………………… 87
合憲解釈 ……………………………………… 77
合憲解釈による貢献 ………………………… 78
公式参拝 ……………………………………… 34
公助 ……………………………………… 170, 171
国益 …………………………………………… 154
国益重視 ……………………………………… 161
国際協調主義 ………………………………… 91
国際共同開発・生産 ………………………… 128
国際貢献 …………………………………… 58, 77
国際法解釈 …………………………………… 79
国連 …………………………………………… 77
国連軍 ………………………………………… 77
国連憲章 ……………………………………… 78
国連平和維持活動（PKO） ………………… 155
国家安全保障戦略 ………………… 120, 154
国家護持 ……………………………………… 39
国家神道 ……………………………………… 32
国家追悼施設 ………………………………… 35
国家の安全保障 ……………………………… vi

【さ 行】

災害対策本部 ………………………………… 171

197

災害派遣 …………………………… 168	追悼・平和祈念のための記念碑等施設の在り方
最小国家派 ……………………………… 35	を考える懇談会 ………………… 43
自衛隊 …………………………………… 168	追悼重視派 ……………………………… 35
思考の活性化 …………………………… v	デュアルユース技術 ………………… 106
思考の相対化 …………………………… v	デュアルユースの論理 ……………… 109
自 助 ………………………………… 170	伝統的PKO …………………………… 61
システム論 ………………………… 16, 24	東京招魂社 ……………………………… 33
死の商人 ……………………………… 132	土佐弘之 ………………………………… v
集団安全保障 ……………………… 58, 77	トリップワイヤー ………………… 19, 20
集団的自衛権 …………………………… 77	
象徴靖國派 ……………………………… 35	**【な 行】**
神社神道 ………………………………… 34	南海トラフ地震 ……………………… 169
侵略戦争のトラウマ …………………… 58	二項対立 ………………………………… 1
政教分離 ………………………………… 32	二項対立の思考枠組み ………………… i
政策・戦略優先の貢献 ………………… 78	二重の差別論 …………………………… 18
政策効果 ………………………………… 63	日米同盟 ………………………………… 93
政治適応 ………………………………… 15	日本学術会議 ………………………… 106
正のフィードバック …………………… 26	人間の安全保障 ………………………… vi
政府開発援助（ODA）……………… 150	能力構築支援 ………………………… 155
政府見解 ………………………………… 77	
斥力相互作用 …………………………… 4	**【は 行】**
積極的平和主義 ………………… 154, 161	反軍国主義規範 ……………………… 107
折衷主義 ………………………………… vi	反軍事化の論理 ……………………… 109
専守防衛 ………………………………… 58	反軍主義 ……………………………… 161
戦略性重視 …………………………… 161	阪神・淡路大震災 …………………… 168
戦略適応 ………………………………… 15	PKO五原則 …………………………… 60
戦略的推進の論理 …………………… 109	東日本大震災 ………………………… 168
戦略的要請 ……………………… 107, 129	非軍事貢献主義 …………………… 65, 66
戦略論 ……………………………… 16, 19	ビッグレスキュー東京2000 ……… 173
添谷芳秀 ………………………………… iii	武器輸出三原則 ………………… 114, 127
	武力行使 ………………………………… 78
【た 行】	平和研究 …………………………… 16, 17
対米武器技術供与 …………………… 115	平和国家の理念 ……………………… 129
多国籍軍 …………………………… 61, 77	平和主義 …………………………… 92, 150
弾道ミサイル防衛システム（MD）… 139	防衛産業 ……………………………… 128
地位協定 ………………………………… 18	防衛生産・技術基盤 ………………… 128
地方自治体 …………………………… 171	防衛生産・技術基盤戦略 …………… 106
中間領域 ………………………………… 5	防衛生産・技術基盤の健全性 ……… 130
中 道 …………………………………… 5	防衛生産委員会 ……………………… 132
地理的決定論 …………………………… 20	防衛装備・技術協力 ………………… 128
鎮霊社 …………………………………… 50	防衛装備移転三原則 ………………… 128

索　引

法解釈の目的論的転回 ……………………… 99
ボランティア ………………………………… 169

【ま　行】

丸山眞男 ……………………………………… iv
民間組織 ……………………………………… 169

【や　行】

靖國肯定派 …………………………………… 35

【ら　行】

理念なき反応主義 ………………………… 59, 66
歴史研究 ……………………………………… 16
歴史認識 ……………………………………… 32
レピュテーション・リスク ………………… 135

【わ　行】

湾岸戦争のトラウマ ………………………… 58

199

編者・執筆者紹介

【編　者】

かわな　しんじ
川名　晋史　東京工業大学リベラルアーツ研究教育院准教授　　第 1 章, 第 2 章

1979年生
青山学院大学大学院国際政治経済学研究科博士後期課程修了　博士（国際政治学）
〔主要業績〕
『日本外交の論点』（共編，法律文化社，2018年）
『基地の政治学──戦後米国の海外基地拡大政策の起源』（白桃書房，2012年，第24
　　回国際安全保障学会最優秀出版奨励賞）
『沖縄と海兵隊──駐留の歴史的展開』（共著，旬報社，2016年）

さとう　しろう
佐藤　史郎　大阪国際大学国際教養学部准教授　　　　　　　序文，結びに代えて

1975年生
立命館大学大学院国際関係研究科博士後期課程修了　博士（国際関係学）
〔主要業績〕
『日本外交の論点』（共編，法律文化社，2018年）
『はじめての政治学〔第 2 版〕』（共著，法律文化社，2017年）
「永井陽之助──理解・配慮・反社会工学の政治学」（『国際関係論の生成と展開──
　　日本の先達との対話』所収，ナカニシヤ出版，2017年）

【執筆者】

こが　けい
古賀　慶　南洋理工大学社会科学部助教　　　　　　　　　　　第 3 章

1976年生
タフツ大学フレッチャースクール（政治理論・国際安全保障専攻）博士課程修了
博士（国際関係学）
〔主要業績〕
Reinventing Regional Security Institutions in Asia and Africa（Routledge, 2017）
"The Concept of "Hedging" Revisited: The Case of Japan's Foreign Policy Strategy in East Asia's
　　Power Shift"（in *International Studies Review*, 2018）

編者・執筆者紹介

「『安全保障化』のツールとしての地域機構——ASEANとECOWASの比較検証」（『国際政治』189号，2017年，167-176頁）

中村　長史（なかむら　ながふみ）　東京大学大学総合教育研究センター特任研究員　　第4章

1986年生
東京大学大学院総合文化研究科博士課程単位取得退学　修士（学術）
〔主要業績〕
『資料で読み解く「保護する責任」——関連文書の抄訳と解説』（共編，大阪大学出版会，2017年）
「出口戦略のディレンマ——構築すべき平和の多義性がもたらす難題」（『平和研究』48号，2018年，149-166頁）
「出口戦略の歴史的分析——武力行使の変貌がもたらす撤退の変容」（『国連研究』19号，2018年，143-163頁）

佐藤　量介（さとう　りょうすけ）　成城大学法学部専任講師　　第5章

1974年生
一橋大学大学院法学研究科博士課程修了　博士（法学）
〔主要業績〕
「国連金融制裁における安保理補助機関の機能——国際組織法の視点から」（『国連の金融制裁——法と実務』所収，東信堂，2018年）
「国連安全保障理事会による『許可』をめぐる理論状況（1）（2・完）——権限委任アプローチと違法性阻却アプローチの批判的検討」（『一橋法学』14巻3号，2015年，217-235頁，15巻1号，2016年，335-373頁）
「国連憲章第7章の措置によるグローバル・ジャスティス実現の道程——いわゆる『許可（authorization）』の実行を中心に」（『世界法年報』34号，2015年，82-110頁）

齊藤　孝祐（さいとう　こうすけ）　横浜国立大学研究推進機構特任准教授　　第6章

1980年生
筑波大学大学院人文社会科学研究科一貫制博士課程修了　博士（国際政治経済学）
〔主要業績〕
『日本外交の論点』（共編，法律文化社，2018年）
『軍備の政治学——制約のダイナミクスと米国の政策選択』（白桃書房，2017年）
『沖縄と海兵隊——駐留の歴史的展開』（共著，旬報社，2016年）

松村　博行　岡山理科大学経営学部准教授　第7章

1975年生
立命館大学大学院国際関係研究科博士後期課程満期退学　博士（国際関係学）
〔主要業績〕
『はじめての政治学〔第2版〕』（共著，法律文化社，2017年）
「転換期にある日本の防衛産業」（『科学』86巻10号，2016年，20-26頁）
「人道主義的アプローチに基づく通常兵器の規制──NGOが果たした役割を中心に」
　（『グローバル社会と人権問題──人権保障と共生社会の構築に向けて』所収，明
　石書店，2014年）

山口　航　帝京大学法学部助教　第8章

1985年生
同志社大学大学院法学研究科博士後期課程単位取得満期退学　博士（政治学）
〔主要業績〕
「総合安全保障の受容──安全保障概念の拡散と『総合安全保障会議』設置構想」（『国
　際政治』188号，2017年，46-61頁）
「新冷戦初期における紛争周辺国への援助──戦略援助の『発見』と『擬装』」（『国
　際安全保障』42巻2号，2014年，69-85頁，2015年度国際安全保障学会最優秀新
　人論文賞）
"The Ministry of Foreign Affairs and the Shift in Japanese Diplomacy at the Beginning of the
　Second Cold War, 1979: A New Look" (in *The Journal of American-East Asian Relations*, 2012,
　The Frank Gibney Award)

上野　友也　岐阜大学教育学部准教授　第9章

1975年生
東北大学大学院法学研究科博士課程後期修了　博士（法学）
〔主要業績〕
『日本外交の論点』（共編，法律文化社，2018年）
『戦争と人道支援──戦争の被災をめぐる人道の政治』（東北大学出版会，2012年）
「自然災害と安全保障」（『シリーズ日本の安全保障8　グローバル・コモンズ』所収，
　岩波書店，2015年）

Horitsu Bunka Sha

安全保障の位相角
A Phase Angle: Conceptual Approach to Security Debates in Japan

2018年12月20日　初版第1刷発行

編　者	川名晋史・佐藤史郎
発行者	田靡純子
発行所	株式会社 法律文化社

〒603-8053
京都市北区上賀茂岩ヶ垣内町71
電話 075(791)7131　FAX 075(721)8400
http://www.hou-bun.com/

＊乱丁など不良本がありましたら、ご連絡ください。
　送料小社負担にてお取り替えいたします。

印刷：西濃印刷㈱／製本：㈱藤沢製本
装幀：白沢　正
ISBN 978-4-589-03978-1

Ⓒ 2018 S. Kawana, S. Sato Printed in Japan

JCOPY　〈㈳出版者著作権管理機構 委託出版物〉
本書の無断複写は著作権法上での例外を除き禁じられています。複写される場合は、そのつど事前に、㈳出版者著作権管理機構（電話 03-3513-6969、FAX 03-3513-6979、e-mail: info@jcopy.or.jp）の許諾を得てください。

佐藤史郎・川名晋史・上野友也・齊藤孝祐編

日 本 外 交 の 論 点

A 5 判・310頁・2400円

安全保障や国際協力，経済，文化にも視野を広げ，日本が直面している課題を広範に収録。「すべきである／すべきでない」の対立を正面から取り上げつつ，学術的な基盤に裏打ちされた議論のセットを提供する。アクティブラーニングに最適な日本外交論テキスト。

杉田 敦編

デモクラシーとセキュリティ
―グローバル化時代の政治を問い直す―

A 5 判・224頁・3900円

政治理論におけるデモクラシーの問題と，国際政治学におけるセキュリティの問題がグローバル化の中で交差している。第一線の政治学者らが境界線の再強化，テロリズム，日本の安保法制・代議制民主主義の機能不全などの政治の諸相を深く分析。

グローバル・ガバナンス学会編〔グローバル・ガバナンス学叢書〕
大矢根聡・菅 英輝・松井康浩責任編集

グローバル・ガバナンス学Ⅰ
―理論・歴史・規範―

渡邊啓貴・福田耕治・首藤もと子責任編集

グローバル・ガバナンス学Ⅱ
―主体・地域・新領域―

Ⅰ：A 5 判・280頁・3800円／Ⅱ：A 5 判・284頁・3800円

グローバル・ガバナンス学会 5 周年記念事業の一環として，研究潮流の最前線を示す。Ⅰ：グローバル・ガバナンスの概念とこれに基づく分析を今日の観点から洗いなおし，理論的考察・歴史的展開・国際規範の分析の順に論考を配置。Ⅱ：グローバル・ガバナンスに係る制度化の進展と変容をふまえ，多様な主体の認識と行動，地域ガバナンスとの連携および脱領域的な問題群の 3 部に分けて課題を検討。

杉木明子著

国際的難民保護と負担分担
―新たな難民政策の可能性を求めて―

A 5 判・204頁・4200円

難民問題の深刻化は「善意の上限」ではなく政治的意思の欠如によるものである―受入側の負担分担の理論と事例研究を通して，難民の権利を保護し尊厳ある生活を送ることができるようにするための方途を考察。法制度がいかなる実効性を有するか，その成果を検証する。

―――――法律文化社―――――

表示価格は本体（税別）価格です